他快窒息了！別把孩子抱那麼緊

U0074640

編著
洪春瑜，賀鐵山，彭瑋

八大教育 重點教你

建立和諧 親子關係

讓你與孩子的距離，
從馬里亞納海溝晉升無話不說！

傾聽、鼓勵、安慰，戒除控制欲，
陪伴他走更長遠的路！

小時候覺得爸媽不懂你
如今你懂孩子了嗎？

目 錄

目錄

第五章　成長需要強大的心靈

第六章　沒有體驗就不會成長

目錄

前言

在經濟全球化、社會多元化的今天，人才的競爭變得日趨激烈。每位家長都希望自己的孩子在這場「知識」與「經濟」並重的「人才競賽」中脫穎而出。要把孩子培養成才，不外乎要從重視孩子今天的「成績」開始。於是，家長們使盡全力，為了孩子能取得好成績開始了競爭：你家的孩子上了「才藝課」，我家的孩子就上「數理資優班」；你家孩子上補習班，我家孩子請家教；你家的孩子考 96 分，我家的孩子起碼也得考 96 分……

總之，一切以學習為重要指標，孩子的任務就是學習、考試取得好成績。因為做家事會占用時間，所以家長總是說：「去，去，你去學習！這些事情由我們來做，不用你動手。」於是，把本來屬於孩子動手的樂趣剝奪了；有的家長認為「玩」會讓孩子的心變「野」，所以就把孩子關在家裡，不允許孩子出去「撒野」……孩子的成績決定一切。至於孩子的心靈感受、孩子的人格培養、孩子的人格教育，似乎都不那麼重要了。

教育重心的嚴重失衡，導致教育問題層出不窮。由於學習壓力、家長的期望值過高，很多孩子小小年紀就有心理問題，比如厭學、焦慮、缺乏自信等。還有一些孩子不堪重壓，叛逆、去網咖、離家出走、徹夜不歸，甚至以死「要脅」……而家長也常常因為感到付出太多但收效甚微而傷心絕望。

許多悲劇的發生，不得不讓我們警醒和反思：我們的教育是否過於急功近利？揠苗助長式的教育方式是否歪曲了教育的本義？

事實上，孩子的學習固然重要，但孩子的成長更重要。過於功利的教育目的只會讓教育失衡，扭曲孩子的心靈，損害孩子的身心健康，即便孩子的課業成績很好，但依然得不償失。

前言

　　對於孩子來說，成人比成功重要，成長比成績重要，經歷比名次重要。家庭教育的核心首先應該是讓孩子健康地成長，長大成人，然後才是成績、成才、成功。

　　很多時候，孩子能不能考出好成績，能不能獲得成功，是受多方面條件限制的。比如，家庭教育因素、心理因素、習慣因素等等。作為家長，我們不能替孩子成長、不能替孩子取得好成績獲得成功。但我們可以給予孩子良好的家庭教育，培養孩子健康的人格、積極樂觀的心態、正直、正派的特質……而孩子只有擁有這些可以自己成長的力量，才能經得起未來社會的考驗，頂得住成長過程中的種種壓力，茁壯成長，贏得快樂幸福的人生。

　　孩子的可塑性極強，但也很脆弱，面對的誘惑也很多。家長必須具有更多的耐心、細心和智慧，給予孩子正確的教育，賞識孩子、規範孩子、引導孩子，給孩子成長的空間，讓孩子自己去體驗成長，但同樣要保持警惕，避免讓孩子去體驗不該體驗的東西。只有這樣，才能把孩子培養成為一個人格健全的人。

　　對於孩子來說，少年時期健全人格的培養正是在未來的競爭中立於不敗之地的保證。因此，家長不能本末倒置，只重視孩子的課業成績，卻忽略了成長過程中孩子健全人格的培養。

　　本書結合大量生動的教子實例，旨在告訴家長，孩子「成長」的重要意義。希望家長能在閱讀中得到啟迪，掌握智慧育子的方法，從而更懂得如何去關愛自己的孩子，增強與孩子之間的情感溝通。

　　願本書能為繁忙的家長提供建立和諧親子關係的實用技巧。

編者

第一章　別讓成績代替成長

　　在我們的生活中，很多家長把成績當做衡量孩子的唯一標準，孩子學習成績好，家長笑顏逐開，而孩子成績不好，家長就會唉聲嘆氣，「怒其不爭」。家長這種視成績為一切的價值觀偏離了教育的根本意義，制約了孩子的成長與發展。

　　事實上，在每個孩子成長的過程中，還有很多遠比成績更重要的東西要培養，比如特質、能力、愛心等。對於孩子來說，成長的經歷才是一生的財富。

別拿成績作為衡量孩子的唯一尺規

當今世界科學技術日新月異，知識經濟初見端倪，人才的競爭也日趨激烈。在這種競爭氛圍下，愈來愈多的家長感覺到了教育孩子的壓力之大、責任之重。因為家長無法改變現行的教育制度，就只得把這種壓力轉嫁到孩子身上，拚命地給孩子施壓。為了培養出一個競爭型的未來人才，家長們請家教，讓孩子上各種各樣的補習班、培訓班。以為只有「順應潮流」，孩子將來才能不落後於人，才能夠成才。

這種成才觀讓很多家長在對孩子教育的過程中失去了平衡。大多數家長把成績作為衡量孩子是否優秀的唯一標準。一個孩子只要學習成績好，無論他的感情多麼淡薄，心理多麼狹隘，精神世界多麼蒼白，實務能力多麼差勁，創新意識甚至為零，都會成為令家長驕傲、令他人羨慕的對象。而孩子一旦成績不好，家長就心急如焚，擔心孩子長大以後沒有出息，不能成才，於是對孩子施加更大的壓力，對孩子的要求也就更為嚴苛。如此一來，孩子苦不堪言，家長吃力不討好。被迫接受「教育」的孩子，非但沒有像家長們希望的那樣成為所謂的「競爭人才」，還變得厭學、不負責任、逃避生活……結果得不償失。

故事一：

葉娜娜是小學四年級的學生，是班上的小老師，熱愛學習，是老師心目中的「資優生」。但父母對她的期望過高、要求過嚴，葉娜娜必須每科都得考 98 分以上，少於 98 分就會受到責罰。

有一次，葉娜娜的國文只考了 95 分，雖然在班上名列前茅，但媽媽仍不滿意，嚴厲地批評了她，說她不認真，如果夠認真，不應該只考95 分。

　　父母的嚴厲讓娜娜的心理壓力很大，她非常在意自己的成績，學習絲毫不敢怠慢，一旦有哪位同學考得比她好，她就會恐慌、嫉妒。漸漸地，她感到力不從心、疲憊不堪，學習成績明顯下降，對學習也產生了厭倦。另一方面，隨著學習成績的下降，她的嫉妒心也變得越來越強，有時候甚至暗暗咒罵考試比她好的同學。

故事二：

　　葉松從小就是同儕的榜樣。他在班上各科成績都得第一名，人也很懂事、乖巧。因此，老師特別喜歡他，家長也引以為豪。

　　葉松的變化是在國中以後。

　　靠著自己的努力，葉松終於考上了一所明星高中。這所高中資優生多，加之課業繁重，葉松慢慢覺得有些吃力了！

　　第一次月考，他居然排到了班級的第 11 名，這是前所未有的事情。當然，這個班上的孩子全是資優生，葉松能考出這樣的成績已經很不錯了，但葉松自尊心強，受不了這個打擊，也不懂得分析判斷自己所處的環境和小學有所不同。因此，他一下子迷惘了。

　　回到家裡提及此事，爸爸媽媽也覺得有點丟臉，狠狠地責罵了他，這讓葉松覺得更加難過。

　　後來的幾次考試，雖然葉松都很努力，但還是沒辦法像小學那樣獲得第一名。漸漸地，他越來越失望，對學習也失去了信心！

　　如果以成績來衡量一個孩子是否有出息的話，那麼，娜娜和葉松無疑就是家長眼中爭氣、有出息的孩子。可就是因為家長過分看重成績，讓孩子沒學會客觀地評價自己，缺乏承受失敗與挫折的能力，以致最後那點依靠成績和名次建立起來的自豪感分崩離析了，不是變得性格扭曲，就是從此一蹶不振。這都是家長過分看重成績造成的悲劇。

第一章　別讓成績代替成長

事實上，孩子的學習成績只是他們在校學習期間成果考核的一個標幟，它在一定程度上反映孩子掌握知識的狀況，但它絕對不能和成才畫等號。一個孩子今後能不能成才，並不在於現在孩子在課堂上回答了多少問題，考試成績是否名列前三名，是否擅長很多種技能；而在於他是否有良好的人格和健康的身心，是否有持之以恆的毅力，是否有克服困難的勇氣，是否有強大的抗挫折和抗壓能力，性格是否樂觀幽默，是否有親和力等。相對於成績才是「真理」，這些人格特質更加重要。

未來真正具有競爭力的人才應該是品德、健康和才能兼具的人。不重視身心健康，孩子可能成為廢品；不重視智育，孩子可能成為次品；不重視德育，孩子可能成為危險品。因此，對孩子的教育應該是綜合教育，要培養的也應該是綜合性的人才。這種綜合性的人才應具備以下特點：

- ✧ 他（她）是一個人格健全、有旺盛的生命力以及蓬勃鬥志的孩子。
- ✧ 他（她）能夠自己處理遇到的任何事情，而不會總是寄望於別人。
- ✧ 他（她）有很強的感受力，熱愛生活與生活中一切美好的東西。
- ✧ 他（她）有同情心，能體諒別人。
- ✧ 他（她）耐挫折能力強，有上進心、有責任心、有熱忱。
- ✧ 他（她）有自信心，自我意識強。
- ✧ 他（她）有判斷能力，不會盲目地和別人比較。
- ✧ 他（她）懂得自己在做什麼，有自己擅長的東西，並不一定學習成績優秀。
- ✧ 他（她）有很強的實務能力、思考能力、自主獨立能力以及良好的心態。

　　總之，家長應該多角度地看待孩子的成才問題。因為「人才」從來沒有一個固定的模型。每一棵大樹都有它們各自的姿態，如果我們非要說哪一種姿態才是「最美」、「最佳」的，那顯然不合時宜。

　　因此，如果孩子學習成績並不突出，不能考到班級前三名，作為家長，千萬不要因此否認孩子潛在的「能力」，也不要認為孩子將來就沒有出息。應該多了解、多觀察孩子在哪一方面有突出的「潛能」，如果孩子能夠充分發揮自己的潛能，並且擁有健全的人格與健康的身心，那麼，他就是適應未來社會發展的人才。

身心健康遠比成績重要

　　世界衛生組織給「健康」下的定義：健康乃是一種在身體、精神上的完滿狀態以及良好的適應力，而不僅僅是沒有疾病和衰弱的狀態。這就是人們所指的身心健康。也就是說，一個人在軀體健康、心理健康、社會適應良好和道德健康四方面都健全，才是身心健康的人。

　　然而，一直以來，人們總是把孩子的學習放在的第一位。老師以成績品評學生，父母以成績要求孩子，社會以成績評價孩子……彷彿沒有了成績，孩子就沒有了一切。因為過分看重成績，很多家長忽視了孩子身心健康的重要性。於是，孩子的體能下降，個性特質、道德感降低，抗壓性不足等教育問題也隨之產生了。

　　故事一：

　　凱月的媽媽非常重視孩子的教育，她總是教育凱月，課業成績好，以後才能過好日子，不用像媽媽一樣在街邊賣菜。

　　為了讓孩子全身心地投入學習，凱月的媽媽從來不讓凱月做家事，認

為會耽誤功課，當然，她也不肯讓凱月出去玩，原因也是會耽誤功課。凱月除了學習，就是關在家裡看書，看電視，從不運動，也不出去找同學玩。

慢慢地，凱月變得越來越孤僻，不愛講話。最重要的是，她的身體健康每況愈下，變得越來越胖，還常常生病。因此，她的孤獨感與自卑感就更深了！

故事二：

小唯學習成績相當不錯，但他非常傲慢，瞧不起別人。在他眼中，那些學習成績不好的同學都是笨蛋。

因為學習成績好，所以，他在家裡為所欲為，動不動就發脾氣。為此，小唯的媽媽無法理解，為什麼自己的孩子成績這麼好，可人格修養卻這麼差？

以上的例子無一不說明了身心健康的重要性。對於孩子來說，身心健康比成績更重要。

▌ 健康的身體是取得好成績的保障

健康的身體是一個人成才的根本，是成長過程中不可缺少的硬體，是取得好成績的保障。

正所謂「身體是革命的本錢」，沒有健康的身體，成才的道路走不了多遠。孩子正處於發育期，需要良好的睡眠、適當的運動、快樂的情緒。然而，擁擠的教室、題海書山、沉重的壓力讓孩子失去了休閒娛樂、體育鍛鍊的時間，他們的體質每況愈下，體重增加、近視率增多，甚至有很多孩子小小年紀就得了失眠，經常生病。這樣的代價，對於孩子的一生來說，也未免太大了！因此，要想讓孩子健康成長，家長應把孩子從「題海」中解放出來，多帶孩子進行運動。

良好的心理素養是獲得成功的保證

在人的素養結構中，心理素養占有十分重要的地位。良好的心理素養是一個人正確地認識自我，戰勝困難，走向成功的保證。

然而，因為家長過於重視孩子的學習成績，對孩子的想法不夠重視，導致很多孩子小小年紀就有心理問題，比如厭學、焦慮、孤獨、缺乏自信等。還有相當一部分孩子的心理問題較為嚴重，甚至發展為心理疾病和心理障礙。

孩子在成長發育的過程中，其身體和心理都處於日漸成熟的階段。在這個階段，我們應該把孩子良好心理素養的培養作為第一重要的目標。透過合理的方式，培養和訓練孩子健全的人格、較好的心理能力、較強的適應能力、熱愛學習和生活的濃厚興趣和品格。使孩子心理健康、性格開朗、熱愛學習、熱愛生活、懂得珍惜、知道關懷，成為一個樂觀向上和積極的人。

良好的心理適應能力是孩子立足社會的保證

「心理適應能力」指一個人的心理活動和行為，能適應該時複雜的環境變化，為他人所理解，為大家所接受。

每個人一生中所處的環境和所經歷的生活都不可能一成不變，一個能適應外界變化，並能隨時做出調整的人，才能在社會中更好地生存。因此，要想讓孩子更好地在社會中立足，家長應重視培養孩子的心理適應能力。

道德健康才能更好發展

所謂道德健康，最主要的是不以損害他人利益來滿足自己的需要，有辨別真偽、善惡、榮辱、美醜等是非觀念。道德健康的孩子，有正確的人生觀與價值觀，他們能按社會規範的準則來約束、支配自己的行為，能為他人的幸福作貢獻。

今天，我們提倡家長關注子女的健康，不僅是身體上的健康，還有思想上的健康，特別是心理健康。

對於孩子來說，學習固然重要，但健康尤其是思想和心理健康，才是更重要的。只有身心健康的孩子，才能成長為德才兼備、利民又利家的棟梁之材。

成長的經歷是孩子一生的財富

娟娟的媽媽中年得千金，視女兒如珍寶。為了給孩子無微不至的關愛，娟娟的媽媽自己省吃儉用，節衣縮食，卻從不「虧待」娟娟，她給孩子買各種玩具、鋼琴，請家庭教師，而家裡的大小事情都不讓娟娟幫忙做……

而娟娟也是一個乖巧、聽話的孩子，媽媽說什麼她就做什麼，媽媽不讓她做的事情一概不做，以致於娟娟到 3 年級了還不會自己綁鞋帶。當然，在媽媽看來，這都是小事情，孩子功課好才是最重要的。

娟娟高中畢業以後，媽媽把自己辛辛苦苦存下來的 150 萬元拿了出來，讓她到國外留學。

娟娟走後一個星期，那天她下班回到家裡，驚奇地發現，她的寶貝女兒居然在家裡看電視！媽媽驚訝地下巴都快掉了下來！

原來，因為一直以來習慣了獨處，娟娟不懂得與人互動，加上習慣了媽媽的「關懷備至」，她一點獨立生存的能力都沒有，遇到事情就只能手足無措地打電話回家哭訴！

她要媽媽去國外陪她，但媽媽哪有錢去呢？於是，她索性就自己買了機票回來了……

　　看著自己嬌氣的「千金」，娟娟的媽媽欲哭無淚！這個時候她才明白，正是自己無節制、包辦的「愛」，讓自己的孩子變得「無能」，遇到問題沒有辦法自己解決，只會退縮回來求助。她真後悔自己昔日的那些行為！可是，後悔又有什麼用呢？

　　在生活中，這樣的例子還有很多很多，孩子之所以缺乏生存能力，沒有辦法獨立生活，不會解決問題，正是家長惹的禍！

　　明智的家長應該知道，真正的愛不是你給予孩子什麼，而是你教給孩子什麼，你讓孩子經歷了什麼。對於孩子來說，經歷才是他們一生最珍貴的財富。燕子媽媽的做法就值得借鑑。

　　燕子媽媽對自己生下的小燕子非常照顧，可謂舐犢情深，小燕子漸漸長大了，燕子媽媽卻像發了瘋似的「逼」小燕子離開溫暖的家。

　　剛開始，小燕子們都不願意離開舒適溫暖的家，但是，燕子媽媽就是不讓小燕子們進窩，牠又咬又趕，非要把牠們都從窩裡攆走，最後小燕子們只好落荒而逃，去開始自己的獨立生活。

　　燕子媽媽看似冷酷，但是，牠卻懂得小燕子應該離開媽媽，學會自己去捕食，這樣才能獨自生存下去。因此，要想讓你的孩子今後有能力在社會上立足，有擔當，就應該把孩子推出門去，讓他們自己去經歷生活的磨難，經歷風雨的襲擊。具體到生活中，家長可從以下幾方面做起：

▌讓孩子從小有自己動手、工作的經歷

　　從西元 1940 年代開始，哈佛大學就對波士頓的 456 名男孩進行了追蹤調查，了解他們的生活經歷和成長過程。在這些孩子進入中年的時候，研究人員對他們的生活進行了分析，結果發現，不管此人的智力、家境、種族或受教育的程度如何，也不管他們遇到多少困難和挫折，從小參與工

作的人，即使只在家裡做一些簡單的家事，生活過得要比沒有工作經驗的人更充實、更美滿。

所謂「不工作者不得食」。從小就經歷過工作的孩子，能夠體驗到透過工作而獲得正當報酬的愉悅。這樣的孩子長大後，不會透過不正當的手段去獲得金錢，也不會夢想成為暴發戶。他們更會把用汗水賺來的錢花到有價值的地方。最重要的是，他們還能體會到父母的艱辛與不容易，更加善解人意，更懂得愛與尊重自己的父母。

西歐人在孩子很小的時候，就積極鼓勵並讓他們自己去體驗一些髒的工作、難的工作和危險的工作，即使是貴族階層和富有階層也一樣。世界級大富翁兼慈善事業家洛克菲勒（John D. Rockefeller）家族也有類似的規矩，在孩子 7 歲的時候，家長就開始讓孩子自己透過工作賺零用錢。這種做法正是值得我們東方家長學習和借鑑的。

▌讓孩子體驗生活的艱辛

專家認為，讓孩子體驗了生活的艱辛，認識到自己擁有的幸福，會讓孩子心懷感恩，更會培養出孩子博愛的心靈，提高他們的自我認知能力和生存能力，這對孩子的健康成長是有好處的。作為家長，千萬不要擔心讓孩子吃苦，實際上，孩子只有體驗到「苦」的滋味，才能珍惜「甜美」的生活。才能懂得同情、體諒、關愛與理解。

▌別讓孩子的生活太優越

作為家長，不能讓孩子生活的過於優越，不能讓他想要什麼就有什麼，而應該讓孩子知道，很多東西並不是自己想得到就能得到的，必須透過努力才能獲得。這好比只有努力了，才能取得好成績，才能贏得尊敬一樣。一個不努力的人，永遠不可能有所收穫。

▌讓孩子體驗困難

「窮人的孩子早當家」，這句話的確有它的道理。生活在窮困潦倒家庭中的孩子，惡劣的生存環境自然為他準備了艱苦鍛鍊的條件。現在生活水準提高了，有經驗的家長多是想辦法給孩子設置一些困難，而且不限於生活方面的困難，讓孩子去解決、去克服，從而培養孩子克服困難的能力和優良特質。

有位家長是這樣做的：

孩子住在高樓大廈裡，上下有電梯，出門有汽車，生活中似乎沒有什麼特別的困難需要他們去解決。針對這種情況，這位家長給孩子安排了兩項特殊的作業：一項是每天上下 12 樓，不搭電梯，而是堅持步行；二是每天上學和放學不再搭乘汽車，而是堅持徒步走 5 個站牌的路段。

開始的時候，孩子覺得爸爸不近人情，但慢慢地他習慣了這種方式，覺得這樣既鍛鍊了身體，又可以在路途中看到一些新鮮的事物，比一天到晚家裡－學校，學校－家裡要有趣得多。

當然，給孩子設置的困難，要符合孩子的實際情況，不要讓孩子產生畏難的情緒，從而更加逃避困難。

此外，讓孩子體驗成功、體驗失敗、經歷挫折、體驗愛與被愛都能幫助孩子更好地去了解生活的本質，更健康地成長。

良好特質奠定孩子人生的根基

特質，從字面上理解，應該包括品格和素養兩方面。我們這裡所說的特質培養，偏重於「品格」的養成，即培養孩子正確的生活目標、價值觀、人際關係以及面對挫折的能力等。

第一章　別讓成績代替成長

　　對於孩子來說，好特質的養成遠比知識和技能更重要。因為，孩子的品格一旦形成，就很難改變，而知識和技能卻可以隨時隨地學習、吸收與更新。「沒有品格，教育只完成了一半」。良好特質的養成，能構建健康的人格，影響孩子一生的發展。因此，家長應從小重視孩子誠實、守信、善良、真誠等良好特質的培養。

　　一般來說，要培養孩子良好的特質，家長應注意以下幾方面：

▌在日常生活中抓孩子的特質培養

　　從家庭教育的角度來講，孩子的良好特質是靠父母平時潛移默化的教育養成的。只有在平時的日常生活中，讓孩子從所見、所聞、所遇、所為的事情中形成正確的世界觀、人生觀、價值觀，才能真正使孩子養成良好的特質。

　　例如，父母要求孩子真誠待人，那麼平時就應該經常告訴孩子真誠待人的重要性和必要性，讓孩子知道只有真誠待人，才能得到別人的尊重與信任；要求孩子持之以恆，那麼就應該幫助孩子建立完成每一項具體任務時的信心，同時，也要為孩子提供必要的幫助和指導。只有這樣，才能讓孩子養成不管做什麼事都能持之以恆的特質。

▌從小事針對孩子的特質培養

　　孩子的良好特質，是在具體甚至是細微的事情中養成的。因此，要培養孩子良好的特質，家長應抓住每一個教育契機，從一點一滴的細節入手。

　　很多孩子在上學期間，有時候看到其他同學擁有的文具，因為對所有權的概念還不是太明確，一旦喜歡就偷偷地放進自己的書包裡。儘管對孩子的這種行為還不宜定論為「偷」，但如果不及時指出並立刻糾正，就會影響到孩子良好特質的養成。

小蓁今年上小學一年級。

有一天放學回家，媽媽發現小蓁的筆盒裡有一塊漂亮的斑馬橡皮擦。媽媽問橡皮擦哪裡來的，小蓁吞吞吐吐地告訴媽媽，是同學的，因為自己很喜歡，就「帶」回來了。

媽媽抓住機會跟小蓁講了「不拿別人東西」的種種道理，要求她第二天將這塊橡皮擦還給同學，還承諾：「如果你喜歡，媽媽明天也去買一塊同樣的橡皮擦給妳」。

第二天，小蓁將橡皮擦還給了同學，媽媽也兌現了自己的諾言。

從那之後，小蓁即使對別人的東西再喜歡，也沒私自拿過。

家長要以身作則，營造良好的家庭氛圍

家庭是孩子成長的搖籃，是孩子成長的第一所學校，家庭環境的好壞，直接影響孩子能否健康成長。良好的家庭並不是指富裕的家庭，而是指家風好。

家長是最貼近孩子的老師，家長對孩子的影響非同小可。家長的信念、情緒、行為會潛移默化地影響孩子。加上孩子年齡小、辨別是非的能力差、喜好模仿的特點，家長的一句話，一個動作，甚至一個表情，都會對孩子的發展造成引導作用。

曾有這樣一個廣告，三個孩子在一起比誰的爸爸勇敢。一個孩子說：「我爸爸開車看到紅燈闖了過去，你們的爸爸敢嗎？」家長即使不教孩子學這些，但孩子在潛移默化中已經受到了感染。因此，家長自身的修養、良好的親子關係、正確的教養態度和生活方式、和睦的家庭氛圍等，都將對孩子一生的成長造成極其關鍵而久遠的影響。

因此，日常生活中，家長尤其要注重言傳身教，用自己的行動來感染

和教育孩子。平時，家長一定要注重自身的形象，以身作則，當孩子的表率。比如，告訴孩子別人的東西不能拿，自己首先要做到不拿別人的東西；要求孩子遵守諾言，自己答應孩子的事情就不能忘記。只有這樣，家長對孩子的教育才有說服力，孩子才能服從家長的教育，也只有這樣，孩子才能把這些外在學來的東西內化為自身的特質。

▌家長要有足夠的耐心

要培養孩子的良好特質，家長還應該有足夠的耐心，尊重、理解、關心、愛護和寬容來對待孩子，和孩子一起去面對問題和矛盾，一起去觀察世界、理解生活、判斷事物。如此，才可能為孩子營造一個健康快樂的成長環境，培養孩子的獨立見解、健全人格和其他一切優秀特質，使孩子真正成為大家眼裡的「好孩子」。

▌讓孩子自己去辨別是非

有一位家長是這樣引導他上小學一年級孩子辨別是非的：

每天帶孩子上學搭公車，每當看到人們發生爭執時，他就讓孩子注意觀察，下車時還要把自己的分析講給家長聽，他們為什麼而爭執？誰對誰不對？應該怎麼解決？孩子說完之後，當家長的再做指導。

久而久之，這個孩子辨別是非的能力大大增強。

作為家長，也許你不能給孩子富裕，不能他英俊和美麗，但是你能給他一個成功的人生。如果你能夠從小事做起，培養孩子美好的特質，那你就給了孩子一份最為珍貴的成長禮物。

好習慣是成長的推進器

《十萬個為什麼》裡有這麼一問：

一顆子彈頭沒有多重，而且是鉛做的，用鋼板就能壓扁它。但是，它從槍膛裡飛出來，能夠穿透幾公釐厚的鋼板，這是為什麼？

答案是：速度和慣性讓它擁有了這樣超凡的力量。

正如培根（Francis Bacon）說的：「習慣是一種頑強的巨大的力量，它可以主宰人生。」事實也是如此，良好的、堅持恆久的習慣，可以使人走向成功。反之，不良的習慣會降低人的學習和工作效率，有些壞習慣甚至會給人的一生帶來不良影響。

有這樣一則大家耳熟能詳的故事：

海地一家知名企業招募員工，開出的條件非常優厚，但是要求也非常嚴格。一些高學歷、有經驗的年輕人經過層層選拔，進入最後一關。最後一關是由公司的總經理面試，應聘者來到會議室，總經理對他們說：「我有點急事，你們等我幾分鐘。」總經理離開後，這些人走到總經理的座位前，隨手拿起總經理的文件翻看，有的一邊看還一邊指指點點，有的甚至說些粗話。

過了幾分鐘，總經理回來了，宣布說：「面試已經結束，很遺憾，你們都沒有被錄取。」

這些人感到很吃驚：「怎麼面試還沒開始就把我們拒之門外了？」

總經理說：「在我剛剛離開的幾分鐘裡，對你們的觀察就是公司最後一道面試題，而你們的表現都令公司很失望，公司不會錄用一些有不良習慣的人。」這些人聽到後，都愣住了。因為從小到大，沒有人告訴他們這一常識，更談不上習慣養成。

無獨有偶，還有這麼一則故事：

　　有一個窮人，偶然得到了一本書。就像金庸筆下的武功祕笈一樣，這本書裡面夾著一張藏寶祕笈。祕笈上寫著：在某處海邊可以找到一塊魔石，用它可以點石成金。但是這塊魔石的外觀和成千上萬的石頭沒什麼兩樣。謎底在於：魔石摸起來是溫暖的，而普通的石頭摸起來是冰涼的。為了尋找那塊溫暖的石頭，這個窮人離開了家，來到海邊，過起了風餐露宿的生活。

　　海灘上有無數的石頭，這個人想：「我要是一塊一塊摸過去的話，根本就記不住哪塊石頭被摸過，也就無法辨認真正的魔石。」所以，他每當撿起一塊石頭覺得冰涼的話，就往海裡扔，用這種方法避免摸到重複的石頭。一天過去了，他撿起的石頭中沒有一塊是溫暖的。一個月，一年，兩年，三年……他還是沒有找到那塊魔石。但是，他毫不氣餒，繼續撿石頭，扔石頭……

　　有一天早上，他又撿起一塊石頭，隨手扔進了海裡，石頭出手後才突然醒悟 —— 這塊石頭是溫暖的！可是他因為已經養成了往海裡扔石頭的習慣而扔掉了它。扔石頭這個動作太具有習慣性了，已經到了不假思索、自然而然的地步，以致當他歷經磨難、夢寐以求的東西出現時，他卻與寶貝失之交臂。

　　這兩則故事，場景不同，時代不同，但教訓卻同樣深刻。故事告訴我們，在生活中，一些看似不經意的壞習慣，卻有可能讓我們與幸運擦肩而過，造成不可挽回的損失。與之相反，良好的習慣會給人帶來機會和成功。

　　美國歷史上最具影響力的偉人中，班傑明・富蘭克林（Benjamin Franklin）就是從小養成了好習慣。

　　富蘭克林不僅是偉大的科學家，而且還是著名的作家、外交家、畫家、哲學家，他自修法文、西班牙文、義大利文、拉丁文，並引導美國走

上獨立之路，他的成功都來源於從小養成的良好習慣。

在富蘭克林還是個孩子的時候，他就列出了獲得成功不可缺少的幾種習慣：節制、沉默、秩序、果斷、節儉、勤奮、誠懇、公正、中庸、清潔、平靜、純潔和謙遜。富蘭克林每天都看著這些條件，然後告誡自己，一定要養成這些獲得成功的習慣。

為了督促自己，他給自己設計了一個成功記錄表，每一種習慣都占據一頁，畫好格子，每天睡覺前都要反省自己，看看是不是按照記錄表上的要求去做了，是不是養成習慣了。

伴隨著這些習慣的養成，富蘭克林的成就也逐步增加，最後富蘭克林帶著這些習慣走向了成功。

富蘭克林在 79 歲時，把自己的一生記錄在了自傳當中。在那本不朽的自傳中，富蘭克林花了整整 15 頁紙，特別記述了他的一項偉大發明，他認為，他的一切成功與幸福都來自於這項偉大的發明，那就是要養成良好的習慣。

富蘭克林在自傳中著重寫道：「我希望我的子孫後代都能夠擁有良好的習慣，並從這些習慣中收穫最大的成功。」

事實正是如此，習慣對於一個人的影響是非常深遠的，往往決定了一個人的成功與否。有異曲同工之妙的還有一件事：

西元 1960 年代，蘇聯的科技發展迅速，他們發射了世界上第一艘太空船，太空人尤里·加加林（Yuri Gagarin）很幸運地成為第一個進入太空的地球人。

但是，在選拔第一個進入太空的人時，蘇聯航太機構費了很大的工夫，因為他們要從幾十個太空人中選出最優秀的一個人。這些太空人各方面的能力都很接近，沒有什麼大的差別，但是名額只有一個，要在這些人

中選出最優秀的一個，確實不容易。

蘇聯宇航局安排這些太空人去參觀即將發射的飛船，在進艙門的時候，只有加加林一個人是脫了鞋子進艙的。剛好這個動作，被飛船的設計師看到了。設計師想，只有把飛船交給一個如此愛惜它的人，他才放心。在他的推薦下，加加林就成了人類第一個飛上太空的太空人。所以有人開玩笑說：「成功從脫鞋開始。」

加加林最後的成功，源於他那個不經意的動作。這個看上去不起眼的動作卻得到了飛船設計師的肯定，獲得了「飛天」的機會。所以有人說，一個人能否成就一番大事業，能否擁有美好的未來，不用去聽他口若懸河的語言，只需要看他是否有良好的行為習慣就足夠了。

對於孩子來說，是否養成良好的習慣，對他以後的成功與發展將造成決定性的作用。因此，在孩子成長的過程中，家長要適時培養他們良好的習慣。

比如，在幼兒期，要培養孩子不撒嬌、不任性的習慣；孩子上學了，就要讓他們養成專心致志、全神貫注、一心向學、勤於思考、講究衛生、熱愛工作、勤儉節約、做事有條理、生活有規律等好習慣，這是我們給孩子的可以享用一生的禮物。

教育應給孩子提供成長的陽光

文化瑰寶之一 ——《三字經》的第一句就是「人之初，性本善。」這裡的「性」我們可以理解為人的「本性」、「本質」。也就是說每個人身上那些寶貴的東西，包括人的智力和心理特質，在一定意義上都是人性中固有的，它們從一個人出生開始，就以萌芽狀態存在於這個人的身上

了，有了合適的環境，它們就會生長。而教育者教育孩子的目標就是要把孩子身上這些最寶貴的價值體現出來，也就是要為孩子提供好的環境，供孩子的這些「特質」生長。

對於孩子來說，適合他們生長，能夠促進他們發展的好環境包括兩方面，一是自由，二是正確的愛與呵護。如果用植物的生長作比喻的話，那麼，「自由」就相當於充足的陽光和水分。教育者要做的僅僅是順應孩子的成長需要，為孩子的生長提供充足的陽光，給孩子成長的自由，愛孩子、肯定孩子、激勵孩子、賞識孩子。具體落實到生活當中，應做到以下幾方面：

給孩子生長的自由

作為家長，可以為孩子創造良好的學習氛圍和學習條件，但不要一廂情願地給孩子報這個班報那個班，要始終把孩子的愉快放在第一位，陪孩子一起玩，和孩子一起成長。對於孩子的將來，家長要有平常心，要知道，孩子的身心健康和平安是最重要的，至於將來做什麼，有沒有成就，完全不必操心，一切順其自然。而且，家長還應該引導孩子不把考試成績看得太重要。

尊重和信任孩子，相信孩子的能力

尊重和信任孩子，可以幫助他們自立自強。在生活中，家長最容易犯的錯誤就是事先假定孩子什麼也不會做，什麼也做不好，所以事事都會阻止他們自己做，都要替他們做好。殊不知，這麼做的結果是使孩子慢慢地對自己失去信心，失去自己努力去探索、去追求、去鍛鍊的自覺性。

其實，鼓勵孩子的最好辦法就是信任孩子，相信孩子和大人一樣也能把事情做好，放手讓孩子自己去嘗試，如收衣服、拖地、擦桌子等。在孩子嘗

試做一件事情時，家長要告訴孩子「你能做好」、「我相信你」，這能讓孩子在做的過程中得到自我滿足，增強自尊和成就感，從而不斷增強自信。

家長應努力挖掘孩子的閃光點

事實證明，能力再弱的孩子都有他的「亮點」。在日常生活中，家長應注意觀察孩子的行為舉止，挖掘孩子的優點，從孩子的優點入手，及時給予肯定和鼓勵，不斷強化孩子積極向上的認同心理。

世界三大男高音歌唱家之一盧恰諾·帕華洛帝（Luciano Pavarotti）還是個孩子時，祖母常把他抱在膝上對他說：「你將會成為一個了不起的人物，你不久就會明白的。」後來他當了小學教師，偶爾唱唱歌。但他的父親不斷鼓勵他，說他唱歌很有潛力，終於他在 22 歲那年從事保險業，爭取到比較充裕的時間發展唱歌的天賦。成名之後他說：「如果沒有父親的激勵，我就永遠不會站在舞臺上。老師培養訓練了我，但是祖母的那句話讓我用勇氣和信心走向成功。」

優秀的父母在孩子小時候，每當他取得了好成績，或者做了一件讓他自己感覺很自豪的事情，或者讓家長感覺很驕傲的事情，都會像開新聞發表會一樣，向所有親友炫耀他的「成功」。這就像拿著放大鏡觀察事物一樣，去放大孩子的優點，而且誇讚時一定要當著他的面，是有意識的表揚。堅持每天讚美孩子，能滿足孩子心靈深處最強烈的需求。

要善於發現孩子的點滴進步，並不失時機地予以鼓勵

比如孩子不會收拾自己的玩具，爸爸媽媽要做的不是指責他，而是告訴他怎樣才能收拾好自己的玩具，當孩子有一點點進步的時候，家長應不失時機地鼓勵他：「收拾得真好，又乾淨又整齊！」當孩子意識到自己好的舉止被父母注意到時，便在內心調整了行為取向，使好的行為得以鞏固。

寬容和理解孩子

寬容和理解孩子，可以幫助他們重新振作。每個孩子在成長的過程中，都可能遇到困難和挫折，都可能遭遇到人際關係上的困擾與考試的失敗，都可能不小心做錯了事情，這時候，家長應該寬容和理解孩子，給孩子精神上的鼓勵與支持，讓孩子重新振作起來。

告訴孩子「你真棒！」

賞識的語言猶如陽光，可以鼓舞人的勇氣，激發他的自信。

一位老師在推薦赴美讀高中的女孩時說「我以性命擔保她做得到」，這句話深深震撼了父親的心。他怎麼也不會相信，僅僅在 4 個月前，他的女兒還是一個被老師批評為「沒有數學頭腦」、垂頭喪氣地說「我討厭上學」的孩子。

剛去美國不久，斯蒂芬文科首次得了滿分！老師一句「你真棒」讓她心花怒放。接著她的化學又開始頻頻得滿分。有人問老師問題，老師跟他們說：「問斯蒂芬，她什麼都知道。」老師還在全班大聲讚揚：「你們要努力呀！否則將來你們都要當斯蒂芬的員工了！」

每個人都是有天賦的，但並不是每個人的天賦都能被喚醒。就像打開寶藏的口訣「芝麻，開門」一樣，喚醒這沉睡的巨人也需要祕訣，那就是賞識他！

讚揚和鼓勵孩子一定要真心

真心讚揚孩子，可以幫助他們揚長避短。鼓勵性的語言很多，應該多用、多創造。比如：「你真棒！」、「不要洩氣，再努力一下就會成功」、「沒關係，失敗是成功之母」、「我真為你驕傲！」

在孩子的一生中，最能幫孩子建立信心、能起到最好激勵效果的，就是他的第一次成功。哪怕是再小的成功，也能讓孩子增強自信。當孩子學會一個字、得到一張獎狀、做對一道題、縫好一枚紐扣、擦淨一次地板、洗淨一雙襪子時，他都有成功的喜悅，會期望自己下一次做得更好。在那種時候得到肯定與鼓勵，將使他對前景充滿信心。

總之，給孩子充足的陽光，才能有利於孩子成長。如果我們無法給予孩子充足的陽光和水分，最起碼要做到別遮擋住陽光。

別做妨礙孩子成長的家長

每個家長都不願自己的孩子落後於人，為了孩子今後能出人頭地，很多家長都加強了自己的管理力度，為孩子設計了一整套的成長方案。他們總是認為，自己是過來人，只要孩子順著自己設計的路「乖乖」地走下去，就能少走彎路，就能獲得成功。殊不知，家長的這種做法其實恰恰壓抑了孩子的天性，妨礙孩子的發展，讓孩子成為沒有主見的「寄生蟲」。我們可以想像，假如把樹栽在花盆裡，無論花盆有多大，終歸只是一個容器，在這有限的容器裡，能指望它的根有多深、葉有多茂呢？如何能長成頂天立地的參天大樹呢？

那麼，家長的哪些行為會妨礙孩子成長呢？專家認為，以下這些家長的做法會妨礙孩子的成長：

✧ 事事都先把結果告訴孩子，是非曲直都「被編好程式」，孩子失掉了體驗和探索的機會。習慣於被別人「編程式」的孩子，是不可能有探索的欲望與求知的熱情的，這樣的孩子永遠不可能有創造，更不會有出息。

✧ 不允許失敗，以失敗為恥，剝奪孩子失敗的權利。一些家長不忍心看孩子遭到失敗，從拔刀相助到包辦代替，表面上是幫了孩子一把，實際上是從孩子的手裡奪走了實踐失敗的機會，奪走了孩子嘗試失敗的權利。我們應該相信孩子具有超越失敗及挫折的能力，在挫折失敗中孩子完全有可能自我奮起。

✧ 什麼事情都要求盡善盡美，不允許出現任何一點紕漏。這種家長用自己的完美主義把孩子的創造性扼殺在搖籃裡。

✧ 把自己當成孩子的榜樣，讓孩子複製家長。孩子成為家長的「翻版」是不會有出息的。長江後浪推前浪，青出於藍而勝於藍，超越父母的孩子才有創造力。

✧ 處處設置清規戒律，害怕孩子越位或犯錯誤。到處設置「安全網」，把孩子的天地圈得越來越小，人為地限制了孩子的自由空間，會使孩子謹小慎微，患得患失。

✧ 一言堂，甚至父母之間都不能有一點不同的聲音。家中沒有思想、言論的碰撞，必然死氣沉沉，沒有一點活力。

✧ 凡事都要求必須有一個明確的結果，總是用正確的邏輯和科學的事實去壓制孩子的想像。孩子的想像，很多時候是無邊無際的，甚至是幼稚可笑的，非得強求一個結果，往往會制約、壓制孩子的想像力。

✧ 容不得孩子的固執。有主見的孩子，一般都比較固執。孩子沒有了主見，沒有了固執，就不可能百折不撓地奔向既定的目標，就可能像「牆頭草」一樣風一吹就倒。

✧ 總以為先有伯樂才有千里馬。許多家長自以為是孩子的「伯樂」，把自己的「賞識」凌駕於孩子之上，貶低孩子的存在價值，削弱了孩子的自尊和自我意識。

第一章　別讓成績代替成長

◇ 把「長幼有序」等家庭倫理觀凌駕於真理、科學、事實之上，要孩子無條件地服從自己。

以上的這些做法都是孩子成長的障礙，請家長審視自己對孩子的教育，看看自己是否也在孩子成長的過程中給孩子設置了這些障礙？

那麼，怎麼才能做到不妨礙孩子成長呢？

專家以為，最適合孩子成長、發展的理想的狀態是家長本身就不墨守成規，家庭內部有支持創新、鼓勵創新的氛圍。如果家長本身不是很有創新精神，也應該凡事想得開，心胸寬廣，不過分管束孩子。如果家長沒有時間和精力管束孩子，那就從客觀上為孩子創造了一個自由寬鬆的環境。具體地說，家長應做到以下幾點：

◇ **以寬容的精神為孩子提供寬鬆的獨立成長空間**：家長應該在學習上多放心，讓孩子在自學中培養獨立思考的習慣；在生活上多放手，讓孩子在自理中學會自立與自強；在思想上多溝通、情感上多關心，少批評、多鼓勵，少要求，多引導，由此幫助他們儘快形成獨立的人格個性。

◇ **家長以平等的交流和參與方式來傾聽、討論孩子成長的煩惱和問題**：家長不要總是對孩子重複「好好學習」、「好好與人相處」、「錢夠不夠」之類的話題，這樣會無形中擴大代溝，使孩子不願對你們敞開心扉；不要過多插手孩子的事務，以免剝奪他們在專業與就業、友情與愛情等重大人生選擇問題上的自主權；不要擔心孩子吃虧、摔跟頭，因為歷經磨難的人，成長的動力與耐力會更強。總之，要相信孩子。

◇ **讓孩子獨立、自由、自主地成長**：社會是複雜的，孩子要成為社會中獨立自主的人，就必須具備獨立的精神，一個缺乏獨立性的孩子今後是無法適應社會需要的。

　　因此，父母應給孩子足夠的自由，讓他們自由地成長，不要太多限制，讓他們掌控自己的生活。因為給孩子獨立的機會，孩子覺得受到信任和尊重，會因此更加尊敬父母。父母應理智地看待孩子的成長，讓孩子出自己的力、流自己的汗、吃自己的飯。

　　獨立性強的孩子，往往具有健全的人格、強烈的自尊心和自信心，即使面對棘手的問題也會保持清醒的頭腦。獨立性強的孩子具有堅強的意志，面對困難會知難而上。獨立性強生活的孩子還會將獨立精神運用到學習之中，有較強的自學能力和科學精神。

　　正確的教育方式是使孩子具備真實的能力和健康的生活態度，將來既能夠自己去爭取幸福，又能夠承受人生必然會有的磨難和痛苦。這樣做才是真正的深謀遠慮，才是真正愛孩子，才是對他的一生負責。

第一章　別讓成績代替成長

第二章　父母，孩子成長路上的引路人

每個孩子從睜開眼睛那一刻起，就開始認識自己周圍的世界，接受家庭給予他們的教育。父母是孩子成長路上的引路人，是孩子的啟蒙老師。孩子今後將成為什麼樣的人，會養成什麼樣的性格，形成什麼樣的人生觀，與父母的教育、啟發和引導有著密切關係。

正因為如此，父母應扮演好引路人這一角色，做開明的家長，把孩子引向光明的坦途。

家庭環境是孩子成長的土壤

「嚴厲中成長的孩子學會苛責，敵意中成長的孩子學會爭鬥，譏諷中成長的孩子學會羞怯，羞辱中成長的孩子學會愧疚，寬容中成長的孩子學會忍讓，鼓勵中成長的孩子學會自信，讚揚中成長的孩子學會欣賞，公平中成長的孩子學會正直，支持中成長的孩子學會信任，贊同中成長的孩子學會自愛，友愛中成長的孩子學會關愛。」

孩子的成長就如這首小詩所說的，很大程度上取決於周圍環境的影響。家庭環境是孩子成長的土壤，是孩子特質形成的基石，孩子今後成為什麼樣的人，很大程度上是由他所在的家庭環境決定的。

良好的家庭環境促進孩子健康成長，不良的家庭環境影響孩子的身心健康

家庭作為一個社會單位，在孩子成長階段發揮著無可替代的作用；一個人的性格表現也因受家庭環境的影響而千差萬別。如果孩子所處家庭環境，由於父母經常發生爭吵而充斥著緊張與對抗，這樣他往往會封鎖自己，不愛與人交流，對任何人都缺乏足夠的信任，孤立使他在一些時候遇到某些敏感問題時會產生對抗心理，情感變化無常，不能自己，甚至有攻擊傾向，這是幼時情感受到壓抑的結果。

有一對夫妻接女兒放學回家，車開到一半，兩人不知道為什麼吵了起來。聲音越吵越大，他們乾脆把車停到路邊討論起了離婚的事。5歲的女兒坐在後排一直沒有說話。

一轉頭間，媽媽發現女兒居然在後排坐著畫畫：兩個大人冷冷地對立，中間躺著一個小孩。

「地上的小孩怎麼了？」媽媽問她。

「死了！」她說。

「這小孩是誰？」

女兒背轉身子說：「是小楠楠。」

「你怎麼會死了呢？」

沉默了片刻，女兒說：「因為爸爸媽媽吵架、分手……」

夫妻兩人默然了。他們都在心裡暗自思忖：也許，就算僅僅是為了孩子的身心健康也應該少吵架。

孩子的內心是敏感而脆弱的，在他們成長的過程中最需要的就是安定、安心、安全的環境與父母完整的愛。和睦幸福的家庭，能讓孩子擁有一個溫暖安全的生活港灣，使孩子獲得更多的奮鬥進取的力量。反之，不良的家庭環境，比如，大人間不和睦，家庭變故等，則可能把孩子推向苦悶的深淵，影響孩子的身心健康。

強強最近在學校裡總是無精打采，有時候還眼眶紅紅的，一副剛剛哭過的樣子。原來，班裡有一些男同學在議論他的爸爸，說強強的爸爸失蹤了好幾年都沒回家，不知道去哪裡了。爸爸成了強強心裡最大的祕密。

老師經過與強強母親的溝通了解到：強強爸爸在生意上有些麻煩。有時候，一些陌生人的突然出現，會給家裡人帶來很多困擾和擔憂。而強強的媽媽從不在家裡提起強強的爸爸。即使有時候強強主動問起，媽媽不僅會故意岔開話題，還會生氣。一次，老師安排同學們寫一篇〈和爸爸的一件事〉的作文，課堂上，同學們都談論起各自與爸爸之間的很多事情。強強一聲不響，同學們問起他，他也閃爍其詞，甚至轉過頭默默地流下眼淚。

突然的家庭變故對孩子心靈會造成極大的創傷，有些孩子會因此變得孤僻、憂慮、失望、煩躁、冷漠、自卑；有的則暴躁易怒，遇事易衝動，攻擊性比較強，不思學習，任意翹課。而強強顯然就屬於前者。

良好的家庭環境有利於孩子健康生活、高效學習

良好的家庭環境，即寧靜、和諧、團結、上進、衛生的生活環境有利於孩子健康生活，高效學習。而不良的家庭生活環境，如嘈雜、爭吵、懶怠、落後、骯髒等則難以培養出健康、進取的優秀孩子。

劉銘的爸爸是個商人，朋友多、應酬多，家裡每天都有牌局。在家做作業時，劉銘總是心煩意亂，沒辦法讓自己專注起來，很多時候還會中途跑出去看他爸爸的牌，關心牌桌上的輸贏。

在這樣的環境中成長，劉銘養成了做事情不專心的缺點。在班上他總喜歡東張西望，做作業時，也時不時捉弄一下同桌，讓老師、同學不勝其煩。

班導了解到這種情況，多次找劉銘的爸爸媽媽談話，並建議家長兒子一起學習。「身教重於言教」，時間一長，潛移默化中，孩子明白了學習的重要性，逐漸培養起學習的興趣，學習比以前更認真了。

半年過去，劉銘的爸爸已經不再玩麻將，家裡的客人也少了，沒有那麼嘈雜了，劉銘的學習也漸入佳境，並且多次在數學比賽中獲得好成績。

家庭環境在孩子品格形成中有特別重要的作用

小羽的爺爺奶奶溺愛小羽，他們常說的一句話是：「孩子還小嘛，不懂事，別動不動就批評、責備他。」小羽的爸爸媽媽則不這麼認為，他們常常為小羽的任性、不懂事感到苦惱。每每小羽做了錯事，媽媽要批評他的時候，奶奶就站出來說話：「誰家的孩子不犯錯呢？你們要打孩子就先打我吧！反正我這把老骨頭，打死算了。」因為總有人給他撐腰，替他說話，小羽變得越來越頑劣難調教。

在爸爸媽媽面前，小羽表現得很乖巧、聽話。而在爺爺奶奶面前，他

則表現得驕縱、無理，有時候還會罵人。而爺爺奶奶和爸爸媽媽都在的時候，他又是另一副樣子，爸爸媽媽跟他說話，他總假裝沒有聽到。這讓小羽的爸爸媽媽頭痛不已。

小羽的例子是當今許多隔代教養家庭的翻版。因為教養方式、教育意見的分歧，小羽小小年紀就學會了兩面討好、投機取巧。由此可見，在家庭中，父母的教養方式決定了孩子品德的養成。要想把孩子養成一個獨立、大膽、機靈、善於與別人交往合作，有分析思考能力的人，家長從小就應該營造一種民主平等、上下一致的教養方式，這樣才有利於孩子良好品格的養成。

▌良好的家庭環境能培養出高情商的孩子

現在，社會對情商的重視不亞於智商，家庭環境對孩子的情商有著非常重要的作用。富有愛心、善於教育孩子的家長不會僅僅透過簡單的說教去教育孩子，反之，他們會動之以情、曉之以理，在平等、尊重的基礎上啟發教育孩子，與孩子進行情感上的溝通與交流，從而把孩子培養成一個自信、負責，溝通能力強，善於處理自己情緒，富有感恩之心的人。這樣的孩子走上社會以後，往往能獲得他人的信任與尊重，贏得成功。

總之，家庭環境對孩子的成長意義重大，如果家長希望把自己的孩子培養成自信、自強、有道德、有能力的人，那麼，就應該從自身做起，為孩子營造一個良好的家庭環境，培養孩子良好的品格，發展孩子的潛能。這樣才有利於孩子健康成長和發展，從而成長為一個自信、開朗、樂觀、勇敢的人。

第二章　父母，孩子成長路上的引路人

父母的言傳身教對孩子的成長有著關鍵作用

一個少年犯在自己的回憶中講述了這麼一個故事：

我第一次做壞事，是在四五歲時。

有一次，媽媽帶我搭公車，當時我的身高超過了「1 公尺線」一點點，本來是應該買票的。可媽媽按了一下我的頭，我便「機警」地彎著膝蓋走了過去，司機沒有發現。下車以後，媽媽很高興，得意地稱讚道：「這次沒花錢搭車，我的兒子很聰明。」

第二次上公車，我學乖了，沒等媽媽按我的頭，我就自己彎著膝蓋上了車，司機又沒有發現。下車後，我得意洋洋地跟媽媽「邀功」：「今天搭車又沒有花錢！」媽媽不斷誇獎我：「好小子，一教就會！太聰明了！」

「我第一次有了占便宜的成功感，之後就想著占更大的便宜。小偷小摸不過癮，最後就入室搶劫了！」這位少年搶劫犯的自白給人們的啟示是深刻的。父母是孩子接觸的第一任老師，父母的教誨在孩子的一生中產生著巨大的影響。父母文明守規的行為能把孩子培養成正人君子，父母不良的行為卻能讓孩子成為「階下囚」。以下這個關於美國兩個家庭的調查報告告訴我們的也是這一道理。

200 年前，美國康乃狄克州（State of Connecticut）有一個叫嘉納塞的人，他很有學問，而且注重自身修養，對子女教育也非常重視。至今他的家族已傳了 8 代，其中出了 1 位副總統、1 位大使、13 位大學校長、103 位大學教授、60 位醫生、80 多位文學家、20 位議員。在長達兩個世紀中，竟沒有一個後代被關、被捕、被判刑的。而在 200 年前，紐約州有個名叫馬克斯的人，他是一個不務正業的酒鬼、賭徒，對子女不管不教。他

的家庭至今也繁衍了 8 代，在這 8 代子孫中，有 7 人因殺人被判刑，有 65 個盜竊犯、234 個乞丐，因狂飲死亡或殘廢者多達 400 人。

托爾斯泰（Lev Nikolayevich Tolstoy）說過：「全部教育，或者說千分之九百九十九的教育都歸結到榜樣上，歸結到父母自己生活的端正和完善的舉止。」教育家洛克（John Locke）也說：「務必接受一個毋庸置疑的真理，無論給孩子什麼樣的教訓，無論給孩子什麼樣的聰明且文雅的訓練，對他們的行為能產生最大影響的，顯然是周圍的人表現的行動與榜樣！」因為榜樣的力量是如此巨大，因此，為人父母者應該加強學習，努力提高自身修養，讓孩子從你的言行中潛移默化地受到教育，養成良好的習慣和優秀的特質。

「好雨知時節，當春乃發生。隨風潛入夜，潤物細無聲」，家庭教育的好壞，就如這春雨一般，都是「潤物細無聲」的。

一個老師認識這樣兩位不同的爸爸：

小軍屢次不交作業，有時還曠課。班導把小軍的爸爸找來，跟學生一起面對面談心。最後，孩子的爸爸表示近期每天會專車接送孩子，自己也不再打麻將了。

一天中午放學後，班導送小軍回家，看見他爸爸正在打麻將。雖然以後小軍不斷向老師保證按時完成作業，卻始終做不到，就像小軍的爸爸違背自己的承諾那樣。

而小林卻告訴過老師自己的發現：爸爸總是把寫過字的廢紙放在一個空盒裡疊起來。起初，他認為爸爸這樣做是「小氣」、「吝嗇」，但爸爸告訴他說，廢紙是再生紙的原料。

後來，小林也在教室裡放了一個空紙箱，箱子上寫著「環保箱」，號召同學們把廢紙放到箱子裡，裝滿後就賣錢當作班費。

第二章　父母，孩子成長路上的引路人

小林的爸爸在生活中表現出來的美德，給孩子留下了深刻的印象。這種榜樣的力量，將成為孩子一生的精神財富。

其實，家長的影響和教育是孩子成長過程中的推力，至於向哪個方向推，就取決於家長的自身素養、教育觀念和教育方法了。一個成功的家長必然懂得，即便我們培養不出曠世英才，至少也應透過自己模範的言行，從小為孩子奠定一生的品德基礎，逐漸形成在知識經濟社會能夠終身受益的良好特質，讓勤奮、進取、理性、公正、民主、誠信、理解、同情、團結等成為孩子自我完善的目標。這就要求家長首先要自我完善、自我約束。

小安把幼稚園的玩具偷偷帶回了家，但她告訴爸爸是幼稚園發的，爸爸知道實情後很生氣，對孩子說：「你這種不誠實的行為，爸爸很不喜歡。你必須接受懲罰。」

爸爸做出了三項決定讓孩子選：第一，取消一週吃霜淇淋的權利；第二，取消週日到公園遊玩的資格；第三，接受體罰。對這三項，孩子必須選取一樣。小安感到很無奈，既不想取消吃霜淇淋，又不想失去盼了很久的去公園玩的機會，她只能選擇了第三項。但她提出，必須有證人，以保證她的權利和自尊不會受到損害，爸爸同意了。等到中午媽媽一進門，小安便飛快地跑到沙發邊，趴在沙發上，讓爸爸對她實施「體罰」。

沒過幾天，爸爸同樣也受到了女兒的懲罰。原因是：爸爸原本答應送小安去學校的，但因為晚上加班太累了，所以多睡了一下子，導致小安上學遲到。到學校後，爸爸對小安的老師解釋：「孩子早上貪睡晚起了，所以才遲到，真對不起呀！」這句謊言引起了小安的不滿，小安認為，既然自己不誠實受到了懲罰，那麼，爸爸不誠實也理應受到懲罰。

爸爸向小安承認了錯誤，且願意受罰。

對這件事，小安記憶很深刻，她覺得爸爸是自己最好的榜樣。

家長們試想，如果你對孩子的教育像小安的爸爸一樣公平、公正，同樣能給孩子建立起一個很好的榜樣，那麼，孩子又怎麼可能不朝著你希望的方向發展呢？

孩子的心靈是張白紙，要靠他們在日常生活中塗上顏色。家長作為他們人生中的第一個老師，其言行對孩子的影響深遠。家長想使孩子成為怎樣一個人，自己就得先成為那樣的人，至少應該向那個目標努力，在自己的一言一行中給孩子做好表率！

教育孩子首先要尊重孩子

一個人最寶貴的是尊嚴。對一個孩子來說，最害怕的不是棍棒、拳頭，而是失去尊嚴。尊嚴是不可被踐踏的。一位作家曾經說過：「人受到震動有種種不同，有的是在脊椎骨上，有的是在神經上，有的是在道德感受上，然而最強烈、最持久的則是在個人的尊嚴上。」一個從小就失去尊嚴的孩子，長大後很難堂堂正正地做人，很難擁有健全的人格。

然而，並不是所有的家長都懂得這一道理。很多時候，家長並不懂得如何去尊重孩子、維護孩子的尊嚴。表現在生活細節上：

✧ 不重視孩子的看法和觀點；沒有耐心傾聽孩子要對自己說的事；漠視孩子的需要，忘了履行自己許過的諾言。

✧ 用不耐煩的口吻回答孩子的提問，忽略了孩子的情感，冷落孩子。

✧ 自己心裡有事，透過罵孩子來出氣；對孩子大聲嚷嚷；不給孩子機會解釋。

✧ 打斷孩子間的交談，為趕時間而中斷孩子正在進行的活動。

✧ 雖花了時間和孩子在一起玩，但卻沒有投入感情；舉止顯得很不耐

煩；挖苦嘲笑孩子。

✧ 對孩子動輒採用體罰方式，而並未使孩子真正認知到問題的實質。

✧ 對孩子寄予過高的期望，當孩子的行為與自己的期望產生衝突時，不能冷靜對待。

✧ 辱罵孩子是「笨蛋」，老是看到孩子的缺點，阻止孩子做他們真心喜歡做的事情。

✧ 什麼事情都自己說了算，不給孩子自己選擇的機會。

✧ 不和孩子商量就擅自決定孩子的事情，更沒有站在孩子的角度去考慮問題，完全不顧孩子的感受。

以上這些均是家長不尊重孩子的表現，長此下來，家長在教育孩子的問題上就可能會出現四種情況：

✧ 衝突：父母的過分照顧或反覆說教、命令、斥責，使孩子感到對他的不尊重、不信任，因而表現出對立情緒和抗拒行為；孩子的反抗又引起父母的憤怒和不滿，他們進一步斥責孩子，而斥責越強烈反抗就越強烈。這樣循環下去，肯定會影響父母與孩子的感情，造成關係緊張。

✧ 對家長敬而遠之：有的父母給孩子壓力太大，孩子無法反抗，就採取陽奉陰違、敬而遠之的方法，或另找知心朋友，使父母與孩子之間根本無法交流和溝通。

✧ 屈從父母的壓力：面對父母的壓力，孩子唯唯諾諾，唯命是從。壓抑了孩子獨立性的發揮，孩子可能成為庸才，沒有發展前途。

✧ 對孩子的個性造成壓抑，讓孩子形成一種羞恥感，降低孩子的自信指數。

這些情況的出現，都是教育的失敗。其實，這些家長並沒有真正意識到，孩子固然是自己生下來的，可他（她）自出生那一刻起，就是獨立的個體，同樣需要尊重。而家長對孩子的尊重，表達的是家長對孩子更深層次的愛。當家長對孩子表現出尊重時，會強化孩子對家長的尊重，使孩子變得更加懂事，更加善解人意，也更願意與家長交流，讓家長了解自己。因此，愛孩子，首先應該學會尊重孩子。

家長要學會尊重孩子，就必須隨著孩子獨立性的增加，改善自己的管理和教育方式：

✧ **給孩子平等的發言權**

- 耐心傾聽孩子的想法和觀點。不管這個想法和觀點在你看來多麼可笑和不現實，都一定要很耐心很認真地聽完，一定要尊重孩子的人格。
- 不要隨意指責並草率地對孩子的觀點給以否定和評論。
- 要對孩子的想法和觀點做出積極反應。讓孩子充分表達自己的想法，做出積極的姿態：「你這個想法不錯，要是再加一點或改變一點就更完美了。」家長的積極反應可以讓孩子心情愉快，充滿成就感。

✧ **尊重孩子的隱私**：家長不要總希望控制孩子的一舉一動。要真正了解孩子，必須首先給孩子尊重，孩子應該有自己的祕密。很多家長抱著傳統觀念，把自己擺在權威的位置上。這種不把孩子當作一個擁有完整權利個體的錯誤觀念，會導致個人和社會的很多不良後果。

所以，家長進入孩子房間應該先敲門，移動或用孩子的東西應該得到他的允許，任何牽涉到孩子的決定應該先和他商談，不要隨意翻看孩

子的日記，應該尊重孩子的所有權，把他當作一個成人一樣尊重。這種尊重應從給孩子換尿片時就開始：換尿片前，先和顏悅色告訴他要換尿片了，請他忍耐一下。家長不尊重孩子，將導致社會缺乏服務和尊重的觀念，因為不被尊重的人也不會懂得尊重別人。

✧ **信任孩子，不要武斷地否定和嘲笑他**：當孩子向父母暢談理想和未來時，家長不要因為覺得孩子異想天開就武斷地打斷孩子的話，嘲笑他的幼稚無知。這對孩子的自尊是一種很大的傷害。正確的做法應該是，家長認真地傾聽孩子的理想，必要的時候，家長可以提出自己的意見供孩子參考，鼓勵孩子為理想而奮鬥。

✧ **要平視孩子，不要俯視孩子**：很多家長因為孩子「說不出」，就以為孩子也「聽不懂」，因此常常採取「俯視」的姿態和孩子講話。而恰當的說話方式應該是一種「平視」的姿態 —— 從孩子可以理解成人的話語意圖開始，就把孩子當成和自己一樣有語言理解能力的人和他們交談；當孩子處於旁聽者的角色時，要像尊重和自己有同等認知能力的成人那樣，顧及孩子的感受和想法。

平視的視角和語言更有利於塑造孩子良好的個性品格。只有平視才能比較清晰而準確地洞察孩子的語言發展、個性氣質，而在平視基礎上的恰當評價則對孩子的心智成長有積極的影響。

✧ **維護孩子的自尊**：要維護孩子的自尊，家長必須做到，不要在他人面前批評孩子，讓孩子下不了臺；不要動不動就對孩子瞪眼豎眉；不要在孩子的同學面前數落孩子的不是。

✧ **放下家長的架子，接受孩子的批評**：要建立一個民主型家庭，不能因為年齡小就忽視孩子的家庭地位，與孩子有關的事要與孩子商量，使孩子感到自己是家裡的小主人。每天盡量抽出一點時間跟她聊聊在學

校裡發生的事，這樣不僅加深了同孩子的感情，而且還可以發現孩子的長處和不足。另外，孩子犯錯誤時要允許他申辯。

張媽媽脾氣不太好，多數時間又是一個人帶孩子，所以碰到女兒做的什麼事跟自己的要求不一致就發火，有一次女兒哭著說：「怎麼會有你這種媽媽，我做錯事你就不能好好地跟我說嗎？」張媽媽聽後相當震撼，當時眼淚就流出來了。張媽媽以前很少考慮孩子的感受和承受能力，但從那以後很注意批評方式，孩子做錯事也不像以前那麼衝動了。

◇ **喚醒孩子的權利意識**：家長的責任是喚醒孩子的權利意識，而不是將它扼殺在萌芽狀態。一個了解自己權利的孩子才會懂得捍衛自己的權益。

總之，家長應該學會尊重孩子的權利，尊重孩子童真的天性，維護孩子的自尊。只有在被尊重、被平等對待的基礎上，孩子才能信任自己的父母，接受父母的教育，也只有在被尊重的情況下，孩子才能自由快樂地成長！

做引路人而不是代辦者

世界上最長的路是人生之路，是成長之路。在孩子成長的路途中，父母有著什麼樣的使命，應該扮演什麼樣的角色呢？

做孩子的引路人，而不是代辦者，陪孩子走一程，而不是替孩子走一程。

可是，很多時候，我們的很多父母卻忘記了自己「陪」孩子走的使命，反而喧賓奪主，把「陪」變成了「替」，事事替孩子處裡。孩子上小學時，替孩子收拾書包，背書包；孩子坐車時，替孩子「搶」座位；孩子要上才藝班時，替孩子選擇興趣；孩子上大學時，替孩子扛行李，收拾床

第二章 父母，孩子成長路上的引路人

鋪……這樣的例子比比皆是，家長包辦一切，孩子卻沒有事情可做，家長情緒飽滿，可孩子早就沒了興趣，成了一個萬事不愁的旁觀者，成長的主角反倒成了配角。那麼，這些孩子對於角色的替換又有什麼意見呢？

✧ **無所謂**

黃甯已經是小學三年級的學生了，身高也很高，儼然像個小大人，但是他做作業卻從不認真、不細心。黃寧完成作業的最後情景經常是這樣的：匆匆忙忙地、飛快地將作業寫完，不管對錯，將鉛筆往桌上一扔，就急急忙忙跑向電視機前或者是奔向門外。

書桌上滿攤著他的作業本、練習冊、課本以及鉛筆、橡皮擦。通常是黃甯的媽媽先將書桌整理整齊，把他的課本、鉛筆盒等一一放入書包，然後再將他的作業從頭到尾檢查一遍，用鉛筆將錯誤的地方勾畫出來（通常會有錯誤，而且不會太少），再將孩子叫回來改正。

對於媽媽指出的錯誤，黃甯連想都不想，也不問為什麼錯了，拿過來就改。時常，改過的作業還是錯的。當他再被叫來改錯時，就會不耐煩，大聲地吼著說：「你說應該怎麼做？」

因為習慣了媽媽的包辦，黃寧已經失去了自己做事的能力和主動性了。反正什麼事情都有媽媽在做，什麼都可以不管，什麼都可以無所謂了。這種「無所謂」的心態恰恰是孩子依賴心強、缺乏責任心的表現。試想，一個缺乏責任心，對自己的事情毫不在意的孩子，今後怎麼可能在社會上立足呢？

✧ **厭煩**

「媽媽總喜歡什麼都給我安排好：衣服應該這麼穿，出去玩應該帶什麼吃的，每天應該幾點睡覺……總之，我做的好像都不對，要是沒有按她說的做，她就會很生氣。」

12 歲的劉東怎麼都想不明白媽媽為什麼老是替自己做決定，並且一切還得按照她的意思去做。為此，劉東非常厭煩。

媽媽的好心非但沒有讓劉東感到快樂，還令他產生了厭煩的心理。因為他覺得自己的權利被剝奪了。一個對家長產生厭煩心理的孩子，又怎麼能接受家長的教育呢？

也許，家長給孩子安排一切的初衷僅僅是希望把自己的經驗教訓教給孩子，讓孩子少走彎路，這是一種保護心理使然。在家長眼裡，孩子總是弱小的，而自己幾十年的人生經驗可以幫助孩子少走彎路，可以間接減少孩子在生活中承受的困難和挫折。然而，對孩子來說，他們有時更願意透過自己的親身體驗來獲得對事物的看法和處理事情的方法。這裡就有這麼一個發人深省的故事：

一位年輕的父親抱著 2 歲多的小男孩，走到一個樓梯下面。父親放下孩子，想休息一下子。男孩好奇地順著臺階向上爬，每爬一階都特別費力。父親看著孩子爬了兩階，就受不了了，抱起孩子走到了最高處。孩子又哭又鬧，父親一臉茫然，罵道：「臭小子，你不是要上去嗎？我把你抱上來，你哭什麼？」

一位老人走過去，對那位父親說：「你把孩子抱下去，讓他重新爬，他就不哭了。」

父親一臉不相信的樣子，但是孩子在哭，沒辦法，只好照做了。他把孩子抱到臺階下面時，孩子馬上止住了哭聲，重新開始爬臺階。

看了這個故事，你有什麼樣的啟發呢？2 歲的孩子都希望透過自己「爬行」來獲得生活體驗，更何況是一些大孩子呢？作為家長，如果一味地要求孩子按照自己的意願行事，剝奪孩子自己親身體驗的權利，對孩子有百害而無一益。

第二章　父母，孩子成長路上的引路人

那麼家長應如何端正自己的角色，當好引路人呢？專家建議，要當好引路人，家長起碼應做到以下幾點：

✧ **給孩子提供鍛鍊的機會**：鍛鍊就意味著讓孩子獨立參與活動，並且明確活動的目的、步驟以及要求等，在孩子參加活動的過程中，家長可以適當地加以正確的引導。孩子對於自己能夠勝任的活動或者具有挑戰性的活動，總是樂意承擔，並表現出高度的積極性。透過活動，孩子在能力意志等方面將會不斷地提高和發展。

比如，放手讓孩子自己去做他們力所能及的事情，自己的東西自己管理，自己的生活自己安排，這樣就能夠增強孩子行動的獨立性、目的性和計畫性，這對孩子今後生活的幸福和成功無疑是有很大幫助的。

✧ **引路人應給孩子知識的啟蒙和行為的引導**：這裡所說的知識範圍比較廣，包括科學文化知識，還有社會生活方面的知識，如自我管理、自我保護、與人交往、承受挫折、聰明理財、心理調節等。

家長是孩子知識的啟蒙者、行為的引導者，這就意味著，家長必須根據社會規範和孩子的成長特點，給予孩子知識的啟蒙與行為的引導以及能力的培養，使孩子在德、智、體、美、勞等方面得到全面發展。忽視了任何一個方面的指導，都不能算是稱職的家長。

要想做好知識的啟蒙者，家長不僅要給孩子做好衣食住行等方面的供給工作，還應該在學習上給孩子以信心，給孩子以鼓勵，給孩子以方式方法的指導，放手讓孩子做他自己應該做的事情，這樣才能讓他獨立行走，使他對自己負責，形成自己的生活和學習態度。

✧ **引路人只提供參考意見，讓孩子自己決策**：自己選擇，自己決策，是一個人獨立性發展的一個非常重要的方面。家長應從小培養孩子自己決策的能力。孩子的事應該讓孩子自己去思考，自己去決斷。玩具放

在什麼地方、遊戲角怎樣布置、和誰玩、玩什麼、考哪個學校、報什麼興趣班，這些孩子的事，家長不要作決定，要讓孩子自己去動腦筋，想辦法，進而作出決策。家長可以幫助孩子分析，引導孩子決斷，但不要干涉，更不要包辦或代替孩子決策。

✧ **引路人應學會分享孩子的成功而不是替孩子取得成功**：每個孩子在獲得成功的時候，都渴望有人與自己一起分享成功的喜悅。而家長是他們最親近的人，他們最大的心願就是能與家長一起分享自己成功的喜悅。作為家長，如果我們能做到讓孩子享受成功的樂趣，和孩子一起分享成功的喜悅，那麼我們的教育也就成功了！

小莉與媽媽一起玩堆積木的遊戲，孩子心靈手巧，可以將積木堆成各種各樣的形狀。媽媽非常高興，總在孩子搭好一個形狀以後，高興地大叫：「天啊！太厲害了，這麼難的你都能堆得出來？」「哇！又成功了！」

小莉在媽媽一次又一次的歡呼聲中獲得了成功的喜悅與行為的動力，她堆得更開心了。

人生好比一次長跑，而且每個人都必須獨立去面對，沒有人可以替代。作為家長，我們要做的就是培養孩子永遠奔跑下去的特質、習慣和力量，關注孩子的成長過程，在孩子的成長過程中給予他們正確的教育。

學會聆聽孩子的心聲

每逢冬天來臨，父母都會給孩子穿得暖暖的、捂得嚴嚴的，以抵禦寒風暴雪的襲擊。可是，身為父母，在為孩子身體保暖的時候，可曾想到孩子的內心世界 —— 那裡是否一樣溫暖如春？

第二章　父母，孩子成長路上的引路人

其實，每個父母對孩子的愛都是毋庸置疑的，為了孩子的健康成長，為了孩子將來比自己生活得更好，他們小心翼翼地呵護著孩子，為孩子的學習、生活操碎了心。在家長看來，孩子最大的任務就是學習，因此，他們關心孩子的吃穿住行冷暖，關心孩子的學習成績，唯獨忽略了孩子同樣也有七情六欲，同樣也要承受壓力與挫折，同樣也會有苦痛與悲傷……

有些家長從來沒有考慮過孩子的內心需求，把孩子的情緒變化看做是「無理取鬧」或「不懂事」而加以訓斥，很多孩子只好把自己的傷心、困惑、不安與憤怒深深地埋在心中，不敢對他人傾訴。長此以往，對孩子良好性格的養成、人生觀的培養以及健康成長都是有害無益的。其實，孩子也有情緒波動，他們也需要發洩情緒，需要理解、需要安慰，更需要交流。而傾訴是孩子內心獲得平和的一種發洩方式，傾聽孩子的傾訴則是家長了解孩子的最好途徑。

然而，不會傾聽卻是很多家長的常見病，因此，學習傾聽就成為父母的必修課。在家長與孩子的溝通中，有幾種常見的錯誤方式：

✧ 家長不用耳朵只用嘴，把孩子的頭腦當做無底洞，每天喋喋不休，塞進去無數的訓誡，不管他們是否能消化和吸收。

✧ 家長在對待孩子時，要求孩子只用耳朵不用嘴，只准他們用耳朵聽，不理會或不准他們表達自己的意見。

✧ 有些家長會說：「我不是不聽孩子的話，可越聽越生氣。」這第三種家長犯的是另一種錯誤：用不正確的態度傾聽。

事實上，傾聽不僅僅是一種簡單的行為，它也需要一定的技巧。尤其是家長傾聽孩子說話，更要注意掌握好傾聽的方法。

對於孩子的話，家長應用心聽

用心聽的意思是真心實意地聽孩子說話，是讓孩子感到「爸爸媽媽正在認真聽我講」，而不是形式上的用耳朵聽。這就要求家長做到：

✧ 與孩子交談的時候要暫時放下手上的事情，專心地談。只有這樣，孩子才會感受到父母的愛心。

✧ 看著對方的眼睛聽。尤其是聽小孩子講話，要蹲下來，平視孩子的眼睛，看著他聽。

✧ 邊思考、邊感覺地聽，不要帶著自己既有的觀點去聽。

✧ 帶有回饋地聽，讓你的表情、動作像一面鏡子似的反映出對方的話，用哦、啊、是、噢、喔、好等字或點頭表達你的回應，讓說話者感覺出你的認同。

別打斷孩子的話

我們時常能看見孩子剛剛要說話，媽媽就在一旁打斷孩子，自己說自己的。比如，孩子剛說一句「媽媽，在學校裡，我和同學一起玩『老鷹捉小雞』的遊戲，真有意思。」媽媽馬上打斷孩子說：「玩『老鷹捉小雞』的遊戲了？媽媽也喜歡玩……」媽媽的打斷有可能讓孩子忘記自己剛才想說什麼了。

在孩子說話的時候，不要讓孩子難堪

一些家長因為沒有注意自己的聽話習慣，難免讓孩子尷尬、難堪。

有一次，月月從外面跑進來興奮地對媽媽說：「媽媽，我剛才去了文具店，看到一種神奇的組裝機器人。」

月月的媽媽馬上認為孩子想要買那個機器人，趕緊打斷孩子說：「媽媽

沒有錢，你該知道吧！」結果，孩子不高興了，他嘟起嘴巴氣憤地說：「我又沒有說我想買，你每次都沒聽完別人說什麼就發表意見，我討厭你！」

頓時，月月的媽媽也愣住了！

其實，即便孩子想買，家長也應該等孩子把話說完了再提出自己合理的建議，用自己的理由說服孩子，而不是武斷地掐斷孩子的幻想，這對孩子來說也是一種傷害。

▍不要輕視孩子說的話

還有一些家長，因為覺得孩子幼稚，對孩子的話持輕視或旁觀的態度。這種情況在生活中很常見：

珍珍 13 歲時，有一天她告訴媽媽，她「愛」上了一個男孩，並且要跟他結婚。

母親用略帶嘲笑的眼神聽女兒敘述，像是聽童話故事。但是珍珍講得很認真，她把自己的「愛情」第一次講給她最親近、最信賴的人聽。

然而，有一天放學回家時，她卻聽到母親正和一位朋友在電話中談到她：「你猜我家發生了什麼事？珍珍竟然告訴我她戀愛了，她認定那個男孩就是『白馬王子』，你說好不好玩？」

不管這位母親怎樣看這件事，實際上她傷害了珍珍。對母親來說，這件事不過是很好玩；但對 13 歲的珍珍來說，這絕對是一件嚴肅認真的事。媽媽的輕視，讓珍珍從此以後不再相信自己的媽媽，因為媽媽不懂得尊重她的隱私和她的感情。

▍家長應學會重複孩子說的話

有時候簡單地重複一下孩子的話尾，也能讓孩子打開心扉說出心裡話。如：

Ａ：我昨天去看電影了。

Ｂ：看電影了！

Ａ：人真多呀！我朋友說，前天排了一晚上的隊。

Ｂ：排了一晚上？

重複孩子的話，可以讓孩子覺得爸爸媽媽是在認真傾聽自己講話，這能激發孩子傾訴的欲望，使孩子更願意與你溝通和交流！

家長在傾聽的時候應該善於發現

只有傾聽孩子的心裡話，知道孩子想什麼、關注什麼和需要什麼，才能有針對性地給予孩子關心和幫助，也會使以後的溝通變得更加容易。如孩子向你訴說高興的事，你應該表示共鳴；孩子告訴你在學校得到了老師的表揚，你應該用欣賞的口吻說：「噢，真棒，下次你一定會做得更好！」

在傾聽的過程中，不但要認真傾聽，而且要善於思考，注重在談話中發現孩子的閃光點。比如，發現孩子能夠獨立地講述簡短的故事時，要及時給予讚賞：「你講得真不錯！」這樣，不僅使孩子樂意向你傾訴、溝通，也可以提高孩子的語言表達能力。

此外，在孩子緊張、不安或者苦悶的時候，家長的傾聽還能讓孩子感覺到父母的理解，在內心產生欣慰之感，進而使緊張情緒得到緩解。

總之，傾聽是家長與孩子有效溝通的最佳策略，聰明的家長要學會傾聽。有機會傾聽孩子的心聲，也是家長的幸運，因為這說明了孩子對家長的信任，而讓孩子信任是家長做一個合格、懂得教育、理解孩子的引路人的基礎。

多與孩子進行換位思考

生活中就有這樣的例子：

數學考試的試卷發下來了，一臉喜悅的陽陽回到家裡，一踏進房門就興高采烈地對媽媽說：「昨天我們班數學考試，今天試卷就發下來了，您猜我考了多少分？」

「猜不出來，你到底考了多少分？」媽媽問。

「82分，比上次單元考試的成績高出10分呢。」陽陽有幾分得意地說。

「哦，你知道鄰居家的婷婷考了多少分嗎？」媽媽又問。

「大概是90分吧！」陽陽滿臉不高興地回答。

母親似乎沒有察覺到孩子臉色的變化，接著說道：「怎麼又比她考得差呢？你還得努力追趕人家才行啊！」

「您憑什麼說我沒有努力呢？這次考試成績比上次提高了10分，老師都表揚我進步了，而您總是不滿意，永遠不滿意！」陽陽生氣了，他提高嗓門對著媽媽大聲喊起來。

「你怎麼這樣不懂事，我這樣說也是為了你好。你看人家婷婷，每次都考得那麼好，哪像你時好時壞，也不知道爭氣。」媽媽喋喋不休地說。

「我怎麼不爭氣？您嫌我丟您的臉是不是？婷婷那麼好，那就讓她做您的女兒好啦，省得您總是不滿意。」陽陽怒氣衝衝地走進自己的房間，「砰」的一聲把門關上了。「就知道分數、分數，您關心過我嗎？您知道我內心的感受嗎？煩死啦！」就這樣，母子間的一場隔著門的爭吵又開始了。

類似這樣的事情在很多家庭也時有發生，本來很平常的對話，但總是以吵架結束。孩子為什麼這樣不聽話呢？與孩子對話為什麼就這麼難以溝通呢？孩子怎麼就不能理解父母的心呢？像陽陽的媽媽一樣，很多父母不

止一次地自問。這樣的家庭教育，問題到底出在哪裡呢？

就上例而言，孩子不領情，母子間的對話不歡而散，主要原因是雙方都站在自己的角度考慮問題，缺乏換位思考。這樣就很難體會到對方的內心感受，導致雙方心理活動的錯位。媽媽想的是陽陽應該馬上加強學習成績，卻不知道孩子此時最需要的是媽媽的表揚和鼓勵；陽陽覺得媽媽應該為孩子學習成績的提高而感到高興，卻不懂得媽媽把自己的孩子與鄰居家的孩子比是希望自己的孩子能有更大的進步。由於母子彼此內心的想法不同，彼此都沿著自己的思考方向與對方談話，所以就出現了對話雙方互相不滿甚至反感。由此，一場母子間的「舌戰」自然就不可避免了。

因此，要想孩子接受自己的教育，與孩子進行有效的溝通，作為家長，應先學會換位思考，即站在孩子的角度去考慮問題，站在孩子的角度去理解他的內心感受，站在孩子的角度去說好每一句話。要做到這一點，請家長避免以下情況的發生：

情景一：

孩子：媽媽，我累了。

媽媽：你剛剛睡過了，不可能累的。

孩子：（大聲的）我就是累了！

媽媽：（有點生氣）你不累，快換衣服吧！

孩子：（哭鬧）不，我就是累了！

情景二：

孩子：媽媽，這裡好熱。

媽媽：這裡冷，快穿上毛衣。

孩子：我不，我熱。

媽媽：我說過了，穿上毛衣！

孩子：（大聲的）不！我熱！

情景三：

孩子：這個電視節目真無聊。

媽媽：不會吧？它多有意思啊！

孩子：這個節目真傻。

媽媽：別亂說，它很有教育意義。

孩子：這個節目真爛。

媽媽：（有點生氣）不准你亂說話！

這是我們生活中經常發生的事情。在生活中，很多家長自以為是成人，是家長，自己「走過的橋，比孩子走過的路都多」因此，總用大人的眼光看問題。用自己成長中累積的生活經歷來評定孩子的是是非非了，對於孩子的世界，孩子的感受不屑一顧。這樣的行為與語言往往會讓孩子心生反感。

因此，家長在指責孩子不聽話的時候，是不是也應該考慮一下孩子們內心的想法？是不是應該經常做一做「換位思考」：如果我是孩子的話，我會怎麼做？只有換位思考，設身處地地為孩子著想，才能避免和減少對話雙方的戒備和猜疑，弱化和消除對話過程中的不愉快情緒。家長若學會換位思考，就能更好地了解孩子和教育孩子，從而使對話朝著家長期望的方向發展。

一位父親和兒子為一件小事發生了爭執，誰也無法說服誰。父親靈機一動，不再和孩子爭執了，而是對他微微一笑說：「孩子，你能和爸爸爭執，說明你長大了，你能有自己的獨立思考方式，爸爸感到很高興。你這樣做肯定有你的理由，該怎麼做你自己決定吧！」父親這樣一說，兒子反而不好意思了，說：「爸爸講的也有道理，你的意見我會認真考慮的。」

你看，這就是換位思考的魅力。只有做到換位思考，讓孩子將心比

心，孩子的心靈才會向你敞開，教育才能得心應手。

要做到換位思考，其實很簡單，放下大人的架子，站在孩子的角度上，理解和尊重孩子的想法，耐心地和孩子溝通交談。如此我們會驚訝地發現，孩子的內心世界和我們的一樣精彩。而換位思考所帶來的不僅僅是家長與孩子之間的理解、和諧，還能在潛移默化中讓孩子也養成換位思考的好習慣，也有利於提高孩子的情商。

當然，家庭教育沒有現成的模式，因為每個孩子都有其獨特性。對於家長而言，在家庭教育方面始終面臨著新的問題和考驗，單靠簡單學習教育理論和生搬硬套其他家長的經驗是不能解決問題的。必須活學活用，因材施教，探索出一套適合自己孩子的行之有效的辦法。

孩子的成長需要包容

「人非聖賢，孰能無過？」每個人都是在不斷地犯錯、認錯、知錯、改錯中成長起來的。當我們的孩子犯了錯誤時，作為家長，不要盯住孩子的過錯不放，而是要學會站在孩子的立場上考慮問題，理解、包容孩子，給孩子改正錯誤的機會。並給予正確的引導，這樣，才能幫助孩子少犯錯，少犯大錯，少犯一些低級的、本不應該犯的錯，不犯同樣的錯，不被同一塊石頭絆倒兩次。

對於孩子來說，包容是他們心靈成長的氧氣，如果沒有充足的氧氣供應，人很快就會窒息甚至喪失生命。

王宇航是某大學一年級的學生，在小學、中學期間，他的成績一向名列前茅，可是，上了大學以後，天天打電動，變得不思進取了。期末考試，因為擔心考試不及格，他鋌而走險，在監考老師的面前作弊。結果可

第二章　父母，孩子成長路上的引路人

想而知，被監考老師逮了個正著。學校通知家長，要求其退學。

宇航的爸爸媽媽非常生氣，把王宇航帶回家之後，痛罵了一頓，還動不動就給王宇航臉色看，或者冷嘲熱諷：「真是我的『好孩子』，算是給我們長面子了！」

王宇航原本就羞愧難當。他一向都是循規蹈矩的好孩子，他也不想「丟人現眼」呀！從此，他一蹶不振，不是躲在臥室裡睡覺，就是去網咖上網，交了一些壞朋友，跟他的父母唱反調，還經常夜不歸宿。

就這樣，王宇航在錯誤的軌道上越走越遠了。

終於有一天，王宇航因為吸毒，被員警從 KTV 帶到了戒毒所……

在戒毒所裡，王宇航悲哀地對前來探望的父母控訴道：「為什麼你們當初就不能原諒我呢？」

這個故事帶給家長的教訓是沉痛的，而留給我們的啟發卻是深刻的。假設，當初王宇航的爸爸媽媽包容他的錯誤，給孩子改正錯誤的機會，也許，王宇航又會從這個「打擊」中重新站起來，重新步入他人生的正道。可以說，很多時候，孩子的希望不是毀在他自己的手裡，而是最先毀在父母手中 —— 因為父母過於嚴苛，首先對孩子失去了信心。

因此，作為父母，我們永遠不要對孩子失去信心，要辯證地看待孩子成長道路上的得與失，成與敗。要以寬容的心態看待孩子成長長河中的觸礁現象，以信任的眼光欣賞孩子，用愛的眼光等待孩子成長。很多時候，家長的包容與理解往往比對孩子一味的批評處罰，更能讓孩子心悅誠服，給孩子留下較為深刻的印象。可以說，家長的寬容是孩子成長路上的指路明燈，能引導他們走出陰霾，走向光明。

印度民族英雄甘地（Mohandas Karamchand Gandhi）在回憶自己的成長過程時說過：「是父親那崇高的寬容態度挽救了我。」他為什麼會有這

樣的感慨呢？

原來，甘地從小就愛撒嬌，性格也不開朗。他對父母十分順從，對周圍的事物也特別敏感，自尊心很強，一旦被人奚落，馬上就會哭鼻子。在學校一挨老師批評，就難過得受不了。

少年時期，由於好奇，他染上了菸癮，後來發展到偷兄長和家人的錢買菸抽，而且越陷越深。漸漸地，他察覺到自己偷別人的錢，背著父母抽菸的行為太可恥了，一想起來，就覺得沒臉見人，內心十分痛苦，甚至還想過自殺。當他終於忍受不了痛苦的折磨，便把自己的整個墮落過程寫在了筆記本上，鼓足勇氣，交給了父親，渴望得到父親的嚴厲批評、懲罰，以減輕內心的痛苦。

父親看後，非常生氣，心情十分沉痛。但是父親深愛孩子，沒有責備他，只是傷心地流下了眼淚，久久地凝視著兒子。甘地看到父親痛心的樣子，受到極大的刺激，更加悔恨、內疚、自責，深感對不起父親對自己的期望。從此，他痛下決心，徹底改正了錯誤，走上了正途。從那以後，甘地在行為上很少出現過失。事隔多年，每當甘地回顧那段經歷，總是心情久久不能平靜。他說：「父親用他慈愛的眼淚，洗淨我汙濁的心靈，用愛心代替鞭打，他的眼淚勝過千言萬語的訓誡，更加堅定我改過向善的決心。雖然當時我準備接受任何嚴厲的處罰，如果父親真的責備我，可能會引起我的反感，而無益我德行的進展。」

甘地的事例說明了家長對孩子的寬容所產生巨大的能力，在一般的情況下，寬容運用得當，以情感激勵孩子，比動之以武力更有效。因為這其中包含了家長對孩子的信任和對孩子認知錯誤態度的肯定。家長在對孩子的品德教育中，尤其是孩子有了過失而又主動認知錯誤的時候，應該以寬容的態度給孩子以心靈上的撫慰，進而強化孩子改正錯誤的勇氣。而粗暴

的打罵未必能夠使孩子吸取教訓。

一個孩子在他的日記裡記錄了這樣一件事情：

今天我放學回家，接到媽媽的電話，媽媽要加班，要很晚才回來。我很高興，因為我可以去網咖玩遊戲了。

在網咖打了兩個小時的遊戲，回到家後，沒想到媽媽已經回來了，我當時害怕得不得了。媽媽很嚴肅地問我：「這麼晚了你去做什麼了？」

我很怕媽媽懲罰我，騙媽媽說：「我去樓下小強家和他一起做功課了。」

媽媽摸了摸我的頭，沒有再問什麼就讓我去休息了。後來，在媽媽與爸爸談話中我才知道，媽媽知道我去了網咖，因為網咖裡有很多人吸菸，我身上有很重的菸味。我還聽到媽媽說：「我知道小峰是個好孩子，他會意識到自己的錯誤的。」

從那一刻起，我覺得媽媽很偉大，我一定不會辜負媽媽的希望，我會努力做一個好孩子的。

事實上，寬容並不意味著放縱，也不是無原則的偏袒和遷就，而是要家長掌握孩子的心理，掌握孩子成長的規律，不要盲目地對孩子的錯誤進行批評和懲罰，而是以一顆寬容的心對待孩子。很多事實都證明，只要孩子認知到自己的錯誤，寬容比懲罰更能激發起孩子的上進心。

其實，家長不僅要在教育孩子時表現出寬容，給孩子做好表率，還應該在日常生活中強化自己的行為，如，對待家人的一些小缺點不要得理不饒人，對待別人的過錯，不要斤斤計較，老擔心自己吃虧。這樣，孩子自然能在家長的潛移默化的影響下，成為一個寬容、有度量的人。

一般來說，家長要想以自己的寬容換得孩子同等的寬容特質，就應該做到以下幾點：

對於孩子的過錯，要寬容，不要責難

這就要求我們的家長不要老盯著孩子的過失不放，家長的眼睛裡有時要能夠「容得下沙子」。不要指責、不要責難、不要諷刺、不要挖苦、不要埋怨、不要威脅、不要懲罰。指責、責難、諷刺、挖苦、埋怨、威脅、懲罰這些做法不但於事無補，反而會更糟糕，它往往會培植孩子的怨恨和激起孩子的反抗，有的孩子因此受到恐嚇，會嚴重憂鬱。

寬容不等於放任，對於孩子的過錯，家長的教育是少不了的

很多時候，孩子不小心犯了錯誤，做家長的知道後，因沒能控制住自己失望和不滿的情緒，對孩子惡語相向、拳腳相加。這種做法非但不能讓孩子真正改正錯誤，還可能讓孩子因此自暴自棄，走上不歸路。當然，也不能走向另一個方向，縱容孩子的過錯，對孩子的錯誤不聞不問，這種做法同樣只會讓孩子在錯誤的道路上越走越遠。正確的做法應該是，家長等到雙方的情緒都穩定以後，和孩子進行溝通、交流，曉之以理，讓孩子認知和改正自己的錯誤，特別是要與孩子一起分析這次行為是不是一種過錯，要達成共識，因為不少孩子感到委屈的是，他們並沒有認知到自己的行為是一種過錯。

要與孩子一起心平氣和地分析產生這次過錯的原因，以避免孩子重蹈覆轍，犯同樣的過錯；要與孩子一起分析每種過錯所產生的不良影響，對他人的傷害，對自己的傷害，特別要分析對孩子自己產生的不良影響。

讓孩子承擔一定的責任，付出一些代價

家長對孩子應該寬容，但對自覺性不高的孩子，適當地讓他們付出一些代價也是有必要的，但這要講究方法，要適度，以不傷害孩子為前提。

從長遠看，不僅僅要對孩子進行責任教育，還應該與孩子約法三章加以配合，對於孩子來說，有智有謀的約束與激勵也是必要的。

▌孩子犯了錯，家長可以要求孩子彌補損失

孩子犯了某種過錯，家長可以對孩子這樣說：

「孩子，我們遇到了困難，看來我們有些麻煩了，我們一起想辦法解決它好不好？」這時孩子心裡一定會感激父母。

「孩子，爸爸媽媽建議你今後這樣做好不好？」

「孩子，我要是你的話，我將這樣做，你看行不行？」

值得注意的是，當孩子犯了錯誤時，家長對孩子的批評不能只是一味指責，而應該是建設性地批評，它的主要功能在於指出孩子在當時情況下應該做什麼和不應該做什麼。這種建設性的批評是有益的，它不涉及孩子的人格，只是指出如何解決當時的困境，就事論事，沒有攻擊人身。這能讓孩子很好地接受教訓，從而留下深刻的印象。

當然，作為家長，我們寬容孩子的目的是為了愛，是為了給孩子一個自省的機會，這對孩子人格的培養很有益處。一個在包容中成長的孩子，既不迴避錯誤，又能善解人意，他們將會用健康的心態和積極的人生態度去面對挫折與失敗。

多給孩子正面、積極的資訊

日本腦科專家，七田真教授說過：每個孩子都會成長為父母們想像中的樣子，積極的態度塑造出積極的孩子，而消極的態度也一定會塑造出消極的孩子。如果家長總認為「這個孩子發育太慢」、「沒有任何才能」、「沒有一點長處」……那麼，孩子就會忠實地按照父母的這種想法成長起

來。也就是說，孩子有出息或者沒出息，其原因就在於他們的父母，他們呈現出的狀態正是父母教育的結果。

這是一個外國男孩的故事：

這個男孩出生時就一條腿長、一條腿短。這是殘疾。幸運的是，爸爸媽媽並沒有告訴孩子他是「殘疾」是「不正常」的，相反，他們告訴他，所有的人都是這樣，他們所以跑起來那麼自如，是下工夫練出來的。

為了讓孩子覺得自己是個正常人，爸爸媽媽始終把孩子當成正常人進行訓練，讓男孩像正常人一樣去參加體育活動，像正常人一樣去跑步……這個孩子雖然身體有殘疾，但心理一直很正常。經過刻苦鍛鍊，終於成為一名優秀的運動員。

這叫什麼？這就叫正面資訊、積極的資訊！對於孩子來說，否定式語言就是負面資訊，而肯定式語言則是正面資訊。在正面資訊中長大的殘疾孩子，肢體雖然不健全，但心理是健康的；在負面資訊中長大的孩子，肢體雖然健全，可心理卻不健康。下面的這兩個故事要說明的正是這一點。

門鈴響起，媽媽打開門，進來的是同事張阿姨。媽媽請張阿姨進門。這時，4歲的亮亮正高興地玩著遙控汽車。他拿著遙控器，追著玩具汽車跑，從阿姨和媽媽之間穿過。媽媽一把抓住他：「你這孩子，這麼不懂禮貌！快，向阿姨問好！」

亮亮嚇了一跳，傻傻地站住了，一時不知怎麼開口打招呼。

媽媽很尷尬，抱歉地對阿姨說：「這孩子總是這樣，見到陌生人不敢說話，嘴上像貼了膠帶一樣。」說著兩人進了屋，留下亮亮一個人愣在那裡，沒心情玩了。

以後，只要有客人來到家裡玩，亮亮就一聲不吭地躲進房間。這讓媽媽覺得非常挫敗。

亮亮的媽媽與很多注重禮節卻不知道教育方法的父母一樣，把孩子嚇了一大跳，更讓孩子在客人面前「丟了臉」。亮亮小小年紀就遭受這樣的打擊，又聽到媽媽消極的語言暗示「這孩子總是這樣，見到陌生人不敢說話，嘴上像貼了膠帶一樣。」所以，他就會覺得自己天生就是這樣，見到客人不問好理所當然！與亮亮的媽媽做法不同的是青青的媽媽。

　　門鈴響起，媽媽打開門，進來的是同事小陳阿姨。媽媽請小陳阿姨進門。這時，5歲的青青正高興地玩著遙控汽車。他拿著遙控器，追著玩具汽車跑，從阿姨和媽媽之間穿過，匆匆地問了聲阿姨好後，就追自己的玩具汽車去了。媽媽叮囑他：「慢點！」

　　等客人離去後，媽媽把青青叫到面前，給他講了一個不講禮貌的故事，其中就有今天來客人時的場景。然後，媽媽問青青：「你說這種做法對不對呢？」青青有點不好意思地回答說：「不對，我以後再也不會這樣了！」媽媽一聽這話，欣慰地笑了，並且不失時機地鼓勵孩子：「我就知道青青是一個懂禮貌的好孩子！」

　　以後，只要家裡來了客人，青青都會上前很有禮貌地問好。客人們都誇獎青青是一個懂事、有禮貌的好孩子，還羨慕青青的媽媽教育的好。

　　同樣是孩子不甚禮貌的表現，但青青的媽媽卻採取了正面、積極的教育態度。先用故事教育孩子，讓孩子能夠理性地分析、判斷自己的做法，之後又不失時機地給孩子「戴高帽」，讓孩子覺得自己就是一個「有禮貌」的好孩子，以後，他自然就會表現得更好！

　　這兩個故事告訴家長，如果你希望自己的孩子朝著積極的方向發展，就應該給孩子以正面、積極的引導與暗示！具體的做法如下。

不要過於看重孩子的錯誤

人們常有這樣一種想法：「找出錯誤，才能進步。」在這種觀念的推動下，許多「恨鐵不成鋼」的家長動不動就指責挑剔孩子，使很多孩子喪失了信心；更有一些孩子非常害怕犯錯，但越是害怕犯錯就越容易犯錯！如果孩子感覺不到自己的「進步」，時間久了，他們自然就開始自暴自棄，一錯到底了！

因此，作為家長，如果你希望自己的孩子成長進步，就不要盡挑孩子的錯誤，不必對孩子的錯誤耿耿於懷。相反，你應該鼓勵孩子建立起一種價值感，把錯誤當成成功的一塊跳板，這樣，在錯誤中，孩子學會的是總結與跳躍！一個善於從「錯誤」與「失敗」中總結經驗的孩子，怎麼可能不成功呢？

相信孩子，給孩子以積極的期待

成人有益的幫助會導致兒童積極的發展趨向；反之，消極的期待則會導致兒童發展趨向於消極。如果一個家長認為自己的孩子不可能做好某件事，得到的結果通常就是如此。

趙明想參加學校足球隊隊員的選拔，爸爸覺得他才三年級，各方面的條件還不夠，於是對趙明說：「明明呀！我覺得你今年選不上，為什麼不等明年再參加呢？等到明年的時候，你的年紀大一點，技術更成熟一點，選上的可能性就很大了。」

但是，固執的趙明不聽爸爸的話，他堅持今年一定要參加。

爸爸見趙明這麼堅決，只好無奈地說：「好吧！那你想參加就參加吧！不過你可別說我沒有事先提醒過你。」

到了選拔時，「果然」如爸爸預料的，趙明沒有選上，他因此非常沮

喪，覺得自己不是踢足球的料，從此對足球失去了興趣！

其實，故事中的爸爸並不是要洩他的氣，他只是希望趙明準備好以後再參加。然而，趙明卻覺得爸爸是在暗示自己沒有能力！在這種消極「情緒」的影響下，趙明的失敗是意料之中的事情！

事實上，期望對孩子的影響很大，當家長不相信孩子的能力，預期孩子會失敗時，孩子就會在心理或者言行上表現出沒有信心，最終導致失敗！反之，如果家長相信孩子的實力，鼓勵孩子，給孩子積極的期待，那麼孩子就有可能成功！因此，相信孩子，給孩子積極的期待吧！別讓你的孩子成為負向期望的犧牲品。

▍做孩子的「正面」榜樣

這是兩個經歷相似，學歷相同，社會地位同等的父親。

然而，面對生活中的不如意，第一個父親往往是樂觀、公正地看待它，分析造成眼前不利的原因；而第二個父親表現出來的則是麻木和消極抵抗。

兩個父親各有一個男孩，他們一樣的健康、聰明。上學後，他們不可避免地面對著老師的誤解和考試成績的不理想。這時候第一個父親往往靜下心來，與孩子一起尋找癥結，教他解決的方法。第二個父親則是當著孩子的面狠狠地詛咒社會和老師，彷彿所有的波折都是有意讓他們父子難堪。

一次，當地發生了地震，兩個孩子都被埋在廢墟下。他們周圍沒有人，沒有食物，只能等待救援。第一個孩子表現得很冷靜，他盡量減少活動保持體力，減少有限空間中的氧氣消耗，然後用磚頭不斷地敲擊樓板，發出求救的信號；而第二個孩子當時就嚇傻了，他絕望地哭了起來。等救援隊找到他們時，第一個孩子還頑強地活著，第二個孩子卻離開了這個世界。

　　你看，家長的處世態度對孩子有著多麼大的影響呀！一個心態消極，總喜歡抱怨的家長也會潛移默化地影響到孩子的成長，給他們的心理帶來陰影，讓自己的孩子變得和自己一樣消極；而心態積極樂觀的家長，則會讓孩子變得更加積極、樂觀、向上！

　　因此，作為家長，特別是心態消極的家長，一定要從孩子的角度出發，重新塑造自己的人格，力圖調整好心態，使自己具備豁達的人生態度，為孩子做出好的榜樣。這樣才能給孩子一片塑造優秀人格的土壤。

和孩子一起成長

　　某教育家曾經說過：「沒有父母的成長，就沒有孩子的成長。」一個孩子成長為優秀人才的背後，總有一個溫馨和諧的家庭，總能看到父母與孩子共同成長的痕跡。一個認真求教、謙虛的家長比高高在上、發號施令的家長更易於讓孩子接受，也更容易與孩子建立起快樂、平等、和諧、融洽的親子關係。因此我們說，要維持親子關係，父母與孩子共同成長很重要。

　　然而，在現實生活中，很多家長在傳統教育觀念的影響下，總認為家長就應該高高在上，孩子就應該服從家長，聽家長的話。在這種觀念的影響下，別說讓家長與孩子一起成長了，就是跟孩子進行平等的溝通都很難。這裡就有這麼一個例子：

　　老嚴是個商人，他平常應酬多，工作又很忙，所以很少與孩子溝通交流。兒子今年上高中了，住到了學校裡，直到週末才回家。這樣一來，他們之間的交流就更少了。

　　這段時間，老嚴發現兒子總是一個人躲在房間裡玩電腦，一玩就是大

半天，有時候甚至連飯都忘了吃。妻子說，孩子平常課業壓力大，週末讓他放鬆放鬆也未嘗不可。但老嚴卻非常反感。於是，只要一看到兒子玩電腦，就忍不住要去批評兒子，要求兒子少玩點電腦，可是兒子不僅不聽他的話，還經常頂嘴。

有一次，兒子甚至對他說：「玩電腦沒有什麼不好，而且非常有意思，我知道你不會，要不然我來教你吧！」聽到兒子要教自己，老嚴更加生氣，他咆哮著對兒子說：「笑話！還有兒子教老子的！簡直無法無天了。你的事我不管了，你愛怎麼樣就怎麼樣吧！」

兒子見老爸這麼無理，而且還這麼「老土」，索性就不搭理他了。父子之間的「代溝」也越來越深了。

心理學家黑爾加‧吉爾特勒（Helga Giltler）說過：「如果您放棄權力，放棄您的優越感，那麼您得到孩子的信任和尊敬的機會就更大。」因此，在教育的過程中，家長應該把自己擺在與子女平等的位置上。

當孩子遇到不明白的事情或出現錯誤時，家長應該教育孩子，讓他明白事理，改正錯誤和缺點。如果家長發現孩子的長處和優點，而自己卻不具備時，父母就應該主動扮演受教育者，向孩子請教，向孩子學習。

特別是在當今社會，新生事物層出不窮，家長已經不再是知識的權威，在某些方面，孩子的資訊量可能比父母大很多。孩子比父母學得快、記得快、閱讀速度快。孩子在英文、電腦、美術、音樂、體育等方面的知識和能力比很多家長強。此時，家長就應該放下架子，拜孩子為師，向孩子學習自己不懂的知識。家長虛心向孩子學習，就是給孩子最好的讚揚、鼓勵、賞識和尊重，只有這樣，家長才更容易走進孩子的心靈世界，成為孩子的朋友，從而更好地教育和引導孩子。

一位媽媽在家長學校聽完教育專家的課後，決定採納專家的建議，向

孩子學習，與孩子一起成長。

回到家後，這個媽媽對自己的兒子說：「我想學習英文，我們公司要求每個人都必須通過英檢，否則不能調薪。我很久沒讀英文，都忘光了，你來幫助我，教我英文好嗎？」

兒子聽到這些話，既覺得新鮮，又有些誠惶誠恐，他不好意思地對媽媽說：「我的英文不夠好呀！怕教不好你。」

媽媽說：「你總比我強呀！我就從你們國中一年級的課程開始補課，有不會的就問你，等到我補到和你一樣進度了，就由你教我。好不好？」

兒子說：「試試吧！」

媽媽的公司的確要求加強英文，於是，她真的開始認真學習。她每次問兒子都表現得很虛心，而且還時不時地誇獎或感謝兒子，這讓兒子對此非常認真，他覺得自己有責任教好媽媽。

為了能更好地教媽媽學習英文，他的學習態度有了很大的改變，還特地請教自己的老師，學習英文越來越努力，成績也不斷提高。

拜孩子為師不只是激發孩子學習熱情的好方法，同時還是讓孩子接受我們的好方法。在拜孩子為師的過程中，家長與孩子就像深交多年的老朋友，無話不講。更可喜的是當孩子是你的老師時，他的自我控制能力會增強，同時還可為家長提供有價值、有創造性的意見和建議。

陳先生在一條繁華的馬路上開了一家小型超市。他很會做生意，每天都有很多顧客光顧小店。經常也會有一些外國遊客來買東西，由於語言障礙，他只能透過手勢溝通，所以互相理解非常困難。

兒子聽父親說起這件事，興致勃勃地要教爸爸學習英文，還建議爸爸進一些「外國貨」到自己的店裡，老外見到英文商標，可能會更加願意到店裡買東西。

陳先生聽從兒子的建議，認真地學起英文來，而且還真的進了一批「美國貨」，這讓這些旅居在外的「老外」覺得非常貼心。從此，來這裡買東西的外國朋友更多了。

賞識孩子的知識，尊重孩子的建議，主動向孩子學習，和孩子一起成長，不僅可以實現家庭情感的互動交流，營造家庭溫馨的學習氣氛，而且可以建立暢通無阻的親子溝通管道。家長與孩子平等對話，可以促進子女對長輩的尊重體諒，從而跨越代溝，實現兩代人的心靈互動。

除了和孩子一起學習，陪伴孩子成長外，在日常生活中，家長也完全可以邀請孩子做自己的小幫手，讓孩子幫忙做一些家事。看到他們做得好的地方，就向他們請教，讓孩子來教你，這時孩子會非常得意，會更有熱忱。當孩子和你一起做完事情後，應該真誠地表示感謝，讓孩子知道他的幫助對你是非常重要的。父母千萬不能因為孩子能力不足，認為他越幫越忙而拒絕他或敷衍他，這樣最容易打擊孩子的熱情和積極性。孩子是在鍛鍊中成長的，與父母合作的愉快經驗有助於指導和幫助孩子與他人的合作，培養孩子良好的團隊精神和合作能力。

在向孩子學習的過程中，家長經常會遇到下面兩種情況。

✧ **家長的教育方式遭到孩子的拒絕**：比如說家長很想了解孩子的學習和思想情況，但如果以質問的口氣去問孩子，孩子往往會三緘其口，不願交流。這時候，家長不妨採取向孩子討教問題的方法。「我在工作中有一個難題，能不能幫爸爸解決一下？」

「我同事的小孩跟你差不多年齡，他現在遇到了一個問題，你能不能幫忙想辦法？」

這時候，孩子感覺自己得到了父母的賞識、信任和尊重，會非常高興地來幫忙，家長也就可以透過與孩子的交流發現孩子內心的想法，進

而「因地制宜」，有針對性地教育和引導孩子。

✧ **孩子在某個領域確實比家長強**：孩子學習和適應新生事物的能力一般都會比家長強，這時候，家長應該虛心向孩子學習，從而更快地接受新的觀念和新的事物。這樣，不僅自己能夠更新知識、跟上時代發展，還能透過向孩子學習，讓孩子獲得成就感，從而有利於與孩子的溝通和理解。

第二章 父母，孩子成長路上的引路人

第三章　讓孩子成為「最好的自己」

　　每個孩子都有其固有的天性和稟賦。作為家長，我們應該正視孩子的個性特點，尊重孩子、相信孩子、發展孩子，讓孩子的個性得到張揚，稟賦得到開發，個人的興趣愛好得到發展。只有這樣，孩子才能快樂地成長，成為最好的自己。

第三章　讓孩子成為「最好的自己」

每個孩子都有自己的特點

　　生活中，我們經常見到這樣的現象，幾個家長只要聚在一起，話題就離不開孩子，而且，家長間會很自然地互相打聽：你的孩子成績怎麼樣？考多少分？這次考試排名第幾，最近得了什麼獎？平常上什麼興趣班等。在聊天的過程中，家長們便忍不住會拿自己的孩子與其他的孩子進行比較。若發現自家孩子不如人的地方，必然會擔心：「為什麼我家的孩子這次考試才考 90 分呢？別人家的孩子都考了 98 分。」「為什麼別人家的孩子能背幾十首古詩，而我家的寶貝卻只會背誦幾首詩歌呢？」這樣一比較，心理不平衡自然是難免的。

　　其實，家長們在把自己的孩子與其他的孩子進行比較的時候，並沒有考慮到不同的孩子個體之間的差異。不同的孩子，其個性氣質、智力結構、認知水準、知識經驗、心理特點等不同，加之孩子成長的周遭環境、成人施加的教育影響不同，因此會呈現不同的狀態。就像人的手指頭有長短一樣，孩子也是各有千秋。美國哈佛大學霍華德‧加德納（Howard Gardner）教授指出，人有八種智慧：語言文字智慧、數學邏輯智慧、視覺空間智慧、身體運動智慧、音樂旋律智慧、人際關係智慧、自我認知智慧、內省智慧。不同的孩子有不同的智力結構和側重點，這就是為什麼有的孩子在人際交往中如魚得水卻不擅長寫作，有的孩子內向害羞但寫文章卻妙筆生花，有的孩子唱歌跑調但數學卻很好，有的不喜歡畫畫偏喜歡體育運動等。總之，是不同孩子之間不同的智力結構與側重點造就了他們的不同。所以，作為家長，我們怎麼能要求自己的孩子要與別的孩子一樣，或者一定要超過別的孩子呢？

　　每個孩子都是不同的，獨一無二的。父母不要總是拿孩子和別人比，

期望值不能太高，希望孩子樣樣出色，當全能手是不現實也不可能的。過早地給孩子下定論，容易失去客觀的判斷標準，偏離正常的教育軌道。

操之過急，期望過高，除了讓自己徒增煩惱和焦慮不安外，還會在自己的負面情緒主宰下做出對孩子打罵、發脾氣、嘮叨不停、反覆無常甚至歇斯底里的行為。不管是你的不良情緒還是行為，都會影響孩子心理的健康發展，最後只能讓孩子越來越遠離你的期望。

家長要做的就是多去理解和了解自己的孩子，發現他們的長處，要多仔細觀察孩子的特點和優勢，積極尋找孩子身上的閃光點，找到孩子的最佳才能區，再提供適當的條件去培養這方面，發展它，做到揚長避短。

那麼，如何才能做到真正理解與了解自己的孩子呢？

✧ **描述你的孩子**：如果你有一張孩子的照片，把它放在你的前面來幫助你集中注意力。在第一張卡片上請寫下所有的你能想到的可以用來描述孩子的形容詞（包括褒義詞及貶義詞）。請想一想，孩子是什麼樣的呢？

✧ **找出孩子的興趣愛好**：你的孩子喜歡做什麼？這可能和你的喜好會有很大的差別，但是請仔細思考一下。如果你的孩子可以任意地作選擇，他會選擇去做什麼事情？他在平時的沒事都在做什麼？現在他是否在做他痛恨的事情，或者至少是他不願意做的事情呢？

請悄悄地走到孩子的房間看一看，嘗試去真正了解一個孩子，了解孩子真實的一面以及他的興趣所在。

✧ **描述孩子的氣質類型**：請想一想你的兒子或女兒的氣質類型是哪一種：攻擊挑釁還是冷靜？喜歡社會交往還是比較孤僻？容易滿足還是比較苛刻？悠然自得還是緊張不安？外向開朗還是內向害羞？喜歡學習還是喜歡運動？自我激勵還是需要外部驅動？機智靈活還是固執僵

化？敏感還是遲鈍？只關注自己還是會去關心他人？獨立還是依賴？如果讓孩子自己作選擇，你發現他（她）更喜歡待在家裡，還是到戶外活動？孩子做事情時，常常很安靜還是很活躍？

✧ **選擇你最喜歡的孩子的特質**：在你的心目中，孩子的哪些特質能討人喜歡？孩子哪些可愛的特質是你此刻最想記住而且永遠也不會忘記的？請寫下孩子所有積極的特質。

寫完後，請花幾分鐘思考一下：這些特質有多少和你不一樣？有多少和你相同？和你伴侶的特質相比又如何呢？

✧ **明確孩子的優勢智慧**：不同的孩子，具有不同的優勢智慧，請了解你孩子的優秀智慧。

- **語言智慧占優勢的孩子**：喜歡閱讀、寫作以及講故事。他們透過閱讀進行學習，而且他們掌握了相當多的資訊，詞彙量大，可以一字不差地記憶知識。

- **身體運動智慧占優勢的孩子**：可以自如地控制身體姿勢，保持身體平衡，擅長體育活動，可以熟練地運用身體語言表現藝術性的活動，善於完成小肌肉活動任務（即精細動作任務）。

- **內省智慧占優勢的孩子**：具有很強的自我理解能力，獨創性強。喜歡按照自己的興趣和目標獨自工作，具有明確的是非標準。

- **人際智慧占優勢的孩子**：理解他人，具有很強的領導和組織能力。他們有許多朋友，善於作決定和調解糾紛，喜歡參加社團活動。

- **音樂智慧占優勢的孩子**：具有良好的節奏感、樂感以及旋律感，並且伴隨音樂會做出反應。他們善於記憶各種旋律，能準確把握時間，喜歡唱歌或是哼唱曲調，有的可以演奏樂器。

- **數理邏輯智慧占優勢的孩子**：可以理解數位、模型以及邏輯關

係，喜歡科學和數學。他們善於分類、提問、做實驗以及計算。

- 　**空間智慧占優勢的孩子**：喜歡繪畫、設計以及創造，而且喜歡想像和幻想。他們能清楚地記得自己看過的、讀過的地圖和圖表，擅長使用顏色和圖片進行工作。

- 　**自然認識智慧占優勢的孩子**：喜歡戶外活動，好奇心強，會把環境按照某種特徵進行分類。

✧ **正視孩子的缺點**：孩子的哪些弱點或「頗具挑戰性的特質」可能會阻礙他（她）獲得快樂、滿足或是成功呢？孩子的這些消極特質可能會有損他（她）在老師、同伴或是同伴父母心目中的形象，同時也會打擊孩子的自尊心。這些缺點可能正是你對孩子悄悄關注或擔憂的地方。比如說，孩子是否會因過分敏感而變得很容易哭、輕易放棄或是變得自私呢？孩子的注意力持續時間是否很短暫？他（她）是否具有攻擊性或者脾氣急躁呢？

在真正了解孩子的基礎上，家長所要做的便是針對孩子的特點，施以正確的、個性化的教育。以下的做法可供參考。

✧ **尊重孩子的身心發育規律，不要揠苗助長**：義大利教育家蒙特梭利（Maria Montessori）說：「每個人的成長都有一個程式，他在某個年齡特徵段該領悟什麼樣的問題，其實是固定的，你沒辦法強求，過分人為地加以干涉只會毀了他。」

正因為孩子的成長有其自然發展規律，所以，家長應順著它的「長勢」讓孩子自由地發展。像農作物必然要經過一定的時間才能成熟一樣，揠苗助長只能適得其反。我們不能超越規律，只能等待，花時間等待孩子的成長。

如孩子不擅長數理科學，就別強逼孩子去學。因為如果孩子跟不上，容易打擊其自信心，使孩子對學習產生畏懼心理。要注意讓孩子置身於程度相當的學習環境中，這樣有利於激發孩子的競爭意識，既不至於因同伴太過優秀而產生壓抑和失落感，也不至於因同伴太差而懈怠。

✧ **善於發現孩子的潛能並重點加以培養**：家長要善於發現孩子的潛能並重點加以培養，但要注意，小學和中學階段是打基礎的階段，所以不能一味地追求「專長」、「特長」，要揚長補短，利用孩子的長處和優勢盡可能去彌補他的短處和不足，以達到全面發展。

✧ **根據孩子的興趣愛好尋找切入點引導孩子**：對於喜歡「追星」的孩子，可透過給他們講解明星們是如何成功的，以激發孩子積極上進之心；如對個性強，自制力也相應較強的孩子，可讓他們自己制定相關規定，這樣，孩子覺得受到了尊重，也就比較能自覺地遵守了；而對於自制能力相對較差，但卻喜歡「戴高帽子」，也相對比較聽話的孩子，則可用表揚與懲罰相結合的方式，給予適度的監督，以養成孩子良好的習慣。

✧ **創造有利於孩子個性化學習的心理環境**：要尊重孩子的個性和人格，尊重孩子的興趣和愛好，營造一種民主和諧，充滿人文關懷，崇尚個性，追求獨特風格與創新精神的氛圍，使孩子處於一種愉悅的心理狀態中，促進孩子的個性化學習。而不要為了滿足自己的虛榮心盲目跟風，不管孩子是否有這方面的興趣，把自己的意願強加在孩子的身上，逼迫孩子去參加各種興趣班，學習各種技能。

✧ **不要總拿自己孩子的短處和其他孩子的長處比**：要善於發現孩子的閃光點，適時、適度地肯定孩子的長處。因為每個人都有各自的長處和

短處。比如說，有的孩子聰明活潑、興趣廣泛，但不夠刻苦，而有的孩子穩重刻苦，做作業一絲不苟，卻沒有掌握好的學習方法；有的人文科好，有的人理科強。關鍵是父母要有一顆善於發現的慧眼。對孩子的考試成績要全面客觀地進行評價，根據具體情況制定個性化的學習方案。

總之，只有根據孩子的特性，因勢利導，因材施教，才能收到好的教育效果。反之，如果家長不了解孩子，不遵循個性特點以及成長規律去教育孩子，導致孩子所學的東西並非他們所願學而是家長所逼，或者說要孩子學的正是他不適宜的，那麼只能費力不討好，給孩子增加心理負擔。這對孩子的成長非常不利。

此外，家長還應該積極等待，主動尋找教育時機，創造多種辦法。「沒有教不好的孩子，只有不會教的父母。」當一種方法不行時，再採用另一種方法。在積極等待的同時，要有一雙善於發現契機的眼睛，要有一顆積極思考的大腦，多想一種辦法，多設一種情境，以調動孩子的積極性，讓他朝著你預設的目標進發。要讓孩子做事，要實施自己的計畫，在此時不行時，就看在彼時。因為也許當時孩子情緒不佳，影響了孩子活動的興趣。

可以說，最好的家庭教育應該是那種處於自然狀態、遵循孩子身心發展和個性稟賦施以正確教育的家庭教育，而不是按照家長滿意的模子製造孩子的家庭教育！唯有尊重孩子，才能讓孩子按照自身的方式快樂地成長起來。

「自己」就是對自我的認識

　　小學一年級的小池提起學校的事情就興高采烈、得意洋洋，因為，他的成績非常優秀，經常考 100 分，所以，老師很喜歡他，同學也很羨慕他。

　　有一天，媽媽在輔導他做功課的時候，小池開始煞有介事地介紹起自己同學的情況：「媽媽，我的同學好胖呀！他課業成績非常不好，跑步也跑不快，是我們班裡的不良學生呢！」

　　「那你呢？」媽媽微笑著反問。

　　「我？」孩子提高了聲音：「這還用問嘛，我當然是班裡的資優生了！老師經常誇我學習很認真呢！」說完，孩子表現出很有自信的樣子！

　　故事中，小池之所以把自己歸為資優生，是因為他已經有了強烈的「自我意識」，意識到了自身的「優秀」。這個時候，家長若能適當地有意加強這方面的引導，對孩子的成長將十分有益。

　　自我意識是指一個人對自己的認識，包括對自己和人際關係的理解。自我意識在人的心理活動和行為中有著調節作用，是行為的強烈動機，它對孩子的心理發展意義重大。孩子怎樣認識自己，怎樣安排和處理自己與周遭世界以及他人的關係，怎樣評價自己的能力，具有什麼樣的自我價值觀，建立什麼樣的自我形象，直接影響他們能否積極地適應社會，能否保持心理健康，能否在學習和生活中順利前進和發展。

　　培養與利用孩子的自我意識，可以有效地促進其學習與心理健康。一個具有良好自我意識的孩子，會在各方面表現出優秀的才能，經常取得成功。反之，如果孩子在自我意識的發展中出現了不良傾向，又沒有及時調整，會使孩子的個性和行為發生偏異，以後矯正就困難了。所以家長應該

注意培養孩子良好的自我意識。

要培養孩子良好的自我意識，家長應該做到以下幾點。

培養孩子的自我認識

通常來講，小學生要清楚準確地認識自我是比較困難的。儘管如此，也要逐漸引導孩子認識自己，因為童年時期的自我認識是成年後自我認識的雛形。家長引導孩子進行正確的自我認識，主要是要引導孩子解決兩個矛盾：孩子自己心目中的「我」與實際的「我」的矛盾；自己心目中的「我」與他人心目中的「我」的矛盾。

引導孩子認識實際的「我」，可以透過一些比較，使孩子逐漸對自己有準確的認識。家長可以讓孩子同過去的「我」比較，用筆記、攝影、錄音記下孩子的成長過程，過一段時間拿出來讓孩子看看、聽聽，讓孩子由此知道「我」的進步、退步或停滯。讓孩子與同齡的孩子比較，認識自己的發展狀況和能力水準，了解自己的長處和短處。讓孩子與成人和優秀人物比較，理解自己的差距，提高孩子努力和進取的意識。讓孩子同進行活動前後的「我」比較，給孩子安排一些孩子做起來吃力，但經過努力可以完成的任務，使孩子了解自己潛在的能力。

引導孩子了解他人心目中的「我」，主要靠家長及時把聽到、看到的別人對自己孩子的評價和印象，以適當的方式告訴孩子，讓孩子知道他人對自己的看法。這些看法，孩子一般不易了解到，家長要做有心人，扮演好孩子的「耳目」。

培養孩子的自我評價能力

實驗研究表明：兒童形成自我評價能力的年齡為 3～4 歲。4 歲的孩子開始有一定的自我評價能力，能夠根據一定的行為規則來評價自己。

第三章　讓孩子成為「最好的自己」

5～6 歲的兒童絕大多數已經能夠進行自我評價。自我評價是自我意識的核心，它對於兒童道德特質的形成、道德行為的培養是極為重要的。家長應該為孩子創設自我評價的情境，促進孩子自我評價能力的發展。孩子的自我評價能力最初是根據成人對他的評價而形成的。

因此，家長對孩子的評價應該比孩子的實際情況略高一點，使孩子經過努力可以達到，這樣有利於培養孩子的自尊心和自信心，使孩子能夠用積極向上的要求來評價自己。另外，家長要努力安排一些孩子經過努力能夠取得成功的活動。成功的次數越多，孩子對自己成功方面的評價越高；成功的範圍越廣，孩子對自己的全面評價也就越高。這樣有利於培養孩子自信、自我接受、勤奮、樂觀的個性，使自我意識中積極的成分占主導地位，從而促使孩子獲得更多、更大的成功。

▌教育孩子積極地接受與悅納自我

悅納自我是發展健全的自我意識的核心和關鍵。一個人先應該自我接納才能被別人所接納。只有在自我接納的基礎上培養孩子自信、自立、自強、自主的心理特質，才能促進其發展自我和更新自我。

人無完人，金無足赤。無論是家長還是教師，都可以透過古今中外的偉大人物如何對待不足與缺陷的事例，啟發孩子思考如何對待自己的不足與缺陷。應該讓孩子懂得：積極接納自我就是要無條件地接受自己的一切，無論是好的還是壞的，成功的還是失敗的，有價值的還是無價值的，對自身現實的一切都應該積極地接納，並且平靜而理智地對待自己的長短優劣和得失成敗，做到樂觀開朗，以發展的眼光看待自己。

▌創造條件培養強烈的自信心

自信心是對自己積極、肯定又切合實際的自我評價與自我體驗，它在兒童日常生活中的重要性是不言而喻的。自信與自卑都存在著一種累加效應，愈自信的孩子愈容易成功，愈成功就會愈自信。反之，愈自卑的孩子則愈會導致更嚴重的自卑。

◇ **透過團體活動逐漸培養**：任何人都有被激勵的願望，這願望像一扇門，是從裡面反鎖的，鑰匙就在每個孩子的心中。而教育者只有採用一定的對策讓孩子主動參與，才能使孩子打開心門，這些對策之一就是團體活動。利用週末讓孩子多參加團體活動，這些活動可大可小，因地制宜，若能做到「讓每個孩子都抬起頭來走路」，那當然是對團體活動的最好獎賞。

◇ **讓孩子體驗成功**：從個人發展的角度來說，要創造一些可以達到成功的機會，使孩子相信自己的能力。這要從孩子的實際出發，用「低起點、小跨步」的方法逐步實施。所謂「低起點」，就是根據孩子的相關知識基礎和學習能力的水準，把孩子努力一下就可以達到的水準確定為起點。在這方面，實驗小學的期中、期末考試出題的難易度掌握就很好地體現了這一點，它使絕大多數學生在考完後都產生了一種積極的、成功的體驗。「小跨步」就是把事情要求按由易到難、由簡到繁的原則分解成循序漸進的層次，把產生挫折事件的頻率減少到最低程度，從而使孩子層層有進步，處處有成功，不斷提高自信心和學習的動力。

▌鼓勵孩子多採用積極主動的講話方式

如「我的感覺是……」、「我打算……」、「我情願……」、「我決定……」、「我選擇……」、「我要……」、「試試看有沒有其他可能性……」等。也就是要把自己潛意識裡的「我感覺」「我想要」都表達出來，這樣，孩子會不由自主地形成積極主動的思考方式。

▌引導孩子有效地控制自我

自我控制是人主動定向地改變自我的心理特質、特徵和行為的心理過程。有效地控制自我是健全自我意識、完善自我的根本途徑。因此，應該從小就發展孩子的自我調節與自我控制能力，使他們儘早實現自我教育的功能。培養孩子自我控制的能力應該做到兩點：

◇ **幫助孩子合理地定位理想自我**：理想自我是個人將來要實現的目標，在確立其內容時，要立足現實，從孩子自身實際出發，既不好高驚遠，也不將目標定得唾手可得，而應該是透過一定的努力才可以實現的目標。

◇ **培養孩子健全的意志**：意志健全的人，在行動的自覺性、果斷性、自制力和頑強性等方面均表現出較高的水準。而對自我的有效監督和控制，離不開意志的力量。只有意志健全的孩子才能真正做到自我的有效控制，從而最終實現理想的自我。因此自我意識的完善應該從培養孩子的意志做起，這更多的是採用鼓勵的辦法，以增強他們承受挫折的能力，提高自制能力。

總之，自我意識在個體的成長和發展中有著十分重要的作用。採取行之有效的方法培養和提高孩子的自我意識調節能力，將使他們終身受益。

有自由才有「自己」

這是兩位學生間的對話：

小 A 對同桌小 B 抱怨道：「我媽真是的，無聊得要命，每天我回到家裡她都會質問『你今天跟誰一起回家？別跟女孩子走得太近，容易分心』。你說她這不是有毛病嗎？這個世界上除了男人就是女人，我怎麼做到不跟女孩子走得太近呢？」

小 B 一聽這話，噗哧一聲笑了：「我爸更嚴重，有一次我在打電話的時候，發現他居然在客廳偷聽我的電話呢！我真是無言了！」

類似的事情在我們的生活中並不少見。很多家長因為習慣了對孩子的「保護」，擔心孩子一旦離開自己的視線就像脫了韁的野馬一樣沒有分寸，因此時時盯梢，事事盤查，還美其名曰「這都是為了孩子好」。事實上，家長這種帶有控制欲的行為對孩子來說是一種沉重的負擔。

處於生長發育期的孩子，由於生理心理年齡的逐步成熟，他們的自我意識也在不斷增強，需要有更多的私人空間、更多的個人自主權。家長如果過多地干涉孩子的生活，非但不會贏得孩子的理解與尊重，還可能讓孩子產生叛逆的心理，使親子之間的關係惡化。因此，給孩子一定的「自由」，不但有利於孩子個性的成長、心理的成熟，還能促進親子之間的關係。

對於每個孩子來說，唯有自由，才有足夠的時間與空間感受「自己」，才能明白自己的需要，遵照自己的內心，做自己想做的正確的事情。

那麼，家長應如何給孩子足夠的自由呢？

▌充分相信你的孩子

家長要盡量相信自己的孩子，相信他能分清主次，相信他能正確處理他自己的事。

第三章　讓孩子成為「最好的自己」

　　一位父親在兒子的房間裡放了一臺電視、一臺電腦（可以上網），並對兒子說：「你自己靈活安排時間，想看電視就看，想上網就上。不過有一點，你要知道你的主要任務是什麼、要知道適可而止。」結果怎麼樣？電視基本成了擺設，因為他忙著做作業（老師安排的和自己安排的），根本沒有時間。有時也不過是看看新聞、科學節目等。電腦呢？他只是在星期六日上午玩兩個小時，並沒有出現有些家長所擔心的一玩而不可收的情況。

　　這也許只是個案，但也提醒我們做家長的，是不是該給孩子更多的尊重？是不是該給孩子更多自由的空間？要相信，自由和尊重就意味著責任。一個肩負著責任與他人信任的人是有自制力的，孩子也是如此。

▋給孩子交友的自由

　　給孩子自己選擇朋友的權利，不僅可以讓孩子感覺到父母對他的尊重而更加信賴父母，而且還可以促進孩子之間的友誼和交往，促使他們互相學習，克服自己的缺點。

　　毛小丹有一個壞習慣，就是自己的東西總亂扔，結果到用的時候怎麼都找不到。後來，她認識了鄰居家一個叫芊芊的女孩，兩個人經常在一起玩。小丹的媽媽發現芊芊非常愛乾淨，自己的東西從來都是整理得井井有條。於是，媽媽問小丹：「你和芊芊是好朋友嗎？」

　　「當然是啊！」小丹回答媽媽。

　　「好朋友就應該互相學習，你看芊芊多愛乾淨，總是把自己的東西收拾得整整齊齊，你能做到嗎？如果你做不到，芊芊可能就不會和你做好朋友囉。」

　　後來，小丹果然改掉了亂扔東西的壞習慣，自己的東西也收拾得整齊多了。

其實，孩子之間的互相學習跟大人在交往中互相學習是一樣的，孩子之間的交際與交流有利於宣洩他們生理與心理方面的不適，緩解精神負擔，對孩子的成長很有幫助。如果擔心孩子交友不當，家長事先可以給孩子定幾條交友原則，講清道理，但不能採用專制手段，為孩子選擇朋友，限制他們的自由交往。

給孩子學習的自由

對於孩子的學習，家長無須頻繁地督促、激勵，即使有些科目成績較差，也要想出除了頻頻「嘮叨」以外的辦法。有些家長因擔心孩子學習跟不上，不惜付出自己的全部業餘時間，為孩子「伴讀」，想從精神上給孩子以鼓勵和安慰。但這樣做無論是對孩子當時的學習效率，還是對孩子終身的學習習慣，都沒有益處。家長過於關注他們的學習，還會加大其心理負擔，或者使其產生依賴心理，喪失自主學習意識，後果後患無窮。所以，家長應有意識地培養孩子自主學習的能力。包括：針對自身情況，制訂學習計畫、時間安排；有選擇地進行課外閱讀等。家長應盡量避免頻繁地督促孩子學習，有意地留給他足夠的自主學習的空間，讓他體會到自己是學習的主人，滿足他學習的成就感。

給孩子休息、娛樂的自由

孩子天性愛玩，對孩子來說，娛樂與睡眠同樣重要，適當的娛樂可以調劑精神狀態，使緊張的心理放鬆，刺激大腦處於興奮狀態，有利於提高學習效率。睡眠直接影響情緒、胃口以及學習效率。充足的睡眠可為大腦提供充足的氧，有益於大腦工作。所以，適當調整學習狀態，勞逸結合，給孩子休息與娛樂的自由是非常必要的。

第三章　讓孩子成為「最好的自己」

▎給孩子時間上的自由、自主

　　父母不要總是把孩子的時間排得滿滿當的，要給孩子一些時間讓孩子自己決定要做什麼。如果父母給孩子的時間排得毫無空隙，慢慢地，孩子就會養成一些不好的習慣。比如，有的父母把孩子的週末排得很滿，星期六下午要把作業做完，星期天上午要去學畫畫，下午又要彈鋼琴，一點時間都不留給孩子。有的父母在孩子每天放學之後，也不讓孩子有一點空閒，只是一味地給孩子安排任務。

　　父母要知道，孩子畢竟還小，他的承受能力是有限的。如果父母不讓他休息，他就可能會在完成任務的過程中施行拖延政策，養成做事拖拉的習慣。

▎尊重孩子的隱私權，允許他們有自己的祕密

　　這一點是最難做到的！很多家長以「保護孩子」、「我這樣做都是因為愛你」為名，漠視孩子的隱私，隨便翻看孩子的日記、簡訊、郵件，偷聽孩子的電話。這樣的監視性行為讓孩子煩不勝煩。在孩子看來，這是對他們的不信任、不尊重，因此，他們對父母的印象也會大打折扣，嚴重的話還可能因此爆發親子間的矛盾。這對孩子的成長以及親子間的溝通、交流是不利的。因此，給孩子獨立的空間，最重要的是維護孩子的隱私權！

　　當然，給孩子自由並不意味著放縱不管，家長的教養權利不能放棄，關鍵是得法、有效。作為家長，我們不必擔心失去孩子的依賴，不要因擔心孩子受挫就不敢放手讓孩子獨立生活，只要一面關注孩子的需求，在尊重的基礎上加以控制、引導，一面給他足夠的自由，去探索成功與失敗，體驗責任感，在親歷中總結教訓，這就不會使教育失控。

　　為孩子保持自由空間，既培養了其責任心、心理承受力，也為孩子性

格、意志的健康發展提供了保障。要相信，有「自由」的孩子，才有可能成為「最好的自己」！

讓孩子自主選擇

蕭衍對自己的同事抱怨這幾天很煩悶，說是在與兒子生氣。

原來，這幾天來了幾個有名望的國畫家，蕭衍費盡苦心，靠著關係想讓一直學國畫的兒子與國畫家見個面，也好得到當面指導。可是，兒子完全不賞臉，竟然當著他的面把自己過去的作品撕碎，還吼著說爸爸耽誤了他的大好時光……

蕭衍說著說著，氣得嘴唇都顫抖了起來。

等蕭衍平靜下來，同事問他：「為什麼你兒子會這樣做呢？我覺得不應該是單方面的原因。」

蕭衍若有所思地說：「想想也不能全怪他，兒子小時候想學跆拳道，我沒答應。學跆拳道有什麼用呢？難道以後去打架？學畫畫怎麼說也是一項技能。但孩子就是不懂事，學畫的時候老是跟我唱反調。」

其實，先不說兒女有沒有自己所期望「特長」所需要的天分，就從不顧孩子的意願來安排他們未來這一點而言，對孩子就有失公平。生活中像蕭衍這樣的家長有很多，他們總喜歡以愛的名義替孩子進行選擇。小到孩子今天穿什麼衣服，大到孩子報考什麼學校，今後走什麼路他們都替孩子安排好了……總之，他們把孩子可以自己奮鬥的一切權利都剝奪了。結果，吃力不討好，家長自身疲憊不堪，而孩子非但不買單，反而走上了與家長的意願相悖的道路。

其實，教育不能強人所難，一個人成功的最佳目標不是別人眼中最有

價值的，而是他自己選擇的那一個。人生會有無數個選擇的路口，每一個孩子都將獨立地去面對以後的生活，獨自承擔好的和不好的結果。在他面臨很多選擇的時候，沒有哪一位父母能夠永遠代替。因此，作為家長，我們應該尊重孩子的意願，讓孩子自主選擇自己想要的。只有這樣，孩子才能最大限度地發揮出自己的才能。

著名漫畫家蔡志忠的父親就很願意讓孩子做他們自己喜歡的事，而不是按照自己的意願設置一個目標，逼孩子去達成。蔡志忠上中學時，大部分時間都沉迷於漫畫世界，多門學科不及格，甚至面臨留級的命運。當時，臺北的一家漫畫出版社邀請蔡志忠去畫漫畫。蔡志忠不知道父親能否同意自己放棄學業。

一天晚上，父親像平時一樣坐在籐椅上看報。蔡志忠忐忑不安地走到父親身後，輕聲說：「爸，我明天要到臺北去畫漫畫。」父親沒有抬頭，邊看報邊問：「有工作了嗎？」「有了！」「那就去吧！」這一問一答中，父親一動也沒動，繼續看他的報，蔡志忠也沒走到他的面前。

或許，蔡志忠和他父親當時都未曾想到，這短短十秒鐘的對話，卻成了影響蔡志忠一生的關鍵時刻。如果當初父親一定要他留在學校接受留級的命運，他日後還可能因為漫畫而聞名全世界嗎？因此，我們應該相信孩子，給孩子自主選擇的權利。

那麼家長應如何做到讓孩子自主選擇呢？

父母要給孩子自由發展的空間

父母要知道，每個孩子都是一個獨立的個體、他們有自己的觀念和判斷。或許他們沒有足夠的生活經驗，在某些事情上可能會出現錯誤的判斷。但這種錯誤是可以理解，也是必要的，他們需要從這些錯誤中吸取教

訓。如果孩子沒有足夠的自由發展空間，沒有足夠的實踐，那麼，將來他們在需要做出自主選擇的時候就很可能會束手無策。

2. 好吃的自己收著，給孩子自主的權利

孩子愛吃的東西，家長替他們收著，反而會增加孩子對「吃」的欲望，導致他們想方設法要吃到那些東西。最好的辦法就是：家長乾脆把保管權交給孩子自己，甚至可以給孩子騰出一個位置，讓他們無論是吃的喝的都自己放在那裡，並對他們約法三章。這種做法可以讓孩子有一種「自我」意識，當他們吃「自己」的東西時，自然而然就會想到，「我是不是應該讓爸爸媽媽、爺爺奶奶跟我一起分享呢？」

▌給孩子權利，讓他自己去選擇

孩子的自主性在他的自主選擇上表現得最為明顯。但不少家長怕孩子選擇錯誤，從來不給孩子選擇的權利。這樣的孩子長大後就不大可能適應競爭激烈的社會生活。其實，家長應主動給孩子選擇的權利，在把選擇的權利交給孩子前，家長可以先為孩子提供有關情況，幫他們分析各種可能，並且還要教育他們，如果是自己選錯了，自己就要負責任。

有一位媽媽帶孩子去報名才藝班，媽媽本來的意願是讓孩子學鋼琴，可是卻發現她在舞蹈組門口看得出了神，原來孩子更想學跳舞。媽媽沒有反對孩子的選擇，但她慎重地告訴孩子：「既然你選擇了舞蹈，你就要對自己的選擇負責，一定要堅持，不管吃多少苦，都要把舞蹈學好。」孩子點頭答應了。而事實上，她也確實很有天賦，也很努力。從來不對媽媽抱怨學習舞蹈很苦。

家長對孩子的尊重亦能換來孩子對家長的尊重與信任，從某種意義上來說還培養了孩子的責任心與獨立意識。這對孩子的成長是很有幫助的。

第三章　讓孩子成為「最好的自己」

▎父母要適時為孩子提供必要的幫助

　　自主選擇並不是讓孩子進行盲目的選擇，在孩子進行重大決定時，父母可以說明孩子收集資料，了解和熟悉各個選項，這有助於孩子進行科學選擇。如果孩子沒有很強的自主選擇能力，父母也可以和他一起分析資料，找出各個選項的利弊，最後了解孩子做出選擇的動機。如果孩子有較強的自主能力，父母則可以讓他自主完成選擇。父母只要在重大的事情上幫助孩子把好關，防止出現重大的錯誤即可。

▎保持孩子自由發展與遵守規範的平衡

　　當然，尊重孩子的自由需求並不等於放任孩子。俗話說：「沒有規矩，不成方圓。」只有自由與規範相結合的教育才真正有利於孩子的身心健康發展。因此，在給孩子自由時一定要有相應的規則約束。比如，在家裡，要讓孩子知道各種用品、玩具都有固定的位置，使用後應物歸原處；每天飲食起居要有一定的規律，按時就寢，按時起床。在規範孩子的行為時，要給孩子說清道理，使孩子自覺自願地接受規範。

　　我們成人都知道，一個人以後的生活是否幸福，成就大小，不完全取決於他是否聰明、幸運，很多時候還取決於他是否懂得選擇，並為之付出努力。而一個孩子要從感性走向理性，由幼稚走向成熟，重要的一步就是學會選擇。尊重孩子選擇的權利，就尊重了他的思考和判斷，也就尊重了他的未來。因此，給孩子選擇的自主權，是讓孩子成為「最好的自己」的關鍵！

要做有主見的「自己」

有這樣一則寓言：

一頭毛驢要吃草。此時，在毛驢的左邊和右邊各放著一堆青草。想不到，毛驢在這兩堆青草之間煩惱：先吃這一堆，還是先吃那一堆？就這個問題，毛驢一直想來想去，猶豫不決，最終餓死了。

這則寓言講的就是約翰・布里丹（John Buridan）的毛驢。看完這則寓言後，你或許會嘲笑毛驢的愚蠢與猶豫不決。然而，在現實生活中，我們的孩子也常常上演著布里丹毛驢的故事。

✧ **故事一**：亮亮 8 歲了，無論在學校還是鄰里間，大家都誇他是個乖巧、聽話的好孩子。在家裡，大人叫他做什麼，他就做什麼，叫他怎麼做，他就怎麼做，表現得十分聽話；和小朋友一起玩時，亮亮也順從別人的領導，很少有自己的想法。最近，亮亮媽媽從老師那裡了解到亮亮有個缺點：當老師教了一種解題的方法後，他就不再嘗試其他的方法，這讓亮亮媽媽非常擔心。

✧ **故事二**：海林今年上四年級了，可做事總是不果斷、猶豫不決。給他錢讓他去超市買零食，他會挑來挑去，拿不定主意。如果沒人催促，可能要挑十幾分鐘。有一次去逛商場幫他買衣服，他東挑西揀，因為猶豫買藍色的還是紫色的，選了一個上午。作為一個男孩子如此優柔寡斷，真讓人擔憂他長大以後該怎麼辦。

✧ **故事三**：黃婷婷已經是小學六年級的學生了，她的課業成績很好，但是她對任何事情都沒有自己的看法。在家，她經常問媽媽：「媽，我明天是穿褲子還是穿裙子呢？」在學校，她經常問老師：「老師，你說我是參加活動好，還是不參加活動好？」在生活中也是一樣，看

到別的同學穿吊帶褲，她也要求媽媽給她買。但吊帶褲買回來她才發現，由於她個子矮，根本不適合穿，最後只能送人。

以上的這些孩子都有一個共同點，那就是遇到事情猶豫不決、不果斷，更有甚者，喜歡人云亦云，表現在人際交往中，一味無原則地迎合和遷就別人。這樣的孩子往往得不到他人尊重，常常成為受人欺負的對象，長此以往，對孩子的成長與心理健康是非常不利的。

那麼，孩子的這種遇事拿不定主意、猶豫不決的性格又是怎麼形成的呢？事實上，每一種不良性格的形成都有其原因。對孩子來說，他們之所以形成優柔寡斷的性格，與家長的教育是分不開的。歸納起來，造成孩子猶豫不決的原因有以下幾點。

◇ **成人過於保護，孩子依賴性強**：一位心理學工作者去一所學校調查小學生的自主性狀況，在被調查的 150 名學生中，當被問到在學習和生活中遇到難題，一時解決不了該怎麼辦時，150 名學生幾乎異口同聲地回答：有困難當然是找父母解決。當被問到今後準備從事什麼職業時，竟有 70% 的學生說要先回家問過父母後才能回答。家長、教師本來就是孩子心目中的權威，再加上有些家長習慣於替孩子設想一切，所以容易造成孩子唯命是從，不敢於甚至不敢想違背家長或教師意願的事情。

◇ **理解上的障礙**：現實生活中，很多家長對孩子限制頗多，總是要求孩子這個不能做，那個不能為，這讓許多孩子造成理解上的障礙心理學認為，對問題的本質缺乏清晰的理解是一個人遇事拿不定主意並產生心理衝突的原因，這是因為孩子涉世未深，對一些事物缺乏必要的知識和經驗。

◇ **缺乏溝通**：有些家長因為工作忙，和孩子之間缺乏溝通，不理解孩子，也往往造成孩子的畏懼心理，不敢說、不敢做自己想做的事情。

◇ **缺乏訓練**：這種孩子從小在溺愛的家庭中過著「茶來伸手，飯來張口」的現成生活，父母是他們的拐杖。這種孩子一旦獨自走上社會，遇事就比較容易出現優柔寡斷現象。

◇ **家長管得太緊**：家庭從小管束太嚴，這種教育方式教出來的孩子只能循規蹈矩，不敢越雷池一步。一旦情況發生變化，他們就擔心不合要求，左右徘徊，拿不定主意。

幾歲到十幾歲的孩子往往都以自我為中心，家長如果不能體察他們的內心世界，不注意尊重他們的自主要求，一味按照自己的想法為他們規定學習和生活的模式，孩子的依賴性就會越來越強。這樣的孩子長大後，很可能會成為一個優柔寡斷、遇事毫無主見的人。

現實生活中，那些富有影響力的人，通常是那些既能為人著想，又不失主見的人。沒有主見、做事猶豫不決是一種性格上的缺陷，對孩子的成長非常不利。

首先，那些沒有主見的孩子，在心理上是自卑的。即對自己的知識、能力、才華等作出過低的評價，進而否定自我。自卑的人在交往中，雖有良好的願望，但是總是怕別人的輕視和拒絕，因而對自己沒有信心，很想得到別人的肯定，卻又常常很敏感地把別人的不快歸為自己的不當。所以總一味責備自己，討好別人。

其次，沒有主見的孩子因為對自己沒有信心，所以對某些事情難以下決定，瞻前顧後，猶豫不決，容易受他人影響。

再次，沒有主見的孩子遇事優柔寡斷，拿不定主意，是意志薄弱的表

現。他們在做一件事情之前往往要反覆比較、動搖，結果錯過了爭取成功的時機，最後一無所獲。

最後，沒有主見的孩子的口頭禪是「我再想想」、「我先問問我媽媽」、「我不知道對不對」也因為如此，很多人不喜歡與沒有主見的人交往。

總之，一個人遇事反反覆覆，猶豫不決，總是下不了決定，是意志薄弱的表現，它直接影響著一個人選擇能力的形成，而選擇能力的強弱又對人的成功與否有著至關重要的作用。可以說，人是在各種各樣的選擇中度過人生的每一階段的。其中，有些選擇會直接影響自己或他人一生的命運。而優柔寡斷、猶豫不決，正是選擇的大敵。

孩子將來要獨立面對紛繁複雜的社會，身邊再沒有大人的話可聽，而自己又拿不定主意，那可能要誤事吃虧的。因此做父母的要儘早教會孩子遇事有自己的見解，教會孩子學會對自己負責，鍛鍊他們「拍板」的能力。

▌給孩子自己做主並獲得成功的機會

一位媽媽曾這樣介紹了她培養女兒有主見的方法：

女兒從幼稚園一直到上小學，她的事情都是我包辦，她樂得逍遙自在。可是，在學校這個大團體裡，孩子的弱點很快就顯現出來了，老師說什麼她就做什麼，同學講什麼她也就信什麼。

為了能讓女兒對事情有自己的見解，我為她提供了許多實務的經驗。買衣服時，讓她自己選擇款式、顏色；買書包時，無論是米奇卡通公主系列的還是史努比系列，都由她自己決定；買文具、課外書等都是如此。

開始時，她動不動就問我哪一種更好，我會告訴她：「自己的事情自己決定，自己喜歡哪一種就要哪一種。」

就這樣，從買東西開始，女兒漸漸有了自己的主見。每當我們母女的眼光出現差異時，她都會對我說：「媽媽，我認為我選的這個樣式比較好，因為……」而且還會像個小專家似的說得頭頭是道。

可見，要想培養孩子有主見的個性，父母就應該給孩子提供更多自己做主的機會。

✧ **吃的自主**：在不影響孩子飲食均衡的情況下，父母可以讓孩子自己選擇吃什麼。例如飯後吃水果時，父母不必強迫孩子今天吃蘋果，明天吃香蕉，可以讓孩子自己挑選。

✧ **穿的自主**：父母帶孩子外出玩耍時，在保證安全的前提下，可以讓孩子自己決定穿什麼衣服，切忌隨自己喜好而不顧孩子的感受。

✧ **玩的自主**：不少孩子在玩遊戲時，並不想讓成人教給他們遊戲規則，更願意自己決定遊戲的方式，並體驗其中的樂趣。父母可讓孩子自己選擇玩具和玩的方法，這樣做可以極大滿足孩子的自主意識，幫助他成為一個有主見的人。

幫助孩子建立自信心

自信心是一個人對自身力量的理解和充分估計，它是自我意識的重要組成部分。有的孩子看不到自己的能力，認為自己做什麼都不行，總覺得不如別人，對自己力量的理解和可能達到的成就估計不足，不穩定，完全從屬於別人的評價。因此，無論什麼時候一定要對自己有信心。

不要讓孩子覺得你的回答是唯一標準的答案

開啟、啟動孩子的大腦需要家長的耐心，面對孩子一次次的詢問，家長可表現得「無知」一些，讓他立即從你那裡得到正確答案的欲望被

延遲。如可以這樣反問孩子：「你想怎麼做？」或者多給他幾個答案，「喝水可以用杯子喝，也可以用碗喝，還可以用嘴對著瓶子喝，你想怎麼喝？」

提高孩子分辨是非的能力

我們一般是按自己喜愛和厭惡的情緒來判斷人物和事物的是與非。控制能力差的孩子往往會看別人怎樣做，自己就跟著別人學，難免會有沒有主見的表現。所以孩子要透過成人對他們行為、言語的評價，逐步理解到自己行為的是與非，從而提高分辨是非的能力。

讓孩子有參與的機會

孩子做事缺乏主見，通常與家長缺乏和孩子的溝通、做事武斷、不注意尊重他們的要求有關。因此，家長應該給孩子充分表達自己願望的機會，給孩子獨立思考的機會。

為孩子提供及時的幫助

讓孩子有主見並不是鼓勵他去盲目地做事情，而是讓孩子在掌握了事情的發展趨勢的情況下再去做事情。因此，在孩子進行重大決定時，家長可以引導孩子收集資料，了解和熟悉各選項，這有助於孩子進行科學選擇。

如果孩子平時自主性很差，家長也可以和他一起分析資料，找出各選項的利弊，最後了解孩子作出選擇的動機。如果孩子平時就很有主見，家長則可以讓他自主完成選擇。當然，不同年齡段的孩子具有不同的自主能力，家長這種把關的尺度也應不一樣。

讓孩子學會說「不」

一位媽媽曾寫下了下面一段話：

慢慢地，我意識到，兒子已經是大孩子了，應該有自己的想法了。於是，找了一個合適的時間，我開始與孩子聊天。

「如果你吃飽了，媽媽還要你吃飯，你會怎麼做？」我問孩子。

「我告訴媽媽我已經吃飽了，不吃了。」孩子說。

「如果你正在寫作業，媽媽過來和你聊天，你會怎麼做？」

「我會告訴媽媽我正在寫作業，請不要打擾我。」孩子認真地說。

「兒子，今天你的回答都很對，你要記住，不要盲目地相信大人，有自己的想法就要大膽地說出來，大人們不會因為你的拒絕而不喜歡你，相反，我們會認為你是一個很有主見的孩子。」

後來的很多事情都證明，我鼓勵孩子學會說「不」是正確的。

從此以後，孩子變得更有主見了。

一個不懂得拒絕別人的孩子，在別人眼裡永遠都是唯唯諾諾、沒有想法的。所以在日常生活中，媽媽要鼓勵孩子說出自己的想法，敢於對別人不合理的要求說「不」。

當然，值得注意的是，培養孩子有主見不是讓孩子不聽勸告、一意孤行，而是希望孩子在面臨選擇時保持清醒的頭腦，不人云亦云，有自己的思考和判斷。

自信成就「最好的自己」

自信心在孩子的成長過程中所起的作用是無法估量的。如果孩子是個自信的人，那麼他就會處世樂觀進取，做事主動積極，勇於嘗試，樂於接

101

受挑戰。自信心是一種積極的心理特質，是人們開拓進取、向上奮進的動力，是一個人取得成功的重要心理素養。自信心在個人成長和事業成就中具有顯著的作用，這種心理特質應該從小培養。

自信心是比金錢、勢力、家世、親友更有用的條件，它是人生可靠的資本，能使人努力克服困難，排除障礙，去爭取勝利。對於事業的成功，它比什麼東西都更有效。

自信是孩子開啟獨立自主大門的鑰匙，它有時甚至比能力更重要。就算一個能力一般的人，他一旦擁有了自信這個良好的心理狀態，就能最大限度地發揮自己的潛能，做出意想不到的成就來。

自信心是成長的動力，自卑心會成為成長的障礙。與孩子一起成長，播種智慧，播種希望！自信心是伴隨我們一輩子的事情。

而孩子如果缺乏自信，那麼他就會在任何事面前表現出柔弱、害羞、恐懼的心理，不敢面對新的事物，不敢主動與人交往，從而失去很多學習和鍛鍊的機會，影響自身的發展。而且，長期缺乏自信會讓孩子產生「無能」的感覺，產生自卑等不良心理，甚至可能自暴自棄、破罐破摔，那將是很可怕的。

幫助孩子建立信心，是父母的責任。具體來說，家長可以從下面幾個方面來努力。

▌發現孩子身上的閃光點

事實證明，能力再弱的孩子也有自己的「亮點」，父母要從發現孩子的優點入手，及時地給予肯定和鼓勵，不斷地強化孩子積極向上的認同心理。

傑克‧威爾許（Jack Welch）出生於西元 1935 年 11 月，1981 年 4 月成為奇異公司（General Electric Company）歷史上最年輕的董事長和執行

長，2001 年 9 月光榮退休。從入主奇異公司起，他用 20 年的時間，將一個彌漫著官僚主義氣息的公司打造成了一個充滿朝氣、富有生機的企業巨頭。在他的領導下，奇異公司的市值由他上任時的 130 億美元上升到 4,800 億美元。威爾許被譽為「最受尊敬的 CEO」、「全球第一 CEO」、「美國當代最成功最偉大的企業家」。

威爾許從小就患有口吃。說話口齒不清，因此經常鬧笑話。威爾許的母親想方設法將兒子這個缺陷轉變為一種激勵。她常對威爾許說：「這是因為你太聰明了，沒有任何一個人的舌頭可以跟得上你這樣聰明的腦袋。」於是，從小到大，威爾許從來沒有對自己的口吃有過絲毫的憂慮與自卑。因為他從心底相信母親的話：他的大腦比別人的舌頭轉得快。

在母親的鼓勵下，口吃的缺點並沒有阻礙威爾許學業與事業的發展，而且這個弱點反而成為他的一種特有的標幟與資本。美國國家廣播公司（National Broadcasting Company）新聞部總裁邁克爾就對威爾許十分敬佩，他甚至開玩笑說：「傑克真有力量，真有效率，我恨不得自己也口吃。」

威爾許的個子不高，卻從小熱愛體育運動。讀小學的時候，他想報名參加校籃球隊，當他把這想法告訴母親時，母親便鼓勵他說：「你想做什麼就儘管去做，你一定會成功的！」於是，威爾許參加了籃球隊。當時，他的個頭只有其他隊員的四分之三高。然而，由於充滿自信，威爾許對此始終沒有察覺，以致幾十年後，當他翻看自己青少年時代在運動隊與其他隊友的合影時，才驚訝地發現自己幾乎一直是整個球隊中最弱小的一個。

青少年時代在學校運動隊的經歷，對威爾許的成長很重要。他認為自己的才能是在球場上培訓出來的。他說：「我們所經歷的一切都會成為我們信心建立的基石。」在整個學生時代，威爾許的母親都始終是他最熱情的啦啦隊隊長。所有親戚、朋友和鄰居幾乎都聽過一個威爾許母親告訴他

們的關於兒子的故事。而且在每一個故事的結尾，她都會說，她為自己的兒子感到驕傲。

不把孩子的缺點掛在嘴邊

對於孩子來說，父母的話具有很大的權威性。父母不僅不要經常談論孩子的缺點，更不能對孩子說結論性的話，比如說「笨蛋……你真沒救了」等話。可能那些話對父母而言只是一時「脫口而出」，但在孩子的心目中卻常常會留下很深刻的印象。父母即使發現了孩子的某些缺點，也要採用暗示的方法告訴他，以避免對孩子產生心理壓力。

適當誇大孩子的進步

孩子即使沒有進步，父母也應該尋找機會進行鼓勵。如果孩子確實有了進步，父母就應該及時誇獎他們「進步很大」。這樣一般都可以調動孩子心中的積極因素，促使孩子期望自己取得更大的進步，孩子就有可能取得事半功倍的奇效。

幫助孩子建立自信心

俗話說，「笨鳥先飛」、「勤能補拙」。父母提前讓孩子掌握一些必要的知識和技能，等到與同伴一起學習的時候，他就會感覺到「這很好學」，在別的孩子面前就會揚眉吐氣，孩子就可能比別的孩子學得快，自然就會信心百倍了。

告訴孩子「你能做到」

家長在教育孩子時，最容易犯的錯誤就是事先假定孩子什麼也不會做，什麼也做不好，所以事事都會阻止他們自己做，都要替他們做好。殊

不知，這麼做的結果是使孩子慢慢地對自己失去信心，失去自己努力去探索、去追求、去鍛鍊的自覺性。這樣，大人們也忘記了只有透過各種鍛鍊和磨練才能使孩子成為一個有用之人的道理。所以，要盡量避免這樣一種先入為主的錯誤，而應該用激勵的辦法去促使孩子主動做事情，不要以年齡為由去阻止孩子做某件事情。

「你能做好」，這是家長大腦中首先要設定的一個前提。應該相信，孩子和大人一樣也能把事情做好，孩子隨時隨地都應該學習生活的本領。雖然有成功也有失敗，但不能因為失敗而否定孩子自身的價值，關鍵在於孩子是否敢於嘗試，是否敢於面對失敗，同時不致使孩子的自尊心和自信心受到影響。所以應該鼓勵孩子主動做事情，既不能打擊孩子，也不要過分表揚，因為過分的表揚容易使孩子產生驕傲情緒。總之，要適當地對孩子進行鼓勵和表揚，讓孩子得到一種自我滿足，增強自尊和成就感，從而不斷增強自信心。

給孩子表現的機會

一個人只要體驗一次成功的快樂，便會激起他無休止地追求成功的力量和信心。因此，引導孩子了解自己的長處和短處，就會揚長避短，增強信心。

如果家長能掌握每個孩子的亮點，點燃孩子的自尊心，打消孩子的自卑感，並以此激發孩子鼓足勇氣、建立信心，就能促進孩子的全面發展。

適當的時候家長要示弱

兵兵剛上幼稚園，媽媽每次接他回家走到樓下時，他總會說：「媽媽，我很累！」媽媽一開始還真以為兒子剛上幼稚園中午睡不好，回家時會感到疲勞。因孩子年齡小，加上心疼兒子，媽媽便毫不猶豫地背起他爬

上六樓。但接下來的幾天，只要一走到樓下，兒子就喊累，慢慢地，媽媽明白了兒子說累的真正原因：因為家住六樓，他不想自己走上樓。

有一天，快走到樓下時，媽媽靈機一動，心想：何不在兒子面前示弱一下？於是媽媽學著兒子平時撒嬌的樣子說：「兒子，今天媽媽也很累，你在媽媽心目中是一位男子漢，作為男子漢，你能幫媽媽做些什麼嗎？」聽媽媽這麼一說，兵兵上下打量了媽媽一下，用手抓抓頭，將媽媽手裡的包包接過去，說：「媽媽，我來幫你提包包，我拉著你上樓吧！」

說完就提著媽媽的包，拉著媽媽的手，「一瘸一拐」地上了樓。媽媽在後面裝出很沒力氣的樣子，一邊上樓一邊喊著：「兒子，走慢一點，我上不去了。」兵兵一副很照顧媽媽的樣子說：「我拉著你，你可以慢慢走！」以後的日子，媽媽時不時在兵兵面前示弱，總是能收到意想不到的效果。

兵兵現在快 6 歲了，自理能力很強，在媽媽面前總是表現出男子漢的氣魄。幼稚園老師也反應兵兵很會照顧弱小的同學，在班上很受小朋友們的喜歡。

現在的獨生子女更多享受的是多個成人對他們的愛、對他們的照顧，很容易養成自私、自理能力差、不會體諒別人、缺乏愛心等缺點。如果成人能經常在孩子面前示弱一下，讓他們感到自己有時也很能幹，也能幫助成人做很多事情，相信孩子會慢慢自信起來。

夢想是孩子成長的心靈動力

夢想是什麼？夢想是花朵的色彩，是小鳥身上的羽翼，是人類創造美好新生活的心靈動力，是可以令一個人「雖九死而不悔」的生活嚮往，它會最大限度地激發一個人的熱情與潛能，促使他為實現自己的目標投入全部的努力。

這是一個典型的關於夢想的故事：

一天晚上，萊特兄弟（Wilbur and Orville Wright，Wright brothers）在大樹下玩耍，他們看到天上有一輪圓圓的月亮，覺得又亮又好玩，就商量要把月亮摘下來，放在屋裡當燈用。

於是，兄弟兩人就開始脫掉鞋子，爬上高高的大樹，希望站在樹上把月亮摘下來。但是，當他們快爬到樹頂的時候，一陣風吹動樹枝，把弟弟從樹上搖落下來。幸運的是，他被一根樹杈鉤住了衣襟，後來是爸爸把弟弟抱下來的。

爸爸一邊給孩子包紮傷口，一邊對他們說：「你們想摘下月亮的想法很好，但月亮並不是長在樹梢上，而是掛在天空中。想要摘到月亮，你們就應該造出一種會飛的大鳥，騎上牠到空中去摘月亮。」父親的鼓勵在年幼的萊特兄弟心裡留下了深刻的印象，後來，他們果然造出了會飛的「大鳥」。實現了自己的夢想。

有夢想才可能創造出奇蹟，這是萊特兄弟的故事要告訴我們的道理。

遺憾的是，今天的孩子離夢想是那麼遙遠！

一本雜誌在某調查問卷中設計了一個問題：「今後你想做什麼？」來自各個縣市的 2,855 名小學生參加了調查。

雜誌社的編輯認為，幾千名孩子給出的答案一定是五花八門，充滿了熱情與想像。但令人失望的是，編輯們僅能從 7.29% 的答案中看到熱情和想像的影子，這些答案中有「環遊世界、飛越萬里長空、研究奇形怪狀的生物、宇宙、外星人，到別的星球去工作……」而 92.71% 的小學生的回答幾乎千篇一律：「上一個好大學，找到一份好工作。」

小學生本應充滿童真與熱情，幻想與憧憬；未來對他們來說，也本應該多彩多姿、有著無限的可能。可是面對問卷，為什麼有這麼多孩子超乎

第三章　讓孩子成為「最好的自己」

想像地「務實」與「沉重」呢？這份調查得出的結論是：孩子的想法受成人功利思想的影響太深。

很多家長對自己的孩子的要求是：

✧ 好好學習，事事爭做第一；
✧ 出國留學；
✧ 好好學習，取得優秀成績，為爸爸媽媽爭口氣；
✧ 努力學習，將來找個好工作。

家長過早地把這種生存的壓力傳播給孩子，孩子自然也開始壓制自己內心的熱情與渴望，變得功利而現實，對他們來說，夢想即「幼稚」的代名詞。小小的孩子就如此「成熟」，讓人不能不為之嘆息。

事實上，夢想才是人生最寶貴的財富。人的一生能走多遠，很大程度上取決於童年的天地有多大。有夢想的人，天地就廣闊。夢想一旦萌發，就夢牽魂繞，無論能不能實現，始終是一種激勵。因此，家長應珍惜孩子的願望和童真，鼓勵孩子展開想像，大膽幻想屬於自己的美好未來。具體的做法如下。

▍保護孩子的童心，永遠不要嘲笑孩子的夢想

西元 1969 年 7 月 20 日，尼爾‧阿姆斯壯（Neil Armstrong）和另外一名太空人一起乘坐「阿波羅 11 號」登上月球，完成了人類歷史上首次載人登月任務。這位 6 歲時就坐過飛機、未滿 18 歲就取得了飛行執照的太空人講了他小時候的一個故事：

有一次，他在院子裡玩耍，發出了很多古怪的聲音，媽媽在廚房裡聽到了，便問他：「你在做什麼呢？」小阿姆斯壯說：「我要跳到月球上！」媽媽沒有像別的母親那樣潑他冷水，而是說：「好啊！不要忘記回來喔！」

　　正因為阿姆斯壯的父母從小就保護他的「夢想」，所以，小小年紀的阿姆斯壯就對「月球」充滿了幻想，最終，他實現了自己的願望。

　　這個故事給家長帶來了什麼樣的啟發呢？孩子的夢想可能是荒唐的，也可能是怪異的，但它是童心上長出的一棵小草，家長如果能給孩子的夢想一分欣賞、一分呵護、一分引導，它可能就會長成一棵蒼天大樹。

為孩子建立正面榜樣

　　由於孩子最初的道德理想是從英雄的榜樣身上得到的，再加上少年期孩子有較強的模仿性，為孩子建立正面的榜樣十分重要。

　　大物理學家海因里希・赫茲（Heinrich Hertz）從小在叔叔身邊接受了很好的啟蒙教育。不幸的是，小赫茲 8 歲那年，年僅 37 歲的叔父早逝了。出殯那天，世界上許多著名學者不遠千里前來弔唁，甚至連皇帝、皇后也親自趕來奔喪。母親拉著赫茲的手，指著長長的出殯隊伍說：「你叔父獻身科學事業，受到全世界人們的無限敬仰，你要好好向叔父學習呀！」

　　赫茲把母親的話銘刻在心。從此，他一有空暇就閱讀叔父遺留下來的書籍和日記，每遇挫折時不屈不撓。皇天不負有心人，他最後終於成功了。

　　為了給孩子建立一個正面的榜樣，家長可以引導孩子閱讀英雄模範、先賢人物的書籍，觀看相關紀錄片，讓這些英雄模範和先進人物成為孩子的榜樣，以推動孩子努力學習。

對於孩子的夢想多一點「讚許」

　　在繪畫課上，老師對怎樣畫蘋果作了一番精心的指導後，便安排學生練習繪畫，交作業的時候，老師發現有個學生畫的蘋果是方形的，覺得很奇怪，便問這個學生：「蘋果都是圓形的，為什麼你要畫成方形的呢？」

第三章　讓孩子成為「最好的自己」

學生回答說：「因為媽媽把蘋果放在桌上時經常會滾到地上，如果蘋果是方形的，那就不會掉到地上了。」

這位學生就是根據「不讓蘋果再掉到地上」這個目的和希望創造出了方形的蘋果。這個時候，作為老師是允許孩子創新還是喝止孩子的「胡思亂想」呢？明智的老師可能會說：「你真是個有想法的孩子，我相信經過努力，有朝一日你一定可以發明出方形蘋果的！」而一個缺乏創新意識的老師可能就會責備孩子：「蘋果怎麼可能是方形的呢？這個世界上從來都沒有方形的蘋果！」兩種方式，其教育結果也是我們可以想像得到的。前者教出的一定是一個富有創新精神的、有理想的孩子；而後者則是孩子創新能力的劊子手，只會把孩子的創新能力扼殺在「襁褓」裡！為了你的孩子更富有創新精神，在今後的社會中更有競爭力，請給孩子的夢想以讚許吧！多一分讚許，就會多一種可能！

▌給孩子灌輸夢想一定能成真的信念

世上每一本宗教典籍都在講述信仰和信心帶給人類的力量和影響。只要孩子相信夢想會成真，就會充滿動力，充滿自信。自信對孩子來說非常重要。建立自信其實就是一個人戰勝自己心理障礙的過程。有了自信，他就會主動參與一切活動，主動跟人交往，善於抓住機遇。信念猶如汽油，可推動人邁向卓越之境。同時，父母也必須與孩子的觀點和理念保持一致，要相信孩子一定能夢想成真。

福勒是美國一個黑人佃農七個孩子中的一個。他在五歲時開始工作，在九歲以前趕騾子維生。但他的母親是一位有夢想的女人，不甘於這種僅夠糊口的生活。

她時常同福勒談論她的夢想：「我們是窮，但我們為什麼應該貧窮呢？我不願意聽到你說：我們的貧窮是上帝的意願。我們的貧窮不是由於

上帝的緣故，而是因為你的父親從來就沒有產生過致富的想法。我們家庭中的任何人都沒有產生過出人頭地的想法。」

「我們應該有致富的憧憬」。這個觀念在福勒的心靈深處刻下了深深的烙印，以至於改變了他的一生。他開始想走上致富之路，致富的願望就像火花一樣萌發出來，並且，他相信自己能夠致富。如今，他擁有一個肥皂公司、四個化妝品公司、一個襪類貿易公司、一個標籤公司和一個報社，實現了他的商業夢想。

福勒夢想致富的故事告訴我們：你怎樣想像，你就有怎樣的人生。因此，家長的鼓勵很重要。不要因為孩子想得天花亂墜就責備孩子不理智、不務實、不用心做好眼前的事情。如果希望孩子做好眼前事，就用「遙遠的未來」來激勵孩子吧！

在親身經歷中培養孩子的理想

對於孩子來說，再沒有什麼比自己親身體驗、親身經歷更有說服力了。因此，要讓孩子實現遠大的理想，家長應該讓孩子親身去體驗實現理想帶來的榮耀與震撼。

巴勃羅‧畢卡索（Pablo Picasso）3歲半時，父親的朋友、歐洲著名畫家安東尼奧（Antonio Rotta）抵達他們所在的馬拉加市，連國王都出動了，為安東尼奧舉行了盛大的歡迎儀式。作為市立博物館館長的父親帶上小畢卡索專程參加歡迎儀式。從此畫家的神聖地位在小畢卡索心中留下了深刻印象，他因此喜歡上了繪畫。

增強孩子的抗挫能力

幾乎所有的父母都在擔心孩子遭受打擊，陷入困境，害怕他有挫折感。但大多數成功的人都經歷過挫折，而且正是他們當初的坦然面對，才

成就了今天的事業。人在經歷困難挫折之後才會真正地成長，而曾經的那些苦難經歷反倒成為人生一筆難得的財富。它磨練了人的韌性，激發出人的潛能。因此，當孩子失敗時，父母應教導他如何面對失敗。因為任何參與競爭的人都必須學會面對失敗，學會如何從失敗中走出來並繼續前進。從失敗中可以學到很多東西，沒有失敗，就等於從未嘗試。

如果孩子因為擔心而不敢嘗試，家長不妨鼓勵孩子：「別怕，你能做到！」當然，還可以讓孩子驕傲地喊出：「不怕，我能做到！」這個「能做到」中包含的是孩子對夢想積極主動、不怕挫折的熱情。

第四章　成長需要培養好特質

　　馬克西姆‧高爾基（Maxim Gorky）說：「單單愛孩子，母雞也會這樣做，但要善於教養他們，卻是一件偉大的事業。」這裡的「教」即教育孩子成長，教孩子做人；「養」即特質的養成，健康人格的建構等。對於孩子來說，好特質遠比知識和技能更重要。因為，知識和技能可以隨時隨地學習、吸收與更新，而特質一旦形成，就很難改變。因此，家長應從小培養孩子良好的特質。

善良是最寶貴的特質

「善良」指的是內心的「純真溫厚，和善，沒有惡意。」也就是和善而不懷惡意的意思。它是人類最初，也是最美好、最寶貴的特質。有了善良，人們才會同情弱者；有了善良，社會才會扶危濟困。善良是人生的雨露甘霖，善良使世界充滿仁愛，讓歲月溢滿溫馨。

然而，現代社會，到處充斥著不友善、不和諧。

許多社會事件讓人不寒而慄。難以想像，如此缺乏人性、讓人寒心的行為在我們的生活中竟時常發生，這是「惡」的倡狂，這是「善」的缺失。於是，許多家長便產生了這樣的憂慮：缺乏「善良」的社會，到處都是險惡的陷阱，到處都是尖利的寒冰，如果孩子過於善良，將如何生存，如何立足呢？

實際上，家長的憂慮是多餘的，「善」是人與獸的基本區別，一個缺乏善良之心的人如「獸」，他怎能受到人們的歡迎呢？而「善」是有感染力的，一個善良的孩子所到之處都是「善」與「仁愛」的蹤跡，都是溫馨如花的暖暖春意。

五歲的漢克和爸爸媽媽哥哥一起到森林工作，突然間下起雨來，可是他們只帶了一件雨衣。

爸爸將雨衣給了媽媽，媽媽給了哥哥，哥哥又給了漢克。

漢克問道：「為什麼爸爸給了媽媽，媽媽給了哥哥，哥哥又給了我呢？」

爸爸回答道：「因為爸爸比媽媽強大，媽媽比哥哥強大，哥哥又比你強大呀！我們都會保護比較弱小的人。」

漢克左右看了看，跑過去將雨衣撐開來擋在了一朵在風雨中飄搖的嬌弱小花上面。

　　真正的強者是善良、充滿愛心、富有責任感的。責任讓他將事情做完整，愛促使他將事情做得更好，而善良則能讓責任與愛完滿。因此，我們從善良的孩子身上感受到的是感動，是體貼，是內心情感的豐盈，這樣的孩子難道不幸福嗎？而一個缺乏善心的人，他的內心將永遠荒蕪、貧瘠，這樣的人即便擁有再高的智商，也很難有所作為。因此，作為父母，要用自己的愛教育孩子「從善如流」，從小培養孩子博愛、同情、寬容的特質。

　　古人鄭板橋就非常注重培養孩子善良的特質。

　　鄭板橋52歲才生下一個兒子。他愛孩子，教育孩子從小熱愛大自然。為了讓孩子感受大自然的美，於大自然中接受各種薰陶，培養善待大自然的良好特質。鄭板橋在孩子出生後斷奶不久，就毅然把孩子送出縣衙，直接託付給弟弟，讓孩子在農村安家，在人與自然協調的環境中健康成長。

　　鄭板橋以童心塑童心，陪孩子一起玩。孩子愛玩小動物，鄭板橋就以此為契機教育孩子：我們想開心，但鳥或蟲子卻不開心，這對小動物是非常殘忍的，我們應該關心愛護小動物！

　　鄭板橋注種孩子的善良教育，他讓孩子從小善待疾苦弱勢族群。對於身邊的「貧家子弟、寡婦之兒」及周邊家人兒女，都要一視同仁。只要有好吃的東西，就請孩子分發給別人，讓大家都能共享。他對孩子說：「對於弱勢族群疾苦者，要傾注愛心，善待他們，周濟貧苦同學紙墨筆硯，不能倨傲施捨，讓人難堪。」

　　善待別人，寬大為懷，是鄭板橋善良教育的重點。他怕孩子有優越感，告訴孩子無論如何都要尊重別人，尊敬師長，生性殘忍的人是不受歡迎的！

　　在鄭板橋的教育下，他的孩子從小就養成了善良、富有愛心的特質！

　　孩子生性善良，會同情別人，家長若加以正確的引導與教育，孩子因為善良而得到的收益將是無窮的！

那麼，如何培養呢？空洞的說教和良好的願望是遠遠不夠的，具體應從以下幾方面入手。

▎為孩子創建一個健全的愛的環境

研究證明：培養善良的心，就應該給孩子一個健全的愛的環境。孩子在這種環境中，能享受到他人給予自己的關懷，培養出一顆善良的心。

子女之愛：孩子對父母的愛是對他們所感受到的父母之愛的回應。他們自尊、自愛、孝順、負責任等特質都是從父母的行為中效仿來的。所以，作為家長，我們要給孩子正確的愛，做好榜樣。

同伴之愛：看到家長愛他們的同伴，孩子也會學著愛自己的朋友。家長要多創造機會讓孩子和他的同伴在一起。因為，與人相處本身就是一種教育，孩子能從與人交往中學會理解、分享、團結、幫助。

夫妻之愛：夫妻關係的和諧美滿，對孩子也是一種教育，孩子可以從父母之間相互關心和愛護中學會理解、接納、欣賞、真誠和肯定等美好的特質。夫妻之愛給孩子傳遞的忠誠觀念，也是培養孩子「善良」心靈的關鍵。

父母之愛：當孩子在接受了以上三種愛的教育以後，他們就會成為一個善良、有健康特質的人，當他們成為父母時，才能把正確的愛、善良的特質傳遞給自己的孩子。

▎讓孩子明白什麼是善良

要讓孩子懂得什麼是善良，為什麼善良會令人滿意（不必透過說教的方式）。父母可以在某些特定的場合下，抓住時機，向孩子解釋，讓孩子知道所有的人都非常喜歡善良的人。向他介紹一些友好待人和表達善意的簡單方法，讓他學會考慮周全，並讓他懂得：幫助了別人，自己也會感到莫大的快樂。

為孩子營造表達善意的實踐機會

孩子受到別人的友善相待會感到非常愉悅，這清楚地告訴他善行是一件多麼令人愉快的事，但更為重要的是，透過這樣一個機會，讓孩子懂得只要與人為善，自己也會獲得快樂。孩子對一些小動物友好和親近，從中也能感受到感激和忠心，懂得善行的好處。

賞識孩子善意的舉動

如果孩子所做的事得到了肯定和表揚，那麼他還會繼續這麼做。因此，當孩子幫助了別人，或替別人著想時，你要及時告訴他你非常贊成他的這一舉動，鼓勵他為別人多做一些令人愉快的事情。如果他因為善良的行為違背了父母的某些規定，受到別人的嘲諷，家長也應該告訴孩子：「你做得對，我們為你而驕傲！」

當孩子為了善良而失去名譽和利益，不要埋怨他，而應去賞識他的善良。告訴孩子：「這件事比名譽更重要，你所獲得的遠大於你所失去的！」

每個孩子的本質都是善良和真誠的。如果父母對他們的善良給予支持和賞識，那他們這種善良的行為就會強化；如果父母誤解了他們的善良，那他們的善良行為就有可能弱化。因此，賞識孩子的善良、肯定他們正確的行為，有利於培養孩子正確的人生觀和價值觀。

家長要注意自己的言語

如果希望孩子善良，家長千萬不能說這樣的話打擊孩子：

✧ 你怎麼這麼蠢呀！老是上當受騙，都已經跟你說了，外面的騙子多，要小心。

✧ 好心是不會有好報的，你管好自己的事情就可以了！

✧ 好心幫倒忙，現在吃虧了吧？活該！

✧ 就你能做出什麼好事情呀！

✧ 那隻小貓髒兮兮的，別碰，說不定有什麼病菌呢！

✧ 那個老太婆就愛裝可憐，不要理睬她！

　　善良的特質必須在童年時細心培養，否則難有效果。因此，父母對周圍的人應表現出真摯的感情，並幫助身邊正遭受痛苦和不幸的人。如果父母能以自己的善良感染和薰陶孩子，在孩子的心中撒播善良的種子，那麼孩子就能成長為一個健康、善良、富有同情心的人。

成長需要持之以恆

　　在生活中，很多孩子都有做事情缺乏忍耐力的缺點，剛開始時，他們總喜歡大張旗鼓，可只要遇到一點點困難，就會失去耐心，半途而廢。之後，他的注意力很快又會被新的目標所吸引，當然，因為不會堅持到底，往往又會不了了之。

✧ **故事一**：小玲每次做事都怕遇到挫折，比如積木碰倒了就不肯再玩了；看故事書碰到不認識的字，就不願意再往下看；練習騎腳踏車摔倒了，就不想再繼續練習了；玩棋時發現快要輸了就說不想玩了，要不就是生氣地把棋子全部都弄亂，根本就玩不下去了……
為此，媽媽總是嘆氣：「這孩子做事情老是半途而廢，以後怎麼與人競爭？怎麼能成得了大器？」

✧ **故事二**：峰峰是個興趣廣泛的小男孩，他什麼都想嘗試，但經常三分鐘熱度，結果一件事情也沒有做好。
媽媽發現峰峰做事缺乏目的性和針對性，總是想做什麼就做什麼，累

了就放棄，從不堅持做到底。於是每次睡覺前，媽媽都讓峰峰將自己的玩具收拾好，再到衛生間洗臉、洗腳，峰峰有時能做到，有時實在太累了，就賴在床上什麼都不做。讓媽媽感到非常傷腦筋。

一個週末，小表弟來峰峰家玩，和峰峰比賽堆積木，看誰堆得又快又高。小表弟有條不紊地將積木一塊一塊地往上堆，倒了就重來，積木堆得越來越高。但峰峰哪有這個耐心，一下子就不耐煩了，他隨便找出一塊積木往上堆，結果積木全倒了。峰峰羨慕地看著小表弟搭的「高樓」，面對自己的積木發呆。

像小玲和峰峰這樣的孩子在生活中很常見，總是無法堅持做完一件事情，害怕困難，一遇到困難就妥協，因此，當別的小朋友在享受成功的果實時，他們往往只有羨慕別人的份了。久而久之，孩子就會懷疑自己的能力，產生自卑心理，這對孩子的成長是不利的。

漫漫人生路上，每個孩子都會遇到很多困難，只有做到在困難面前不輕言放棄，努力奮鬥，才能讓孩子的潛能得到最大地發掘。因此，培養孩子堅持不懈的意志應從小做起。以下是培養孩子堅持力的一些建議。

▎讓孩子懂得堅持不懈的重要性

家長應經常告訴孩子，堅持就是勝利，堅持就能成功。對孩子堅持做事的習慣，家長應給予及時鼓勵，要求並督促孩子將每一件事情做完。鍛鍊孩子的意志，家長要有決心和恆心，要捨得讓孩子吃苦。

▎透過身邊小事讓孩子養成做事堅持的習慣

在日常的生活中，家長可以多利用身邊的小事加強對孩子堅持力的培養。比如，讓孩子學會自己疊被子，自己收拾自己的房間。剛開始，孩子也許會因為感覺新鮮而去做，但是過一段時間，孩子就會膩煩，不想做

了。這時候，父母就要督促孩子，讓孩子用心去做，直到把一件事做完為止。要讓孩子明白，堅持就是勝利。

為讓孩子的堅持力進一步提高，僅僅讓孩子做一些生活中的小事是遠遠不夠的，還要有意識地給孩子設置一些障礙，讓孩子在克服困難中學會堅持，在克服困難中養成堅持的習慣。每一個人的堅持力都是在困難中磨練出來的，越是在困難中長大的孩子，堅持力就越強。

引導孩子獨立活動

家長應盡可能讓孩子獨立活動，如讓孩子自己穿衣，自己收拾玩具，自己完成作業等。孩子在進行這些活動時，要克服外部困難和內部障礙，在克服這些困難的過程中，使其意志得到鍛鍊。倘若孩子不能完成這些活動，也不必忙著去幫助，而應「先等一下」，讓他自己克服困難去解決。當他戰勝了困難，達到了目的，就會體會到一種經過努力終於勝利的滿足感。在這個過程中，孩子克服困難的勇氣和信心也就隨之增強了。

讓孩子從克服小困難開始，善始善終

家長要嚴格要求孩子，讓孩子克服困難，做事善始善終，而且必須堅持到底。如，父母可以帶著孩子堅持早上跑步，持之以恆，久而久之，也會逐漸培養起孩子堅持不懈的品格。當孩子經過努力出色地完成一項工作後，家長要及時給予表揚，來強化孩子做事能堅持下去的好習慣。

讓孩子自己制定計畫

培養孩子堅持不懈的精神，是一個循序漸進的過程。

開始，家長可幫助孩子制定計畫，但事先應徵求孩子的意見。待孩子有了初步的計畫意識，就可以逐漸讓孩子自己學著安排自己的事情。在此活動

中，關鍵是要讓孩子學會堅持，及時發現孩子的興趣，培養孩子的毅力。

比如，家長可以這樣給孩子制定計畫：每天背五個單字，或每天讀一篇短文，每天做五道數學題等，並讓孩子將這些成果每天記錄在一張紙上，貼在牆上。（這很關鍵，一定要讓孩子看到自己的成績，他會十分驚訝。哇！這麼多呀！）或是將每天的成果用夾子整理在一起，等一段時間，他會看到他的成績，潛移默化地告訴孩子一個道理：日積月累，積少成多；不怕少，就怕堅持，堅持了就會有收穫。當孩子有了收穫，取得了成績，他就會認同這種做法，以後，自覺的學習習慣就養成了，不用再讓家長督促了。

和孩子一起制定目標

家長應該指導和幫助孩子制定短暫和長遠的目標，使孩子有努力方向。孩子心中有了目標，有了「盼望」，他就會為實現目標而去努力，表現出堅毅、頑強和勇氣。但制定目標時必須注意：

◇ 制定的目標一定要具體、切實、可行，只要自己努力就可以達到。如每天跑 200 公尺或 300 公尺、500 公尺，可依孩子的年齡與體力而定。定下的目標必須是只要堅持就一定能做得到的。不要定那些諸如考試、比賽拿第幾名之類的目標，因為名次不只決定於自己的努力，還有許多外在的不確定因素，別人的成績不可能由你來掌握。

◇ 制定目標前要與孩子商量。要說明任務的艱難，讓孩子真心接受，並對克服困難有足夠的心理準備。商量時允許孩子提出自己的意見，並盡可能尊重孩子的意見。不可勉強，更不能強加給孩子。

◇ 目標如果是合理的，那就應該要求孩子堅持執行，直到實現為止，不可遷就，更不能半途而廢。

▍讓孩子學會自我控制

　　孩子的意志是在成人嚴格要求下養成的，也是他們在日常生活中經常自我控制的結果。家長應經常啟發孩子加強自我控制。自我鼓勵，自我禁止，自我命令以及自我暗示等都是鍛鍊意志的方式。比如，當孩子感到很難開始行動時，可讓他自己數「三、二、一……」或自己給自己下命令：「大膽一點！」、「不要怕！」、「再堅持一下！」等。

▍增強孩子完成某一任務的信心

　　交給孩子任務時，要把任務交代具體，並提醒他在完成任務中可能會遇到的一些困難，讓孩子有充分的心理準備，然後再教給他一些克服困難的方法，使孩子做到心中有數，以增強其完成任務的信心和勇氣。

　　此外，家長還可根據孩子的特點，透過講故事、看電影、參觀烈士紀念館、閱讀書籍等，讓孩子學習典型人物，啟發自我教育，培養孩子堅持不懈、堅忍不拔的精神。

節儉是一種美德

　　于文是一名小學三年級的學生，個性乖巧，功課又好，深得全家人的喜愛。但是她有一個改不掉的壞習慣，就是喜歡浪費紙張。往往不到學期結束，一本好好的筆記本就被她撕得只剩下兩張皮。老師對她的這種做法非常反感，常常告誡她不要這麼浪費，可她卻不以為然：「反正我爸爸、媽媽會買給我，浪費幾張又沒什麼？何況，他們也不怕我浪費呀！」

　　隨著社會生活水準的提高，越來越多家長的「節儉」意識開始淡漠了。他們認為「節儉」是過時的詞。事實上，家長們忽視了非常重要的

一點，「節儉」是一種美德，美德是永遠不會過時的。正如左丘明說的，「儉，德之共也；侈，惡之大也」。孩子如果從小習慣了過鋪張浪費的生活，久而久之，他們對物質的需求就會越來越膨脹，以至於深陷墮落奢靡的生活陷阱裡而不能自拔。

這是一個真實的故事：

小丁因家境富有，爸爸媽媽寵愛，過慣了「奢侈」的生活。為了在同學面前有面子，他花錢如流水，動不動就請客吃飯。

後來，家裡發生了意外事件，財產幾乎損失殆盡。就在爸爸媽媽一籌莫展的時候，小丁卻對爸爸說：「爸，明天是我們班長的生日，他和我的關係特別好，給我 5,000 元，我要到 KTV 幫他開包廂辦慶生會。」

兒子的話讓爸爸大吃一驚。孩子小小年紀，竟然要拿錢請同學到包廂過生日？爸爸對孩子說：「兒子，你知道我們家最近出了意外，爸爸哪有錢給你請同學過生日？再說，同學過生日，你為何非要請他到那種場所消費？」

小丁卻不以為然：「我知道你最近沒錢，但幾千塊總拿得出吧？再說，請班長過生日，我就是想讓別的同學看看，我們家多富有。」

聽著小丁理直氣壯的回答，爸爸哀嘆不已，面對家庭困境，兒子不僅不聞不問，而且還理直氣壯地跟父親要錢去消費，這只怪自己以前對孩子花錢不加控制，才導致孩子有這樣的消費觀念。

那天，為了給孩子一個教訓，爸爸狠下心沒有給小丁錢。小丁在家裡又哭又鬧，沒有得逞，最後連課都不想去上了。

因為怕同學嘲笑，小丁動了「偷」念頭，他趁爸爸媽媽不注意，偷了家裡僅剩的幾千元，跑出去幫班長慶生。

這一故事讓人唏噓不已，當家裡的生活陷入困境時，作為家庭中的一

員，小丁非但不理解父母的苦衷，依然貪圖虛榮、講究排場，為了所謂的「面子」，甚至偷錢幫同學過生日，這樣的情況是多麼讓人傷心呀！殊不知，孩子之所以會有這樣的不良行為，追根溯源，是家長忽視節儉教育，沒有讓孩子養成良好的消費習慣造成的。

因此，要想讓孩子走出金錢的漩渦，家長應重視培養孩子節儉的特質。

◇ **營造節儉的家庭生活氛圍**：在日常生活中，家長要以身作則，用自己的節儉行為影響孩子，用自己艱苦樸素的作風感染孩子。

美國的山姆·摩爾沃爾頓（Samuel Moore Walton）是個擁有 85 億美元的富翁，但是他卻住在一座小鎮上的普通房子裡，平時開一輛舊福特車，像一名普通工人一樣穿著工作服，其生活也同樣樂趣無窮。他的後代常以此為榮，並繼承著這一良好的家風。

◇ **讓孩子從小事做起，養成節約的習慣**：首先在使用學習用品上要講節約，不要因為寫錯一兩個字就撕掉一大張紙，不要老是碰斷鉛筆芯。同時要在生活上節約，如夏天空調調到 26℃，又節約又環保；洗菜的水可以沖廁所；用完電器一定要把插頭拔掉；用電腦列印資料，一張紙正反兩面都用；隨手關燈；學習用品用完再買；不亂花錢。

◇ **經常給孩子講勤儉持家的道理**：教會孩子量入為出。父母要經常給孩子講勤儉持家的道理，讓孩子懂得一粒米、一滴水、一度電來之不易，都是人們辛勤工作換來的。要讓孩子學會利用廢舊物品，比如用易開罐做個花籃，將舊涼鞋剪成拖鞋穿。這樣既可培養孩子的節約習慣，又是一種手工練習。

◇ **杜絕孩子虛榮比較的心理**：要想讓孩子養成節約的習慣，家長還應該教育孩子不與別人比較，不愛慕虛榮；購買物品不追求品牌，要看實

際價值；看到特別喜歡的東西，也要三思而後行，不要看到了就買。

✧ **讓孩子自己賺錢，培養其自力更生、勤儉節約的習慣**：美國一些百萬富翁的兒子，常在校園裡撿垃圾，把草坪和人行道上的破紙、冷飲罐收集起來，換取學校給他們一些報酬。他們一點也不覺得難為情，反而為自己能賺錢而感到自豪。有的家庭經濟並不困難，也要讓八九歲的孩子去打工送報賺零花錢，目的就是要培養孩子自力更生、勤儉節約的習慣。

✧ **幫助孩子理解節儉的價值**：家長要用節儉的故事教育孩子，讓孩子知道節儉是必要的美德。在教育中，父母要讚賞節儉的行為，批評奢侈浪費。父母要讓孩子理解生活的艱難，理解人在生活中難免會遇到各種困難，而節儉則可以做到有備無患，幫助人度過難關。

　　學會節儉對於孩子的健康成長影響極大。節儉可以使人集中精力，把身心投入到學習和事業上來，這關係到一個人一生事業的成敗。節儉可以培養一個人堅強的意志和戰勝困難的不屈不撓的精神，是人生的巨大財富。節儉有助於體察他人的疾苦，培養對他人的愛心，有利於健康人格的形成，這些對於孩子的成長極為重要。

　　讓孩子從小學會節儉，就要讓孩子適當嘗嘗「苦」頭，沒有吃過苦的孩子和在蜜罐裡泡大的孩子根本不知道財富來之不易，也根本不知道珍惜自己擁有的幸福。許多孩子沒有經歷過艱難困苦，根本不懂得「節儉」二字，只要求吃好的、穿好的，玩具也是越多越好，越高級越好，如果達不到要求就會生氣。有的孩子隨便拋撒浪費糧食，不愛護衣物，隨意破壞玩具……他們不知道糧食和玩具等來之不易，更不知道珍惜自己擁有的東西。

因此，讓孩子知道好日子來之不易，培養孩子節儉的特質，已成為越來越多的父母努力的方向。許多「以儉養德」的事例告訴我們：要把孩子培養成有志向、有追求、有出息的人，勤儉節約、艱苦樸素的教育是不可或缺的，這是父母能夠給孩子的享用不盡的財富。

讓孩子養成勇敢的特質

「勇敢」是什麼？「勇敢」是勇於敢為人先的精神或特質。只有那些有勇的人，有勇氣敢為人先的人才能被稱作是勇敢的人。縱觀古今中外，但凡事業成功者，都是具有超常膽識之人。這些人處變不驚，屢敗不餒，目標一旦定下來就勇往直前；而性格怯懦、膽小怕事者，就很難體驗到成功的喜悅。

曾在報紙上看過這麼一則關於勇敢與成功的故事：

一位女大學生剛畢業時，到一家公司應徵總務會計工作，面試時便遭到拒絕，原因是她太年輕，公司需要的是工作經驗豐富的資深會計。女大學生卻沒有氣餒，一再堅持。她對主考官說：「請再給我一次機會，請允許我參加完筆試。」主考官拗不過她，答應了她的請求。結果，她通過了由人事經理親自複試的筆試。

人事經理對這位女大學生頗有好感，因她的筆試成績最好，不過她的話卻讓經理有些失望，她說自己沒有工作過，唯一的經驗是在學校掌管過學生會總務。找一個沒有工作經驗的人做總務會計不是公司的預期，人事經理決定到此為止，便說：「今天就到這裡，如有消息我會打電話通知你。」

女孩從座位上站起來，向經理點點頭：「不管是否錄取，請都給我打個電話。」

　　經理從未遇到過這種情況，一下子呆住了。不過他很快回過神來，問：「你怎麼知道我不給沒有錄用的人打電話呢？」「你剛才說有消息就打，那言下之意就是沒有錄取就不打了。」

　　經理這時對她產生了濃厚的興趣，接著問：「如果你沒被錄用，我打電話，你想知道些什麼呢？」「請告訴我什麼地方不能達到你們的要求，我在哪些方面不夠好，我可以改進。」

　　經理也微笑道：「我不會打電話了，但我現在通知你，你被錄用了。」

　　細細想來，其實道理很清楚：故事中的女孩之所以能夠獲得成功，與她的勇氣是分不開的。在面對拒絕和失敗時，女孩毫不放棄，以勇敢的心態去主動爭取，透過自己的勇敢改變了即將到來的敗局，贏得了成功。女孩的這種勇氣正是所有想獲得成功的人都必須具備的特質。正如一位哲人所說：「勇敢和智慧，是一對孿生兄弟，你如果沒有勇氣叩開你想走進的那扇大門，那麼，你永遠都不可能知道那門後的祕密。」這個故事就是一個最好的例證。

　　當然，對於孩子來說，勇敢不僅能為他們贏得成功的機會，更蘊含著生存的希望。

　　有兩隻小鳥蜷縮在鳥巢中，等待著外出覓食的媽媽回來，可是幾個小時過去了，媽媽還沒有回來，牠們餓得直叫，其中一隻小鳥說：「我要展翅高飛，出去覓食。也許開始有些困難，但我不會失敗，因為我們生下來就是要飛的。」

　　牠的弟弟不放心地說：「你千萬不要飛，因為你的羽翼還不豐滿。」語音剛落，小鳥哥哥已經蹦到了枝頭，展開了雙翅，一開始牠差點跌到地上，但又振翅飛了起來。牠在高空對弟弟喊道：「你看，並不像想像中的那麼困難吧！加油啊！飛起來吧！」

第四章　成長需要培養好特質

　　小鳥弟弟嘆了口氣，無精打采地縮在鳥巢中，兩小時過去了，哥哥叼了幾隻小蟲回來了，還向弟弟講述了外面的精彩世界。

　　小鳥哥哥講完後，說：「如果你願意，就跟我一起飛吧！」弟弟回答說：「我的翅膀肯定不如你的硬，我會摔到地上，被別的動物吃掉的，我很害怕。」

　　第二天，有一條蟒蛇驚醒了小鳥弟弟，牠開始靠近小鳥弟弟，但小鳥弟弟並沒有逃跑，蟒蛇問道：「你為什麼不飛？」小鳥弟弟回答說：「我以前錯過了飛的機會，現在想飛，卻已經晚了。」就這樣，小鳥弟弟被無情的蟒蛇吃掉了！

　　試想一下：如果小鳥弟弟能跟哥哥一樣勇於挑戰困難，還會發生這種悲劇嗎？

　　這些故事都說明：勇敢是一個人處於逆境中的光明，勇敢能幫我們掃除一切障礙並獲得成功。家長如果想讓孩子擁抱成功，那麼，請幫孩子克服怯懦，使孩子變得勇敢。

　　從小培養孩子勇敢的品格意義重大。

　　首先，勇敢能讓孩子擺脫害怕心理，使孩子能夠大膽、積極地投入生活，與人交往。

　　其次，勇敢的孩子不怕失敗，更不怕被嘲笑。他們敢於積極踴躍地在班上發言，即使錯了，也不會有負擔。

　　再則，勇敢的孩子獨立性強，勇於承擔責任。他們不依賴大人，遇到事情能夠獨立解決。

　　另外，勇敢的孩子敢於據理力爭，只要認為自己是對的，便會遵循原則，毫不退讓。

　　可以說，孩子擁有了勇敢，就擁有了成功的先機。當然，要想讓孩子

成為一個勇敢的人也不是一件容易的事，因為人並非天生就具備勇敢的特質，勇敢的獲得需要培養、需要鍛鍊、需要在生活的基礎上一點一點地累積起來。

那麼，家長應如何培養孩子勇敢的特質呢？

▍創造一個溫馨祥和的家庭氣氛

溫馨祥和的家庭氣氛，使孩子在心理上有安全感，這樣孩子就不會一遇到事情就驚慌失措，擔心害怕。

▍培養孩子的獨立性

日常生活中，家長要處處注意培養孩子的獨立性、堅強的毅力和良好的生活習慣，鼓勵孩子去做力所能及的事情，讓他們學會自己照顧自己。當孩子遇到困難時，不要一味包辦，而要讓他們自己想法解決。當然，開始時父母要予以必要的指導，使孩子慢慢學會自己處理各種事情，而不能一下子就不問不管，結果使孩子手足無措，更加膽小。

▍給孩子自己成長的空間

在蛾的世界裡，有一種蛾叫帝王蛾。帝王蛾的幼蟲時期是在一個洞口極其狹小的繭中度過的。當牠的生命要發生質的飛躍時，這狹小的通道對牠來講無疑成了鬼門關。牠嬌嫩的身軀必須拚盡全力才可以破繭而出。太多的幼蟲在往外衝的時候力竭身亡，不幸成為「飛翔」這個詞的悲壯祭品。有人懷了悲憫惻隱之心，企圖將那幼蟲的生命通道修得寬闊一些。他們拿來剪刀，把繭子的洞口剪大，這樣一來，繭中的幼蟲就不必費太大的力氣，輕易就能從那個牢籠裡鑽出來。

但是，所有因得到幫助而破繭而出的蛾都不是真正的帝王蛾。牠們無

論如何也飛不起來，只能拖著喪失了飛翔功能的雙翅在地上笨拙地前行！原來，那「鬼門關」般的狹小繭洞恰是幫助帝王蛾幼蟲兩翼成長的關鍵所在，穿越的時刻，透過用力擠壓，血液才能順利送到蛾翼的組織中去；唯有兩翼充血，帝王蛾才能振翅飛翔。人為地將繭洞剪大，蛾的翼翅就失去了充血的機會，這樣從繭中出來的帝王蛾便永遠與飛翔無緣。

現在的孩子需要的就是這種磨練，總是渴望有一雙援助的手將他們一路護送；現在的家長也多是「懷了愛憐之心」的父母，總是怕孩子吃苦受累，於是就把孩子的「生命通道修得特別順暢」，殊不知，這樣培育出來的孩子永遠也不會勇敢與堅強。

▎家長膽大，孩子才能大膽勇敢

小王屬於膽大的爸爸，但小王的孩子丁丁卻像媽媽，從小就膽子特別小。

有一次，小王帶著丁丁去公園。在公園的滑梯前，無論小王怎樣鼓勵，四歲半的丁丁就是不敢爬上公園裡的滑梯，儘管丁丁眼看著比他年齡小的男孩、女孩們興高采烈地在滑梯上爬上爬下，但還是不敢去嘗試。

小王絞盡腦汁，利用一切可以利用的機會，培養孩子的膽量。

在丁丁六歲半上小學時，從開學的第二天起，小王就讓他自己走過兩條街去上學。慢慢地孩子克服了退縮、自卑的心理，覺得自己可以做好自己的事情，一點一點變得大膽勇敢起來。

培養孩子的膽量，做家長的，自己首先不要害怕，抓住一切能讓孩子鍛鍊的機會，讓孩子自己去嘗試做一些他們認為不可能做到的事情，孩子慢慢就能建立起自信心，漸漸改掉膽小的缺點。

鼓勵孩子與人交往

可以多帶孩子到各種公共場合，別人對孩子表示的友好尊重，能使他感到快樂，孩子也會從中學會如何與人交往。最主要的是要讓孩子和同儕多接觸，並有意識地邀請一些小朋友到家中來，讓他盡一些做小主人的義務。

豐富孩子的視野

家長應該帶孩子到大自然中去，豐富孩子的視野，讓孩子多接觸外界的事物，多認識世界，鼓勵孩子去探索與嘗試，從實踐中培養孩子的勇敢特質。

對孩子進行勇敢教育

家長在對孩子進行性別角色教育時，應注意鼓勵男孩子要勇敢。家長應該適時對孩子的勇敢給予讚賞，但同時也要培養孩子的安全意識。

認真是成功的祕訣

時常有家長抱怨「我的孩子看似挺聰明，可是關鍵時刻總是迷糊，考試的時候不是漏了這個，就是錯了那個」「每天上課總把一些作業、文具落在家裡，非要別人幫助，才能把事情做好。」生活中類似的孩子還真不少。

小寶今年六歲半，上小學一年級，做作業總是隨隨便便，寫拼音丟三落四，遇到需要動腦筋的問題也不想思考，做作業的時候，假如家長不守在身邊，他就搞小動作。因為在幼稚園的時候小學課程基本都學過了，因此他有耍小聰明的心理，小寶的媽媽很苦惱，不知道怎樣才能幫助孩子改正不認真的缺點。

第四章　成長需要培養好特質

　　事實上，不認真在孩子成長過程中的影響不僅僅是學習不好，還會給孩子帶來不應有的障礙和困擾，輕則事倍而功半，重則嚴重影響孩子的社會交往甚至人身安全等。

　　要想使孩子不粗心，學習有效，家長需要培養孩子認真的習慣，認真就是一次性把自己的能力發揮到極致。當孩子能夠認真時，他們每次做事情都會做到最好，而且每次都會有一定的進步，這樣就會逐漸提升孩子的潛力。

　　那麼，家長應如何培養孩子認真的習慣呢？

了解孩子馬虎的原因

　　要糾正孩子馬虎、不認真的缺點，家長應該找到原因，對症下藥，這樣才能幫助孩子養成做事認真的習慣。孩子之所以「迷糊」，是由多方面原因造成的：

- ✧ 孩子年齡還小，各項發育還不完善，知識結構幼稚、單一，對事物的判斷不準確。
- ✧ 態度不認真，對學習缺乏責任心，敷衍了事，理解知識時囫圇吞棗，做事情時敷衍搪塞，馬馬虎虎。
- ✧ 缺乏興趣，對某件事缺乏興趣，導致孩子做這件事情時馬虎應付。
- ✧ 注意力不集中，不善於觀察。

　　了解孩子馬虎的原因之後，家長便可有針對性地對培養孩子認真的習慣。

用興趣激發孩子認真的潛質

　　培養孩子認真的習慣，只跟孩子講道理是沒用的，重要的是培養他的興趣和專注力，久而久之孩子就會養成認真的態度，形成認真的習慣。

某位著名畫家從小受母親的影響，對藝術有濃厚的興趣。那時候，母親經常在家中刺繡，畫家就一直在旁邊看著，漸漸地，他對圖案、繪畫萌發了興趣。

雖然很想學畫畫，但家裡根本負擔不起他的學費。那時候，畫畫幾乎是有錢人的專利。畫家便想了一個一舉兩得的辦法，他找來一根樹枝，把大地當畫紙，再把眼前的風光當臨摹的風景。他畫得非常認真，雖然在地上畫與在紙上畫有很大的差異，但他認為先在地上練好，以後學別的畫也就容易了。就這樣，他每天用這種繪畫方式認真地畫好每一幅「畫」，他堅信，只要自己認真畫，總有練好的那一天。

後來，畫家終於有機會圓了自己的畫畫夢，他有了新的學習機會，他比其他任何同學都珍惜這個學習機會，他認真地聽每一堂課，畫每一幅畫，精心雕琢自己的每一幅作品。終於成為享譽海內外的著名畫家。

他說：「其實我也就是有點認真的本事而已。」

正是因為對繪畫有興趣，所以畫家才能做到認真與堅持。並將之付諸行動。如果你覺得自己的孩子做事情總是馬虎，不認真，不如先了解孩子的興趣，從興趣入手，培養孩子認真的習慣，可能會收到意想不到的效果。

▌用比賽的方式激發孩子認真做事的好勝心

父母在教育孩子的問題上，應從每一件小事入手，讓孩子對每一件小事認真、負責，從而使孩子養成做事認真的態度和習慣。

芬妮要搬新家了，她存了一大罐硬幣，爸爸媽媽和芬妮商量，讓她將這些硬幣拿到銀行兌換成紙鈔。芬妮想到能換成大面額的鈔票，就欣然答應了。

現在的問題是，要將硬幣數清楚，這麼多硬幣，若一個人數，時間要很久。爸爸媽媽建議她將硬幣分成三份，爸爸媽媽和芬妮每人各負責數一份。

芬妮負責的那堆最小，一下子她就數累了，她開始東張西望，把剛剛數了多少也忘記了，結果，芬妮又重來了一遍。芬妮偷偷地看看爸爸媽媽，發現他們兩個人數得很認真，一枚硬幣一枚硬幣地數，一邊還在紙上記著數字。芬妮不想記，她嫌這樣太麻煩。

最後，當爸爸媽媽都數完時，芬妮才數了一點點。爸爸媽媽指出芬妮慢的原因，做事時總是分心，不認真。芬妮意識到自己的問題，最後，她終於將她的那一堆硬幣數清楚了。三個人的硬幣加在一起，一總共是 362 美元。

爸爸媽媽讓芬妮明白了一個道理，做事要堅持與認真，這對她的成長極有益處。事實上，培養孩子認真的習慣，家長需要做到有恆心，能堅持，從小事培養起，告訴孩子，凡事認真對待，才有成功的機會；只有在小事上認真，才能做好大事。這樣，孩子才能逐步養成認真學習，認真做事，認真對待一切事情的好習慣，並將這種習慣逐漸轉化為自己的一種能力。

放手讓孩子獨立，勇於承擔責任

經過教育和引導，家長還應該放手讓孩子獨立完成自己的事情。若孩子沒有做好，就應該讓他自己去承擔沒有做好事情的不良後果，並讓孩子從中吸取教訓。

教育孩子做事情認真、仔細、有始有終

家長要教育孩子做事情應該認真、仔細、有始有終，這就是把事情做好的方法，如果孩子能夠掌握則能受益終身。

做事情馬虎、毛躁、不踏實是成功的最大敵人。如果孩子受這個習慣影響，將很難做好每一件事情，今後更不可能有所建樹。

因此，家長應培養孩子認真的習慣，使孩子遠離浮躁、馬虎，認認真真、踏踏實實地做好每一件事情，一步一個腳印向前走。只要擁有認真的習慣，孩子的一生將受益無窮。「簡單的事做好了就不簡單，：凡的事做好了就不平凡。」這是成功與幸福人生的法則！

專心才能做到極致

有不少孩子從上學開始，家長們便不斷地聽到老師的反應：上課 10 分鐘後，就開始有小動作、說話，或上課分心，不專心聽講，不了解上課內容，不知道回家作業；有的孩子雖然看似安安靜靜地坐在那裡，實際上卻在神遊四方，心不在焉；作業中漏字、錯字、錯符號、抄錯數字；讀書時，錯字、漏字很多；考試中，看錯題目、漏題。孩子回到家，做作業時也不專心，一下子看電視，一下子喝口水，一下子又要上廁所，總之不拖延幾個小時作業是做不完的……

以上情況都是孩子注意力不集中、做事無法專心的具體表現。俄國教育家烏申斯基（Konstantin Uschinski）說過：「注意是心靈的天窗，只有打開注意力這扇窗戶，智慧的陽光才能灑滿心田。」的確，對於孩子來說，注意力是學習和生活的基本因素，注意力直接影響到孩子的認知和社會性情感等身心各方面的發展及學業成績的高低。因此，家長應從小培養孩子專注的習慣，對於孩子來說，做事專注的習慣將影響他們的一生。

那麼應該如何培養孩子專注的習慣呢？要培養孩子的專注習慣，需要家長從以下幾方面做起。

第四章　成長需要培養好特質

專注力的培養應在獨立、安靜的環境中進行

孩子的注意力與周圍的環境關係密切。獨立、安靜的學習環境，能讓孩子很快做到「入境」和「入靜」，而只有做到「入境」和「入靜」，孩子才能夠目的明確、思想集中、踏踏實實地學習，並取得良好的效果。相反，如果學習環境混亂嘈雜，就很容易給孩子造成心理干擾和情緒壓力，並使其產生焦慮、厭煩、不安等心態，結果導致孩子無法靜下心來學習。同樣，混亂嘈雜的環境也不利於孩子專注習慣的養成。

培養孩子的自制力

孩子專注的習慣建立在自我控制能力上，因此家長應培養孩子的自制能力。

培養孩子的自我控制能力可以在日常生活中有計畫地進行。應從幫助孩子控制外部行為做起，要求孩子在一段時間內專心做一件事，不要一下子做這個，一下子做那個（如不要邊吃飯邊玩）；看書、繪畫時要保持正確姿勢，不亂動、不亂摸。還可以讓孩子透過某項專業訓練，如練琴、書法、繪畫來培養自制力。訓練時最好固定時間、固定地點進行，每當孩子在習慣的時間和地點坐下時，注意力便條件反射地集中起來。

還可以用獎勵的辦法鼓勵孩子提高自制力。例如，一個平時寫字總是拖拖拉拉、漫不經心的孩子，如果承諾他認真寫字，按時完成任務之後就送一件他一直想得到的禮物，他一定會安下心來，集中注意力認真地寫字。

孩子要在規定的時間內完成作業

如果父母要求孩子在一定的時間內完成家庭作業，孩子就會按照父母的要求在規定的時間內完成。在這一限定的時間內，他就會集中注意力，努力認真地完成作業。

研究表明：不同年齡的孩子的注意力穩定時間是不一樣的。一般來說，5 ～ 10 歲的孩子能集中注意力 20 分鐘左右；10 ～ 12 歲的孩子能集中注意力 25 分鐘左右；12 歲以上的孩子可以集中注意力半小時以上。可見，如果讓一個 10 歲的孩子坐在那裡 60 分鐘，去專注地完成作業幾乎是不可能的。要根據孩子的年齡特徵，給孩子安排合理的時間，讓孩子在適當的時間內集中注意力，以保證完成作業或學習任務。

如果父母給孩子安排的作業過多，超過了孩子注意力穩定的時間，就應該讓孩子一部分一部分地來完成，使孩子的學習有張有弛，這樣才有利於孩子集中注意力，提高學習效率。如果父母不允許孩子中途休息，長時間地讓孩子做作業，甚至坐在孩子的旁邊監督，甚至還嘮叨不停，就非常容易使孩子產生抵觸心理，從而失去學習的興趣，注意力也就不能集中。

在興趣中培養孩子的注意力

興趣是最好的老師，不管誰在做自己感興趣的事情時，都會很投入、很專心，孩子也是如此。對孩子來說，他的注意力在一定程度上直接受其興趣和情緒的控制。因此，我們應該注意培養孩子把廣泛的興趣與注意力相結合起來。

培養孩子的興趣，可採取誘導的方式去激發。還可以利用孩子喜歡故事的特點，給孩子買一些有文字提示的圖畫故事書。讓孩子一邊聽故事一邊看書，並且告訴他這些好聽的故事都是用書中的文字編寫的，引發孩子識字的興趣。然後，教孩子認一些簡單的象形字，從而使孩子的注意力在有趣的識字活動中得到培養。

教給孩子專注的方法

劉煒的爸爸聽老師說，劉煒在上課的時候經常注意力不集中，很多時

候，老師問問題他都答非所問。為此，爸爸給要求劉煒上課的時候必須全神貫注，具體地講就是要做到以下幾點：

◇ **眼睛盯著老師**：老師的動作、板書、推導和演算過程，都不能遺漏。

◇ **耳朵跟著老師**：老師突出的重點、講解的困難點、強調的細節都必須聽清楚，弄明白。

◇ **筆頭要跟上**：聽課時的一些要點、聯想、感受，甚至靈感要隨手記下來，在書上也要有標注。

◇ **注意相關知識**：要邊看邊聽邊思考，注意相關知識的關聯，想得廣一點、深一點，總結出規律和方法。

爸爸意味深長地對劉煒說：「眼在、耳在、神在，那才叫上課。」

劉煒按照爸爸說的那樣做，上課注意力集中以後，再認真做作業，到期末考試，好像不用怎麼複習，拿出課本和筆記本一翻，老師講的都在眼前了。正因為如此，後來，劉煒的學習成績非常出色。

為此，劉煒深有感觸地說：「如果我爸爸只會要求我說『上課要集中精神，要聽老師的話，考試要考 100 分』，卻不告訴我具體該怎麼做，那我必定是一頭霧水。爸爸告訴了我，怎麼做才是全神貫注的表現。而我按照爸爸說的做了，也成功把注意力集中到學習上！」劉煒的例子告訴我們，只有教給孩子專注的方法，孩子才能更好地執行，並使之成為一種習慣。

多表揚孩子的進步

強化良好行為：當孩子出現一些良好的行為或比以前有進步時，如做作業比以前集中，小動作比以前減少時，給予表揚、獎勵（可以用喜歡他、關懷他作為表揚，可以用孩子非常喜歡的活動作為表揚，也可以用他喜歡的東西作為表揚）。多注意孩子的長處，多表揚他的優點。

家長以身作則

家長的言行舉止、行為方式對孩子的成長有著舉足輕重的示範作用。由此，家長要培養孩子專注的習慣，首先要從自身做起。如做事情的時候專心投入，玩的時候也盡情盡興。家長的這些做法會給孩子留下很深的印象，並以此為做事的準則來遵循。

總之，孩子專心的習慣是在學習和生活中循序漸進、慢慢養成的。家長對孩子的要求要有個梯度，不能要求孩子一下子就做到「心無旁騖」。如果孩子一時還不能達到要求，家長應耐心引導，給予信任。只有經過長期的訓練，孩子才能養成做事專注的習慣。

誠實的品行不可缺失

在德國，曾發生過一個令人震驚的故事：

西元 1946 年 7 月 4 日，凱爾采市的幾百名市民衝向街頭，追趕著一些猶太人，見了就打、就殺，有的猶太人被抓到帕蘭蒂大街 7 號的一幢房子裡活活打死。這場殘忍的屠殺從早上 10 點一直持續到下午 4 點，有四十多人被殺害，其中還有 2 人被誤認為是猶太人而被打死。

此時，德國法西斯已投降一年多了。

那麼，是什麼人主導了這場悲劇，原因是什麼？說了也許令人難以置信，這次屠殺竟是由於一個孩子的謊言引起的。

荷里安是一個鞋匠的孩子，當時他和父母剛從鄉村搬到凱爾采市，對城裡的生活很不習慣，他想回去找朋友去。7月1日，他偷偷回到了鄉村，3 天後又溜回了城裡。回來後，父親狠狠地揍了他一頓，並大聲責問：「你這頑皮鬼，這幾天跑到哪去了？是不是被猶太人拐走了？」孩子見爸

爸這副兇神惡煞的模樣，就順水推舟地「承認」這幾天是被猶太人拐走
了，還謊稱猶太人把他拐到帕蘭蒂大街 7 號的一個地窖裡虐待他。

正在氣頭上的父親立即到警察局報了案。在回家的路上，認識的人好奇
地問父子兩人發生了什麼事，他們就繪聲繪影地把荷里安被猶太人拐走的事
情講了出來。這些人聽了之後，非常憤怒，揚言要對猶太人進行報復，當
時，雖然第二次世界大戰已經結束了，但德國法西斯的排猶思潮未散。就這
樣，捏造的「事實」在幾小時內一傳十，十傳百，越傳越走樣，甚至傳說荷
里安被猶太人殺害了。一場針對猶太人的屠殺慘劇就這樣展開了。

如今，帕蘭蒂大街 7 號這幢房子已被改為紀念館，目的是讓世人記住
謊言給人們造成的傷害。而已經 60 歲的荷里安每當回想起這段往事，就
會有一種負罪感。

一個小小的謊言竟會釀成如此慘絕人寰的悲劇，這難道不值得我們引
以為戒嗎？也許你會說這種事情發生是事出有因，但是，在現實生活中，
孩子的謊言即便沒有這麼大的「殺傷力」，但同樣是一種欺騙與作弊的語
言表現，它不僅影響到孩子健全人格的發展，還影響到孩子的人際交往與
今後的生活；甚至還可能導致犯罪行為的發生。說謊的危害具體表現在以
下幾個方面：

✧ 說謊會讓孩子自尊受損。孩子因為說謊被人識破，就可能導致下不了
臺，在眾人面前失去自尊。一個人是不能沒有自尊心的，人失去自
尊，不看重自己，就可能自暴自棄，什麼事都做得出來。

✧ 說謊會讓孩子喪失信用、得不到別人的同情與幫助。它不僅害了別
人，也害了自己。在家裡說謊傷害父母，在學校說謊辜負了老師的期
望。最終，被謊言所傷害的不是別人，而是自己，因為自己將從此不
被信任，被他人所鄙視。

✧ 說謊會讓孩子失去美好的特質，迷失本性。因為讓謊言蒙住自己的眼睛，因為怕被識破，使謊言露餡，所以，孩子必須不斷用新的謊言來遮掩，這樣，不要說被孩子騙了的人，即使是孩子自己的日子也會過得亂七八糟。這些謊言一個接一個地說下去，最終會把孩子引到一條不歸路上，有可能還會斷送自己的一生，到那時候後悔也來不及了。

✧ 說謊會導致孩子心靈的折磨與煎熬。當孩子透過說謊達到目的之後，因為擔心自己的謊言被揭穿，所以總被恐懼所折磨。因此他們的心靈備受煎熬。

最新的研究顯示，說謊對身體健康有壞處。學者們在調查研究中發現：一個人說謊時，他的神經系統將受到不良影響。說謊常常引起人的交感神經興奮，使大腦的正常功能不能完全發揮，容易造成神經系統疾病或精神障礙。如果緊張情緒長時間得不到消除，脈搏跳動頻率就會加快，血壓上升，呼吸頻率加快，並使體內白血球的數目減少。調查還表明：經常說謊的人要比其他人更容易患高血壓、消化不良、胃潰瘍、便祕、皮膚過敏、偏頭痛、關節痛等疾病。即使一個人是在無惡意地說謊，也會使體內神經細胞受到不良的干擾，對身體健康不利。

總之，說謊的後果非常嚴重，它絕不是偶然說說的，如果一個人慣於用謊言欺騙別人，必定是從小就養成了這種習慣。為了讓孩子的雙眼不因此而蒙塵，培養孩子誠實的特質是我們每一個家長的責任。

專家建議，家長可以從以下幾個方面培養孩子誠實的特質。

✧ **以身作則，言傳身教**：父母是孩子最好的老師，一言一行都會影響孩子的成長。所以，為人父母不要把一些無關緊要的小謊言當玩笑，或為哄孩子亂承諾卻又不兌現；有錯誤要大膽承認，為孩子建立正確的榜樣；不要認為向孩子認錯有損自己的威信。

第四章　成長需要培養好特質

◇ **多與孩子交流溝通**：平常要多與孩子交談，透過交談了解孩子的心理需求，對孩子提出的問題，在孩子能夠理解的程度下，細心解答，並肯定孩子的求知欲。同時，透過與孩子的交談，告訴孩子父母對他的希望和要求。

◇ **從小對孩子進行誠實教育**：多向孩子講一些誠實的故事，從小對孩子進行正確的引導和教育，使孩子從小在潛移默化中認識到誠實的孩子招人喜愛，說謊的孩子不被人喜歡。

◇ **要滿足孩子合理的願望和要求**：對孩子提出的合理要求要盡量滿足，如一時無法滿足，必須向孩子說明理由。如果對他們的願望與要求不分青紅皂白地一律不予理睬或一味拒絕，就容易使他們說謊或背著家長做壞事。

◇ **正確對待孩子的過錯**：孩子或因自制力弱，或因年幼無知，或因其他偶然的原因，常會出現差錯。對此，家長要冷靜對待。孩子犯了錯誤，家長要本著關心愛護的原則，態度溫和地鼓勵孩子承認錯誤，說明孩子找出錯誤的根源，改正錯誤。這樣，孩子就會信任你，親近你，敢於向你說真話。

◇ **忌打罵與不分場合的批評**：孩子正是因為擔心懲罰才說謊的，打罵只會讓孩子更加不敢說真話，只有做到心懷寬容，對於孩子的誠實多鼓勵、表揚，才能讓孩子敢於承認錯誤，敢於說真話，也才能真正領略到說真話的好處。而不分場合的批評將嚴重傷害孩子的自尊心，這樣，孩子以後在人前將抬不起頭來，更會因此失去他人的信任，遭到同儕的嘲笑。

總之，要想讓孩子養成誠實的特質，家長應給予正確的教育和引導。

教育孩子要信守承諾

曾經有人在企業經理人員中做過一個調查，調查問卷的題目有兩個：一是「你最願意結交什麼樣的人」，二是「你最不願意結交什麼樣的人」。調查結果顯示：在「最願意結交」的人中，正直誠信的人排在了第一位；在「最不願結交」的人中，不守信的人排在了第一位。可見，誠信是做事之根、為人之本。

正所謂「人無信不立，企業無信不長」。重諾言，守信用，不僅體現著相互信任，而且也體現著道德的修養。

當今社會，對孩子的誠信教育已經成為了家庭教育和社會教育中一個重要的組成部分。如果我們的孩子能從小重諾言、守信用，必定能為自己的人生鋪墊更加平坦的道路，獲得更多成功的機會！

那麼，怎樣使孩子做到信守承諾呢？

▌父母對孩子要講誠信

不要隨意對孩子承諾，在向孩子承諾之前一定要三思，不能言而無信，在日常生活中，一旦允諾給孩子什麼，就要努力兌現。

曾子是著名的思想家。有一次，他的妻子要出門，兒子要跟著一起去。她覺得孩子跟著很不方便，想讓孩子留在家裡，於是對兒子說：「好兒子，你別哭，你在家裡等著，媽媽回來殺豬給你燉肉吃。」兒子聽說有肉吃，就答應留在家裡。曾子把這一切看在眼裡，記在心裡。

當曾子的妻子回到家時，看到曾子正在磨刀，就問曾子磨刀做什麼，曾子說：「殺豬給兒子燉肉吃。」妻子說：「那只是說說哄孩子高興的，怎麼能當真呢？」

第四章 成長需要培養好特質

曾子語重心長地對妻子說：「你要知道，孩子是欺騙不得的。如果父母說話不算數，孩子長大後就不會講信用。」於是，曾子與妻子一起把豬殺了，給兒子燉了香噴噴的肉吃。

在日常生活中，我們經常會聽到媽媽這樣警告孩子：「如果你再撒謊，我就用針把你的嘴縫起來。」但有人問這位母親：「如果孩子真的撒謊了，你真會縫上他的嘴嗎？」顯然，這位媽媽對孩子說的話本身就是不現實的，用這種方式來教導孩子是非常不可取的。

要想孩子養成守信的特質，媽媽首先要做到言行一致。如果媽媽言行不一，不履行承諾，孩子就會受到暗示，跟著模仿。例如，媽媽如果答應了孩子星期天帶他到公園去玩，就一定要去，如果兌現不了，應及時給孩子解釋，向孩子道歉，並作自我批評，讓孩子從內心理解和原諒父母，事後父母應設法兌現自己的承諾。

要培養孩子建立誠信觀

孩子的思想是單純的，父母要給他們建立一種誠信為人的觀念。教育他們與同儕交往要真心，對老師、父母不說假話，作業不抄襲，考試不作弊，對待他人要懂得「己所不欲，勿施於人」的道理，答應別人的事情就要做到，做不到就要道歉，接受懲罰。

給予孩子充分的信任

父母尊重、信任孩子，孩子才會反過來更加尊重、信任父母，信任父母的孩子是不會說謊的，因此，和孩子相互信任，孩子說謊的原因就不存在了。

然而，在現實生活中，我們經常會看到這樣的父母：他們要求孩子吃完飯在房間裡學習半小時，結果卻每隔五分鐘進去看一下孩子是否在偷

懶；他們要求孩子去買件東西，卻總擔心孩子把多餘的錢買零食吃。

父母的這些行為，往往導致孩子用撒謊來對抗，而父母卻認為自己的懷疑是有根據的，這就更加滋長了孩子的不誠信。蘇聯偉大的教育家馬卡連柯（Anton Makarenko）非常注意對孩子的信任，他認為，信任可以培養孩子的誠信。

有一次，馬卡連柯派一個曾經是小偷的學生去幾十公里外領取一筆數目不少的錢。這位學生由於曾經是小偷，在同學的眼中被視為異類，沒人與他來往，他非常渴望得到信任。

接到馬卡連柯的任務後，這位學生簡直不敢相信這是真的，他問馬卡連柯：「校長，如果我取了錢不回來了，你會怎麼辦呀？」馬卡連柯平靜地回答：「這怎麼可能？我相信你是一個誠實的孩子，快去吧！」當這位學生把錢交給馬卡連柯的時候，他要求馬卡連柯再數一遍。馬卡連柯卻說：「你數過了就行。」於是，隨手把錢扔進了抽屜。

事後，這位學生是這樣描述自己的心情的：「當我帶著錢在路上，一路上我在想，要是有人來襲擊我，哪怕有十個人，或者更多，我也會像狼一樣撲上去，用牙咬他們、撕他們，除非他們把我殺死！」

馬卡連柯就是運用信任的方法培養了這位學生誠信的行為。因為，用信任才能換來誠信。

▋ 從小對孩子進行誠實教育

在日常生活中，家長可以多向孩子講一些誠實的故事，從小對孩子進行正確的引導和教育，使孩子從小在潛移默化中理解到誠實的孩子招人喜愛，說謊的孩子不受人喜歡。

第四章　成長需要培養好特質

透過實例讓孩子明白誠信的重要性

進行誠信教育，家長需要借助實例、故事的形式講給孩子聽，讓孩子明白誠信對一個人來說是非常重要的，不誠信會帶來什麼惡果，誠信會有什麼收穫。

在美國華盛頓州塔科馬市，10歲的漢森正與小朋友在家門口的空地上玩棒球。一不小心，漢森將球擲到了鄰居的汽車上，把車窗玻璃打破了。

其他小朋友發現闖了禍，都嚇得逃回了家。漢森呆呆地站立了一下子，決定親自登門承認錯誤。剛搬來的鄰居原諒了漢森，但還是將這件事告訴了漢森的父母。當晚，漢森向父親表示，他願意將替人送報紙儲蓄起來的錢賠償鄰居的損失。

第二天，漢森在父親的陪同下，又一次去敲鄰居家的門，表示自己願意賠償。鄰居聽了漢森的話，笑著說：「好吧！你如此講誠信，又願意承擔責任，我不但不怪罪於你，而且從心底佩服你，希望你經常到我家裡來玩，我喜歡有誠信的孩子。」

由此可見，誠信自有它的收穫。如果孩子付出誠信，他就會收穫信任；如果孩子付出虛偽，他就會得到欺騙。

要注意提高孩子的理解程度

孩子有時表現出的不守信用，可能是由於孩子對事物無法理解，總把希望、幻想當作現實存在的，因此容易使孩子做出不守信用的事情。所以培養孩子面對現實，認清現實，減少對現實的誇大，也是避免孩子不守信用的重要對策。

切忌不問情由懲罰孩子

孩子不是生來就會撒謊的，說謊的重要原因之一是受到父母的不良影響，或者是父母對孩子不守信用，或者是孩子害怕說真話受到父母責罵，或者孩子只是即興而為。發現孩子撒謊，正確的做法應該是耐心地啟發孩子，讓孩子理解到自己的錯誤，如果孩子承認了錯誤，父母就應該諒解孩子並加以鼓勵和監督。

對孩子誠信的言行要及時表揚和鼓勵

例如：孩子答應了要把自己心愛的玩具送給同儕，並且真的做到了，這時家長應給予表揚，而不要心疼玩具被孩子送人而斥責他。家長應鼓勵孩子不管在什麼時候都要做到說話算話、講誠信。

此外，家長還應該告訴孩子，在承諾別人之前一定要慎重，考慮自己確實能夠做到的再答應別人，不然就失信於人了。特別是「天天」、「永遠」這樣的詞不能輕易用，因為基本做不到。也就是說承諾與應諾都應該適度，留有餘地，不要心血來潮胡亂答應。一旦答應了別人的事情，沒有做到，就等於食言了，一個經常食言的人，是談不上有誠信的。

做負責的人，做好負責的事

責任心，是指一個人對自己、對家人乃至對社會應盡的責任的理解和態度，它是一個人成長路上必不可少的特質，更是當今人才選擇的一項重要指標。加強孩子責任心的培養，對孩子將來的事業成功、生活幸福有很大幫助。蘇聯教育家馬卡連柯就曾明確指出：「培養一種認真的責任心，是解決許多問題的教育手段。」

第四章　成長需要培養好特質

　　一個有責任心的孩子，才會去努力，也才會有發展。有了責任心，孩子做事才會善始善終，不會因一點小挫折就產生懈怠的情緒而導致半途而廢。然而，責任心的缺乏卻是現在孩子在成長過程中普遍存在的問題。

　　趙樂樂是家中的獨生子，在家百般寵愛，從小過慣了「茶來伸手，飯來張口」的日子。

　　現在，樂樂已經小學四年級的學生，可是他依然什麼事情都不會做，連削鉛筆、整理書包、穿衣服、綁鞋帶這樣的小事都還由媽媽和奶奶代勞。

　　樂樂把這種「惡習」帶到了學校，班上的事情，他從來都不聞不問，有什麼事情問他，他也總是一問三不知，有時候，甚至不知道自己當天的作業是什麼。輪到他當值日生，還沒放學，他就已經跑得不見蹤影了，老師批評他，他也總是擺出一副不在乎、不負責任的模樣，翻翻白眼，漫不經心地說：「關我什麼事呢？我是來學校學習的。」

　　由於樂樂太缺乏責任感，所以同學們都不喜歡他，而他的成績更是差得讓人吃驚……

　　對此，爸爸媽媽困擾極了，他們不知道為什麼自己的孩子會是這個樣子。

　　故事中的樂樂之所以缺乏責任感，與他的家庭教育有很大的關係。家裡的大人出於「愛護」的心理，把樂樂的生活全部包辦，孩子要什麼有什麼，根本不用自己費心，久而久之，他不但喪失了獨立生存的能力，還養成了做事不負責任的習慣。這樣的孩子往往沒有禮貌、不懂得珍惜。

　　其實，作為孩子的家長，能給予孩子的最好禮物，應該是責任之根與獨立之翼。如果孩子缺少了這兩樣東西，不但會給自己招來煩惱，還會給家庭帶來負擔與悲劇。因此，家長應從小培養孩子的責任心，讓孩子自己的事自己負責，培養自己解決問題的習慣。

✧ **放手讓孩子自己的事情自己做**：家長要了解孩子在各個年齡階段普遍具備的各種能力。知道在什麼年齡，孩子應該會做什麼事情，那麼就可以放手讓孩子自己的事情自己做，而不依賴別人。比如，自己穿衣服、洗襪子、削鉛筆、理書包等。如果孩子從小養成了自己的事情自己做的習慣，他們自然而然就能把自己的事情視為應該完成的責任，這是培養孩子責任心最初的一步，也是最基本的一步。

✧ **在家裡給予孩子參與工作的機會和職位**：家長可以培養孩子工作的習慣，透過工作培養孩子的責任意識。讓孩子在家裡有固定的工作，如洗碗、掃地、拖地板、擦玻璃、取牛奶、拿報紙等天天都要做的事情，分幾件給孩子做，並且負責到底，這樣做有利於幫助他們了解生活，了解父母。更重要的是，讓孩子明白自己是家裡的一分子，需要承擔一定的家庭責任。

✧ **給孩子建立一個好的榜樣**：孩子會對自己喜歡和崇拜的人進行模仿，而父母在孩子心目中一般都具有絕對的權威。父母的言行舉止對孩子的影響是深遠的，巨大的。家長的一些所作所為，孩子是看在眼裡、記在心上，長期的耳濡目染不由得孩子不受影響，父母只有在生活中嚴以律己，給孩子做好表率，才能更好地去影響和教育孩子。

✧ **約定責任內容**：家長應該和孩子約定責任的內容，讓孩子明白該做什麼、怎樣做，否則將會受到哪些懲罰。孩子做事往往是憑興趣的，要讓孩子對某件事負責到底，必須清楚告訴他做事的要求，並且與處罰連繫在一起。如把洗青菜的家事交代給孩子，要是沒做好，便不能吃所有的菜。這樣，孩子才知道一個人是要對自己的行為負責的。

✧ **讓孩子品嘗挫折學會承擔**：孩子處於成長之中，對一些事情表現出沒有責任感也是正常的，因為許多時候他不知道責任是什麼，所以為了

培養孩子的責任感，家長可以適當地讓孩子體會一下處理事情不負責任的後果，教孩子如何去面對並接受這次失敗的教訓，從中獲得成長。如孩子在學校違規受罰，一定要支持老師的做法，不要想方設法去替孩子解圍。孩子接受到懲罰的後果，同時承擔能力也就增強了。

✧ **讓孩子養成「自己想辦法」的習慣**：從小讓孩子自己去解決自己的事情，遇到問題要自己想辦法，不要總想依賴別人替自己解決問題。如果孩子沒有辦法解決自己的困難，這時再給孩子一些建議，多溝通與指導，不要把自己的某種願望強加給孩子。

✧ **不要讓孩子推卸責任**：要培養孩子的責任感，家長應該要求孩子勇於對自己的言行負責，不論孩子有什麼樣的過失，只要他具備承擔責任的能力，就要讓他去勇敢地面對，不能讓他逃避和推卸，更不能由大人出面解決。比如孩子損壞了別的孩子的玩具，家長就應要求孩子自己去幫人修理或照價賠償；孩子一時衝動打傷了人，家長就應要求孩子自己去登門道歉，並鼓勵孩子去照顧被打傷的孩子。從中讓孩子明白，任何人都別想推卸自己的責任，讓別人去替他們收拾殘局是不可能的。

✧ **要求孩子做事有始有終**：良好的責任心是要靠堅強的意志和持之以恆的態度來維持的，而這恰恰是許多孩子所缺少的。孩子好奇心很強，興趣愛好也很廣泛，但是缺乏意志和自制力，遇到一點困難和挫折就打退堂鼓，不願意再堅持下去。這是孩子在成長中的常見問題，而非孩子沒有責任心。因此，為了增強孩子的責任心，家長平時就應該注意培養孩子做事有始有終、負責到底的良好習慣。

總之，責任心並不是與生俱來的，它需要在長年累月的生活中逐漸培養。無論在何時、何地，家長都要學會在點點滴滴的小事中培養孩子的責

任心，讓孩子扮演一些有意義的角色，使他們感到自己的行為對團體所產生的重要作用，增強孩子主人翁的責任感。這樣，孩子才會變得越發有責任心！

第四章　成長需要培養好特質

第五章　成長需要強大的心靈

　　現在的一些孩子，一方面承擔著沉重的學業負擔與父母的殷殷期盼，另一方面卻又找不到自己人生的方向與生命的價值，於是，他們很容易就陷入迷茫與無聊的生活狀態中。孩子不善於調節自己的情緒，不懂得如何處理生活和學業上的壓力，失去了追求，失去了求知甚至是生活的欲望。

　　因此，作為家長，不能僅僅重視物質的給予和孩子的學業。事實上，孩子內心的需求遠遠大於他們對物質的追求。關注孩子的心靈，把孩子培養成心靈強大的人，才能讓孩子有勇氣直面未來。

感恩給人力量

「感恩」的定義是：樂於把得到好處的感激呈現出來且回饋他人。一個人在感恩的時候，他的內心就在感受更大的恩，這恩是來自他自身的善意，因此，他會活得快樂而堅定，勇敢而有力量。因為懂得感恩，他們看待問題不會偏激，想事情不會光顧自己，他會顧全別人的感受，推己及人。

一個懂得感恩的孩子會更快樂、幸福、樂觀而容易滿足，他們不會因為小小的不如意就怨天尤人，不會因為一點點的失落就煩惱不已。一個感恩的孩子內心是溫暖的，因為，他們始終覺得自己是被喜愛、被幫助、被關懷的，孤獨感因此而驅散，對世界的懷疑和對抗也因此而消失。這樣的孩子更熱愛生活，珍惜生命，心態也更平和。

然而，在現實生活中，卻有這麼一些孩子，他們花樣翻新地講究吃，極盡考究地講究穿，理直氣壯地講究用，時尚休閒地講究玩。他們習慣父母無微不至的愛而不知道感恩，習慣於接受他人的幫助而不說「謝謝」，習慣豐富的物質享受而不懂得珍惜。他們多數人記不住父母的生日；對來自父母的照顧視為理所當然；比較心態強，不懂得珍惜幸福生活；不服從父母、師長的管教……這樣的孩子，只懂得索取，不懂得回報，其情感是匱乏的，內心更是貧瘠的，他們哪怕遇到一點點的不順利都會怨天尤人，把自己的不順歸結於他人對自己的不公平。這對孩子的成長極為不利，這樣的孩子更經不起風雨。

以下就是這麼一則故事：

王邱的學習成績很好。媽媽每天在家裡為他端茶倒水，伺候他如同少爺一般。

有一天早上，媽媽因為忙碌忘記幫他裝水了，結果王邱走出家門發現水壺裡沒有水，又退回來，狠狠地對媽媽講：「都是你，害得我要遲到了！」

還有一次，王邱要參加朗誦比賽，媽媽忘了把他的筆記本帶來，他也當著大家的面對媽媽大發脾氣，一定要媽媽回家把筆記本帶來才肯上臺，因為他有一句重要的臺詞記在筆記本裡了。等媽媽把筆記本拿來，比賽已經結束了，而他因為發揮不好沒有取得名次，於是更加責怪媽媽「服務」不到位，如果不是因為她忘記帶筆記本，他必定會取得第一名。說著說著，開始在大家面前對媽媽動手動腳。

這時候，王邱的媽媽才意識到自己平日對孩子溺愛過多而教育不足，自己總是把孩子的事情當作自己的事情來做，以致孩子把媽媽為他做的事情視為理所當然，絲毫不懂得尊重媽媽，不懂得感謝媽媽的付出。

可想而知，當時，王媽媽有多寒心！

事實上，父母愛孩子，這是一種發自內心的情感，這種情感使父母願意為自己的孩子做很多很多的事。而他們卻往往忽略了一個問題，教導孩子懂得感恩，告訴孩子對於別人的付出，一定要表示感謝，心懷感激。孩子只有心懷感激，才能把這種感激轉化為成長的動力。

有一位名叫尹禮遠的孩子，家境貧寒，父親左手殘疾，母親有智能障礙。因為從小就知道父母的艱辛與不易，小小年紀的尹禮遠顯得比他的同儕更加成熟與懂事，除了勤奮刻苦地學習，以此來報答親人對他的期望，還想方設法減輕家裡的負擔。

為了節省作業本，他寫了擦，擦了寫，至少要寫三遍；為了節省鞋子，暮春時，他就光腳，一直到立秋才穿鞋，若是遇到下雨、下雪天，即便是冬天，他也脫下鞋走路。假日還經常去工地做工賺學費。

他的故事感動了許多的人，因此，大家為他捐款、捐物資，援助他學習。而他對於大家的幫助始終心懷感激，更加努力地學習，最終不負眾望，取得了好成績。他說，他要把這種愛傳播出去，要做更多的事情回報這個關愛他的社會。

這就是感恩的力量。那麼，我們如何才能讓孩子懂得回報與感恩呢？

✧ **父母要反思自己的行為**：孩子缺乏感恩之心，與父母有很大關係。有的家長對待親人、朋友很吝嗇，不知道施以愛，比如對老人不孝，對家人不好，得到朋友的幫助，不知道感謝。所以，在教育孩子時，父母首先應該反省一下自己：當接受別人的關懷、幫助、祝賀時，是否表示過真誠的謝意？此外，淡化甚至忽略對孩子感恩意識的培養，讓孩子感受不到父母的關愛，將孩子萌芽的感恩之心給扼殺掉的行為，也是孩子不懂感恩的重要原因。

✧ **父母應身體力行，讓孩子看到你對長輩的孝敬**：孝敬長輩是日常生活中讓孩子體會感恩的最基本做法。平時多幫自己的父母做家事，並且告訴孩子：爺爺奶奶年紀大了，自己煮飯、打掃都很辛苦，平常沒有幫忙，所以回來時要多為父母做點事。這樣一來，孩子看到了父母的行動，知道了如何去感恩，以後自然也會幫助父母做家事。

✧ **家長應該讓孩子知道 ── 愛應該是雙向的，滴水之恩，當湧泉相報**：一個只懂得向他人索取而不懂得回報的孩子，長大後不僅不懂得孝道，不知回報親人，更不會幫助他人，自然也不會得到他人的相助。

✧ **讓孩子學會感謝自己身邊的人**：家長在與身邊的人乃至不認識的人相處時，都要給以積極的幫助，並且在得到他人的幫助時，要心存感激並把自己的感恩之心告訴孩子，讓孩子理解到受了別人的恩惠，不能忘卻。

要培養孩子的感恩之心，家長應讓孩子學會感謝身邊的人。

✧ **感謝自己的母親**：母親既給了孩子生命，又哺育孩子成長。應該多向孩子講述他們成長的故事，使孩子從小意識到自己並不是從石頭縫裡蹦出來，也不是山上撿來的，而是媽媽一點點養大的。當然媽媽在講述時要自然，感情要真摯，不可讓孩子覺得你在「居功自傲」，要讓孩子體會到無私和高尚的母愛。做父親的要細心，孩子們都很重視自己的生日，早早就在計劃自己的生日怎樣度過。有些父親幫孩子過生日很大方，花很多錢替孩子舉辦晚會，燭光閃閃，笑語歡歌，好不熱鬧，可是細心的父親不要忘記在給兒子切生日蛋糕前，告訴兒子選送一支鮮花給媽媽，感謝媽媽在這一天帶他來到這個世界上。

✧ **感謝自己的父親**：所有的母親都要教育孩子尊敬和熱愛自己的父親，告訴孩子父親的辛勞，父親為這個家庭所作的種種犧牲和努力。父親是家庭這艘大船的船長，感謝他給了我們安全和溫暖的家。教育孩子好好學習，好好做人，以報答父親的辛勤。

✧ **感謝自己的朋友**：有不少父母因對孩子的世界漠不關心，所以常常會忽視孩子之間的友情，結果造成對孩子的傷害。事實上，做父母的也應該重視孩子們之間的友誼，在孩子的世界裡自有一種父母無法想像的「法則」和相互間不可忽視的影響力。

✧ **感謝老師和學校**：學校從父母懷中把孩子接過去，將孩子變成了強健、善良、勤勉的少年。父母常常告誡孩子在學校要聽老師的話。但是要真正使孩子聽老師的話，首先要讓孩子尊敬老師，能細心體會到老師的辛勤教育而感謝老師。家長不能當著孩子的面批評老師或學校，一旦老師和學校在孩子心中失去了威信，那麼孩子教育的危機也

就來了，他不再聽從老師的教導，家長也無計可施。因此，父母們千萬要維護老師的威望。

感恩教育是家庭教育的重中之重。一個懂得感恩的孩子會更珍惜自己的生活，善於發現事物的美好，感謝他人給予的一切，感受平凡中的美麗，會以坦蕩的心境、開闊的胸懷來應對生活中的酸甜苦辣。讓孩子學會感恩，從而讓孩子以友善之心對待他人，尊重他人的工作，也更加尊重自己。總之，懂得尊重他人的孩子，他的內心永遠不會貧瘠！

讓孩子學會關愛

一次，某幼稚園老師對她所教的中班進行心理測試，其中有這樣一個題目：

一個小妹妹病了，冷得直發抖，你願意借給她外套嗎？

孩子們半天都不回答。當老師點名時，第一個孩子說：「生病會傳染，她穿了我的衣服，那我也會生病。媽媽還要花錢讓我看醫生。」第二個孩子則說：「我媽媽不同意。我媽媽會打我的。」結果，半數以上的孩子都找出種種理由，表示不願意借衣服給生病的小妹妹。

巧的是，這位老師的孩子也在該班，她實在不滿意這樣的結果，就問自己4歲的兒子：「一個小朋友沒吃早餐，餓得一直哭，你正在吃早餐，該怎麼做呢？」見兒子不回答，她又引導：「你會分給他吃嗎？」

「不給！」兒子十分乾脆地回答。媽媽又勸：「可是，那個小朋友都餓哭了呀！」兒子竟然答：「他活該！」

這不是特例。在現實生活中，孩子的這種自私、不懂得關愛他人的行為並不少見。表現在家庭中，許多家長以孩子為中心，好吃的東西總是給

孩子一個人吃，而孩子也覺得這是理所當然的事，好東西他們端到自己眼前，從來不會考慮家人吃不吃。表現在團體中，則更明顯，自私、不懂得關心他人的孩子總怕自己吃虧，工作時總是挑輕鬆的，把比較辛苦的事情留給別人；發書時，把好書留給自己，把破書留給別人；出去坐車時，總是跑在最前面搶占最好的座位，不管老師和體弱多病的同學還在後面站著。

孩子之所以養成這種自私的習慣，與家長的教育是分不開的。在生活中，很多家長把孩子捧在掌心，百般寵愛，導致許多孩子覺得自己生下來就是「小皇帝」、「小公主」，高人一等，別人都應該關心自己，卻不知道向身邊的人表達自己的關懷。事實上，這樣的性格是不利於孩子健康成長的。

作為父母，應該讓孩子知道，每一個人都是平等的，要獲得別人的關心幫助，首先要學會關愛他人。有這樣一句話：「投之以桃，報之以李。」一個懂得關愛他人的人，才能得到更多的人關愛，才能獲得更多的機會，也才能取得更大的成功。

在一個下雨的午後，一位老婦人走進費城一家百貨公司，大多數的櫃檯人員都不理她，只有一位年輕人問是否能為她做些什麼。當她回答說只是在等雨停時，這位銷售人員並沒有轉身離去，反而拿給她一張椅子。

雨停之後，這位老婦人向這位年輕人說了聲謝謝，並向他要了一張名片。幾個月之後，這家店長收到一封信，信中要求派這位年輕人前往蘇格蘭收取裝潢一整座城堡的訂單！這封信就是這位老婦人寫的，而她正是美國鋼鐵大王戴爾・卡內基（Dale Carnegie）的母親。

這位年輕人打包準備去蘇格蘭時，他已經是這家百貨公司的合夥人了。

這個年輕人之所以能得到這樣的幸運，就在於他比別人付出更多的關心和禮貌，這種行為是一種道德上形成的「本能」行為，也就是一種關愛他人的習慣。它體現了一個做人最重要的品格 —— 關懷他人的精神，

仁慈的高尚。這種精神和高尚不是一朝一夕就可以形成的，它必須從小做起，從小培養。

家長如何幫助孩子養成關心別人的好習慣呢？

▌愛心培養要從小做起

嬰幼兒期是各種特質形成的關鍵時期，愛心的形成也是在嬰幼兒時期，因此培養孩子的愛心，要從孩子很小的時候開始。在嬰兒時期，父母要經常愛撫孩子，對孩子微笑，讓孩子感受到父母對他的愛，這是孩子萌生愛心的起點。隨著孩子一天天長大，父母要把自己看做孩子的夥伴，陪孩子遊戲、聊天、學習，讓孩子感受到家庭的溫暖，感受到被愛的幸福，為孩子奉獻愛心打下良好的基礎。

▌父母要富有愛心

家長是孩子的第一任老師，舉手投足，都會給孩子留下深刻的印象，要讓孩子有愛心，家長就要做出有愛心的行動。比如要孩子愛父母，家長就愛孩子的祖父母，為孩子做好表率。孩子的心是潔白無瑕的，從小在孩子的心中種下愛的種子，孩子必將成為愛父母，愛他人，愛社會的人。

有一對知識分子，他們深深地懂得父母的言行在孩子成長中所起的重要作用。他們總是以身作則，並以此去引導孩子。

他們孝順長輩，在家裡，總是幫長輩倒茶、盛飯，逢年過節幫長輩買東西、送禮物，這些他們總是讓孩子知道，還常常請孩子發表意見應該送長輩什麼禮物。每當公司舉辦員工旅遊或活動，如果能帶家屬，他們總是帶上孩子和長輩，既讓孩子與長輩都能開闊眼界，更重要的是讓孩子能夠從中體會到父母對長輩的關心。

他們關心孩子，對孩子說話總是溫和、體貼，還常常與孩子進行情感

交流，給孩子適當的鼓勵和表揚，讓孩子直接感受到父母的愛。

　　他們夫妻之間互相關心，在餐桌上，總是不忘給伴侶夾一些對方愛吃的菜；每逢出差，在幫孩子買禮物的同時，總不忘給伴侶也買一份；吃東西的時候，他們總會提醒孩子給爸爸或媽媽留一份。他們還注意使用愛的語言·比如「你辛苦了，先休息一下！」「別著急，我來幫你！」「謝謝你為我所做的一切！」等。

　　這樣，孩子在父母的引導下，也學會了去愛他人。

培養孩子的移情能力

　　移情能力是指能設身處地地為他人著想、感受他人情感的能力。比如當看到別人生病疼痛時，要讓孩子結合自己的疼痛經驗而能感受到並體諒他人的痛苦，進而為他人提供力所能及的物質或精神上的幫助。

為孩子提供奉獻愛心的機會

　　許多父母只知道一味地疼愛孩子，卻忽略了給孩子提供奉獻愛心的機會。其實施愛與接受愛是相互的，如果讓孩子只是接受愛，漸漸地，他們就喪失了施愛的能力，只知道索取，不知道給予，並且覺得父母關心他是理所當然的。有的父母以為給孩子多點關心和疼愛，等他長大了，他就會孝敬父母，疼愛父母。其實這是一種誤解，沒有給孩子學習關愛的機會，他們怎麼會關愛父母呢？還有的父母認為孩子的任務就是學習，其他的都不重要，只有學習好了，將來才會有一個好的前程，於是什麼事都為孩子著想，孩子衣來伸手，飯來張口。學習固然重要，但是孩子的性格、習慣、特質、心理對孩子的成長、成才更重要，並且這些都需要在生活、學習中培養，不會一蹴而就。

第五章　成長需要強大的心靈

讓孩子自己照顧寵物或者種植物來表達自己的愛心

家長可以透過讓孩子自己照顧寵物或者種植物來表達自己的愛心，孩子從這樣的行為中可以鍛鍊最基本的責任心，從而成為善解人意的孩子。

有條件的家長可以在家中飼養一些小雞、小鴨、小貓、小狗等，讓孩子愛惜小生命，進而培養孩子的愛心。人們發現，幼年時期飼養過小動物的孩子，感情比較細膩，心地比較善良。相反，從小沒有接觸過小動物的孩子感情則相對比較冷漠，與同學發生矛盾衝突時表現為衝動易怒，出口傷人，行為粗魯，並且常常也會欺負弱小的同學。

所以，只要孩子願意養小動物和植物，父母應盡可能允許他去養。在家中養一些小狗、小貓、金魚等小動物，或者養一些花草，讓孩子去照顧，這樣往往會培養孩子的愛心。

保護好孩子的愛心

有時候父母由於工作忙或其他原因，對孩子表現出來的愛心視而不見，或訓斥責罵，把孩子的愛心扼殺在萌芽之中。比如有個小女孩為剛下班的媽媽倒了一杯茶，媽媽卻著急地說：「去去去，快去寫作業，誰叫你倒茶。」再如有個小孩蹲在地上幫一隻受傷的小雞包紮，小孩的媽媽生氣地說：「你別摸它了，小雞多髒呀！」孩子的愛心就這樣被父母剝奪了。事實上，在很多情況下，父母並不知道自己的行為會在不經意間傷害或剝奪孩子的愛心。

利用電視等，對孩子進行愛的教育

多給孩子講些有關愛的故事，多讓他看和愛有關的短片來激發孩子的愛心。過去發生大地震時，湧現了許多愛心人士，他們捐錢、捐物資，甚至以他們寶貴的生命來救助災區的人們，大家共同努力，才使得災區人民

度過難關，重新建立美好的家園。這類故事和短片對孩子都有很大的教育意義。此外，家長還可透過動畫片引導孩子理解愛心，讓孩子在看動畫片的過程中，接受愛的教育。

古話說：「愛人者，人恆愛之；敬人者，人恆敬之。」愛是相互的，只有對他人付出愛，才會得到他人的愛。作為家長，如果在孩子小的時候就深諳此道理，並給予孩子正確的愛心教育和培養，等到孩子長大以後，自然就懂得用自己的愛心去贏得他人乃至全社會的愛。這樣的孩子，將會生活得更幸福、美滿。可以說，愛心教育，是家長給予孩子最珍貴的禮物。

內心堅韌才能承受成長的壓力

任何一個人生活在這社會上，都會遇到各式各樣的壓力、困難和挫折。內心堅強者，即便備受挫折與磨難，也能夠堅持自己的目標，沿著成功的方向前行。而內心脆弱的人，往往一遇到困難就退縮，一遇到挫折、失敗、打擊，就一蹶不振。生活中不乏這樣的例子。

✧ **故事一**：一位叫高洋的 19 歲學生，初三時因成績突出成為某市多所前段高中數理資優班爭奪的目標。進入高中後，他用大部分時間和精力主攻數學，希望獲得全國競賽名次免試上大學的捷徑。後來，他代表該市參加全國中學生數學競賽，結果只獲得第二名。因為無法接受未拿冠軍的現實，他一次次向自己舉起了利刃，試圖自殘。

✧ **故事二**：林娜從小生活在優越的環境中，漂亮、聰明，在小學時年年是班長、資優生，再加上父親是所在學校的校長，母親是訓導主任，所以，她比一般的「資優生」更多了一份優越感。同學們羨慕、老師

們關心、父母視若掌上明珠般百般溺愛，使林娜從小就養成了唯我獨尊的個性。

進入中學後，林娜漸漸失去了原有的「優勢」，往日的光環也不再圍繞在她的頭上。在中學裡，她先後經歷了幾次挫折，先是班長沒選上，緊接著「資優生」也與她無緣……這些變化讓從小備受呵護與讚美的林娜有點承受不住了！

慢慢地，林娜再也無法集中精力專心上課了，她變得萎靡不振。她的父母在百般無奈之下，只好讓她休學在家。

像高洋與林娜這樣的孩子還有很多，因為在父母無微不至的照顧下，過慣了優越的生活，加之自身成績比較出色，生活一帆風順，所以，他們很難體會到什麼叫挫折與痛苦，更不用說承受一點點打擊了。一旦他們遇到一些不順心的事情，就會承受不住，以為天要塌下來了。一個內心如此脆弱的孩子，如何能承擔這個社會的變化？如何能承擔沉重的生活壓力，在未來社會的競爭中立於不敗之地呢？因此，培養孩子的抗壓性很重要。

抗壓性強的孩子才能擁有堅韌不拔的意志，才能心態平和地應對生活中遭遇到的各種壓力，並將壓力轉化為前進的動力。

要加強孩子的抗壓性，家長應該以養成良好的行為習慣為基礎，以心理健康教育為主要內容，循序漸進地逐步培養。

- ✧ **盡可能讓孩子自己決定和處理自己的事**：作為家長，應盡量讓孩子自己決定和處理自己的事。只要不是壞事，只要孩子能夠做到，就讓他們自己拿主意，自己去做。

- ✧ **盡量少奉承孩子**：許多孩子是在充滿奉承的環境中長大的，即使孩子做了一些他應該做的事，周圍的人也總是讚不絕口；孩子犯了錯誤，

家長怕「刺激」孩子，千方百計地幫孩子找藉口，這使孩子更加任性、虛榮。不奉承孩子，而是不單純地去討孩子的歡心，善於讓孩子承擔他應該承擔的義務，就是讓孩子清楚什麼是對，什麼是錯，什麼應該做，什麼不應該做，從小就正視自己遇到的每一個問題。

✧ **培養孩子的適應能力**：在日常生活中，家長要從現實出發來引導孩子，讓孩子坦然地面對現實，全方位地接受各種情感體驗，無論是快樂、自信、希望，還是痛苦、失望、拒絕，都應讓孩子真實地去體驗，開放地去經歷。比如林娜，如果她父母從小就注意從現實出發，讓她能像別的孩子那樣多承受幾次挫折和痛苦，當孩子在新環境中遇到困難時，和孩子一起分析原因，改進方法，使她儘快適應新環境，孩子也不至於走極端。

✧ **父母要經常關心和鼓勵孩子**：父母每天要抽出一些時間，在輕鬆的氣氛中，和孩子推心置腹地談談學習、生活，鼓勵孩子不加掩飾地傾訴自己遇到的困難，遭受的挫折；同時，父母也應該談談自己平時在工作、生活中遇到挫折時是如何對待的；當孩子遇到困難時，父母千萬不能大聲呵斥或粗暴責問，而應施以更多的關愛，如給孩子安慰，使孩子緊張的情緒得以放鬆；或與孩子坐在一起，耐心地和孩子談心，讓孩子主動訴說自己的不幸與委屈，只要父母能認真地聽，父母充滿愛的信任和鼓勵，就一定會鼓起孩子的勇氣，激發他的自尊和自信，使孩子儘快擺脫不愉快的情緒，高興地投入到學習和生活中去。

✧ **讓孩子學會公平競爭**：現在的孩子好勝心強，什麼都想得第一。如林娜，由於她所處的環境，再加上她本人小學時成績也確實不錯，人們把她的優點過於誇大，缺點忽略不計了。在她的印象中，不管在什麼方面，別人都不如她。其實，在孩子小時候就應該讓她明白，一個人

有成功的地方，也會有不如人的地方，樣樣都是第一那是不可能的；同時對薄弱環節應鼓勵孩子多練習，給孩子提供一個公平競爭的機會，讓孩子意識到自己會成功，也會失敗，不管是成功還是失敗，只要是經過自己努力，都應覺得自豪，而不是只接受成功，拒絕失敗。

✧ **及時排解孩子的心理壓力**：有時孩子會面對一些他自己無法承受的心理壓力，這時就特別需要老師和家長進行積極的排解和疏導。常用方法是：

- 跟孩子談心，解開他們思想上的疙瘩。
- 做出某些承諾，消除孩子的顧慮。
- 幫助孩子分析原因，解決問題。
- 鼓勵孩子堅強、自信、幫孩子緩解心理壓力。
- 善意地關心孩子的事，不論與心理壓力的成因有無直接關係，都會獲得孩子的信任。
- 從事一些文體方面的活動，轉移其注意力。

✧ **有目的地進行心理操練**：心理和生理一樣，必須透過一定的鍛鍊來促進其健康。為培養孩子的承受能力，可有目的有計畫地開展一些心理操練。比如，在體育活動中有意識地培養孩子的意志；透過參與各種活動來建立孩子的自信心；開展「生活自立能力比賽」等，使孩子建立正確的競爭意識。在孩子取得成績的時候出點難題，在他們失敗、失意的時候給予鼓勵，教育孩子「得之不善，失之不憂」，始終以平和自然的心態參與生活和競爭，才能夠經得起成長路上的風風雨雨。

別讓悲觀的陰影遮擋孩子心靈的太陽

沙海連天的沙漠中，兩個人在艱難地跋涉，見到剩下的半瓶水，悲觀者說：「哎，只剩半瓶水了。」而樂觀者則說：「呵，還有半瓶水呢！」最後，悲觀者永遠留在了沙漠，而樂觀者卻走出了沙漠。

面對同一種現象，不同的心態，會產生不同的結果。悲觀者永遠只能看到失望，而樂觀者則能看到希望。

在人生的旅途中，樂觀者永遠向前看，向前走，大步流星；而悲觀者只能向後看，原地踏步，甚至向後退，驚慌失措。樂觀者面對挫折說：「這對我是一個挑戰。」而悲觀者卻說：「我已經陷入了困境，我已無路可走了！」

人與人之間只有很小的差異，但是這種很小的差異卻能夠造成巨大的差異！很小的差異是積極心態和消極心態，巨大的差異就是成功和失敗。一個人如果一直保持積極的心態，那麼他一定會得到幸福，也就是說，心態決定成功，人的心理具有操縱人類命運的巨大能力。

有這樣一個故事：

美國有一對兄弟，一個出奇地樂觀，一個卻非常悲觀。

他們的父母希望兄弟的性格都能改變一些。

有一天，父母把那個樂觀的孩子鎖進了一間堆滿馬糞的屋子裡，把悲觀的孩子鎖進了一間放滿漂亮玩具的屋子裡，以為這樣便能讓孩子的性格有所改變。

一個小時後，他們的父母走進悲觀孩子的屋子時，發現這個孩子正坐在一個角落裡，一把鼻涕一把眼淚地在哭泣。原來，他不小心弄壞了玩具，擔心父母會責罵自己。

第五章　成長需要強大的心靈

當父母走進樂觀孩子的屋子時，卻發現孩子正在興奮地用一把小鏟子挖著馬糞，把散亂的馬糞鏟得乾乾淨淨。看到父母來了，樂觀的孩子高興地叫道：「爸爸，這裡有這麼多馬糞，快告訴我，你們把馬藏在哪裡了？」

這個樂觀的孩子就是後來的美國總統雷根（Ronald Reagan）。他從報童到好萊塢明星，再到州長，直至當上了美國總統。其中樂觀的性格發揮了很大的作用。

一位哲人說過，生命也許是枯燥的，但樂觀就像是生活中不可缺少的水，是它滋潤了我們的生命和靈魂，是它澆灌著我們的生命之花。樂觀，是一種積極的性格因素之一，它不僅是一種心態，更是一種人生智慧。

事實正是如此，樂觀是一種性格或傾向，使人能看到事情比較有利的一面，期待最有利的結果。兒童心理學家馬丁‧賽里格曼（Martin E. P. Seligman）認為，樂觀不但是迷人的性格特徵，還有更神奇的功能，它能使人對生活中的許多困難產生心理免疫力。

一個孩子能否健康、快樂、上進、成績好，心智是一個很重要的因素，同時是否有良好的心態也很重要。對於大多數孩子來說，樂觀的性格決定著孩子的人生成敗。

生活中經常發現：有的孩子雖然只有五六歲，但神情卻很憂鬱，怕生人，怕說話，怕做錯事。在學校或幼稚園，熱鬧的地方找不到他的身影；在家裡，很少與父母說話，喜歡縮在自己的小房間裡。有的孩子缺乏自信，總以為自己各方面不夠優秀，別的孩子擁有的種種長處是不屬於他們的，以為生活中的一切快樂都是留給那些受老師、家長喜歡的孩子來享受的。悲觀的孩子，相對於樂觀開朗的孩子而言，更容易在學業上遭受失敗，更容易出現健康問題。

首先，悲觀是一種消極不愉快的情緒體驗，它的發生總是伴隨著生理和心理的變化。長期的悲觀情緒，一方面可使他們的整個心理活動失去平衡，另一方面會造成他們生理機能的紊亂，擾亂神經系統的調節能力，影響神經系統、消化系統、內分泌系統的功能，降低人體免疫力，使他們產生身心反應性疾病，如神經官能症、胃潰瘍、十二指腸潰瘍等。更容易導致像高血壓、心臟病等重大疾病以及常見的一些病症發生。

其次，悲觀的孩子在每個機會中都看到了危難。因為悲觀，這些孩子很難看到生活中積極、光明的一面，所以變得鬱鬱寡歡。

第三，悲觀的孩子意志消沉，沒有堅定的信念，從來不知道成功的滋味。信念是一種無堅不摧的力量，當你堅信自己能成功時，你必定會獲得成功。如果他是一個悲觀失望的人，不具備百折不撓的堅強意志，遲早會垮掉的，這就是失敗的真正原因所在。

第四，悲觀的人遇到困難就開始懷疑自己的能力。現在，我們已經知道悲觀消極的態度是致命的，它會讓本來能力非凡的人變得平庸，沒有任何成就感，長此以往，就會越來越難以認清自己的真正實力。如果一個人永遠無法發現潛藏在自己體內的那筆雄厚財富，無疑是最糟糕的事情。

最後，悲觀的人容易因困難而背上心理包袱，變得猶豫不決。許多人生怕失敗，然而常常都是天不遂人願，像失戀、計畫泡湯、工作不如意等等。在成功者的眼裡，沒有失敗，只有結果，失敗是動搖不了他們的意志的。

總之，悲觀的情緒不但影響孩子的身心健康，還影響到孩子的學習與個人的發展，因此，家長應改變孩子悲觀的性格，幫助孩子看到事物光明的一面。唯有如此，孩子才能擁有一個光明的未來！

那麼，如何才能讓孩子變得樂觀起來？心理專家建議，要想讓悲觀的孩子有所改變，家長需做以下努力。

第五章　成長需要強大的心靈

✧ **做心態樂觀的家長**：要讓孩子變得樂觀，家長首先要有樂觀的思考方式。父母在處理自身問題和家庭問題時的樂觀態度，對孩子具有非常重要的示範作用。如果下雨了，父母不要說：「該死的天氣，又下雨了。」因為這樣說並不能改變下雨的事實。如果說：「看看外面，太好了，又下雨了！小鳥在歌唱，小草也在歌唱，牠們都得到了雨水的滋潤。」這樣就會把快樂傳遞給孩子，讓他無論面對何種環境，都會保持一種愉悅的心情。

✧ **不要對孩子控制過嚴**：作為家長，當然不能對孩子不加管教、聽之任之，但相反，控制過嚴卻又會壓制兒童天真爛漫的童心，對孩子的心理健康產生副作用。不妨讓孩子在不同的年齡段擁有不同的選擇權。例如：對於兩三歲的孩子，應該允許他自己選擇早餐吃什麼，什麼時候喝牛奶，今天穿什麼衣服；對於四五歲的孩子，應該允許他在家長許可的範圍內挑選自己喜歡的玩具，選擇週末去哪裡玩；對於六七歲的孩子，應該允許他在一定的時間內選擇自己喜歡看的電視節目，什麼時候學習等；對於上小學的孩子，應該允許他結交朋友，帶朋友來家玩等。

✧ **生活不宜過分優裕**：千萬別以為源源不斷地為孩子提供高檔玩具、美味食品和名牌時裝就會給他們帶來幸福。而實際上，物質生活的奢華反而會使孩子產生一種貪得無厭的心理，而對物質的追求往往又難以自我滿足，這就是為何貪婪者大多並不快樂的真正原因，相反，那些過著普通生活的孩子往往只要得到一件玩具，就會十分快活。

✧ **家長要注意自己的批評方式**：父母批評孩子的方式正確與否，顯著影響著孩子日後性格是樂觀還是悲觀。因此，父母對孩子的批評應該恰如其分，不要把幾次錯誤誇大成永久性的過失，應讓孩子體會到自己

所犯的錯誤是可以改變的，並知道從何處著手改變。孩子對自己的評價很大程度上是建立在父母對他們的評價之上的，因此父母對孩子的言行應以欣賞鼓勵為主，並善於發現孩子身上的優勢和亮點。

✧ **引導孩子擺脫困境**：人不可能事事都稱心如意，因而再樂觀的人也不可能永遠快樂。但樂觀者的可貴之處在於他們能很快從失意中重新振作起來，並把沮喪丟在腦後。當父母的最好在孩子很小的時候就注意培養他們應對困境乃至逆境的能力。當孩子處於困境時，父母要多留心孩子的情緒變化，如果孩子悶悶不樂，父母無論自己多忙，也要擠出時間和孩子交談，教育孩子學會忍耐和堅強面對，鼓勵孩子凡事多往好的方面想，不要盡往消極的方面想。

✧ **對孩子進行希望教育**：樂觀的孩子往往對未來充滿了希望，悲觀的孩子則往往覺得沒有希望。因此，父母要對孩子進行希望教育。希望教育是一項細緻的工程，需要父母及時地感受到孩子的沮喪和憂愁，說明孩子驅散心中的陰影。

一位外國大提琴家的童年故事就是一個很好的例證：

有一天，他拖著比自己身體還高的大提琴，在走廊裡邁著輕快的步伐，心情顯然好極了。一位長者問到：「孩子，你這麼高興，是不是剛拉完大提琴？」

他的腳步並沒有停下，說：「不，我正要去拉。」

這個 7 歲的孩子懂得一個許多大人都不懂的道理：音樂是一種愉快的享受，而不是我們不得不做的、必須忍受的工作。平時，父母要多引導孩子看到自己的進步和成績，鼓勵孩子想像自己的美好未來，讓孩子對自己的未來充滿希望。只要孩子對未來充滿了希望，孩子必定會以樂觀的心態去面對生活中的每一件事情。

總之，樂觀是光明的使者，是孩子成長過程中的引路人。讓孩子擁有樂觀的心態，就能讓他們在黑暗中看到光明，在逆境中找到出路，在絕望後重新建立起對生活的信心和希望，走出悲觀的心靈陰霾，走向美好的未來。

冷漠不利於孩子成長

生活中有這樣一群孩子，因為過於內向，不善於表達自己的感情，因此會給他人留下冷漠、無情的印象。一個被認為冷漠的孩子，是不可能得到很好的發展的。

冷漠導致孩子交往不暢

冷漠的外表會讓孩子給他人留下拒人於千里之外的印象，因為不善於與人溝通交流，因此，孩子不能深入到學校的團體生活中去，不能和老師、同學、同伴心靈相通，看不到團體生活的真諦，看不到人們心靈深處那些高尚美好的東西，看不到真正的生活和真正的人生，看不到未來的希望和曙光，沒有摯友和知音，內心深處充滿孤寂、淒涼和空虛，從而阻礙孩子心靈的健康發展。

因內向而冷漠的孩子易走極端

冷漠的心態容易使孩子壓抑自己的熱情和活潑的天性，造成心靈的麻木。冷漠的心態也容易使孩子把自己從人與人之間互相信賴的密切連繫中割裂開來，以超脫的「看透者」自居，以一種不以為然的、譏諷的、嘲笑的眼光看待一切，形成「事不關己，高高掛起」的人生態度，成為玩世不恭、消極混世的自憐者。

冷漠讓孩子變得更加孤僻、內向

因為過於冷漠，對外界的事物毫不關心，慢慢地，這些孩子的心靈世界封閉了起來，沒有人願意靠近他，更沒有人願意去了解她，久而久之，孩子變得越發孤僻、內向，不善與人交往，更有甚者，還可能讓孩子對社會產生怨恨的心理。

冷漠使孩子缺乏愛心

9歲的小女孩敏敏，父母對她傾注了滿腔的愛，天天怕她冷到，怕她肚子餓；別人家孩子有的，從不會讓她缺少；她哪裡不舒服了，父母恨不得讓自己生病，換取她的健康……然而讓人傷心的是，父母對孩子無微不至、無私的摯愛，換來的卻是孩子的自私和對父母的冷漠。

每天放學回家，她從不關心爸爸媽媽工作累不累，一進屋就喊：「餓死了，飯做好了嗎？」有一次媽媽因為生意忙，中午比較晚回家，敏敏竟對她大吼大叫：「媽媽，你怎麼對我不聞不問？我吃完飯還要上學呢！」

媽媽說：「我都快累死了，你也得體諒一下呀！」

敏敏竟然抱怨道：「你是大人，居然還要孩子體諒？」

夏天的一個中午，天氣特別熱，敏敏吵著要吃西瓜。媽媽趕忙出門去買。當媽媽滿頭大汗地提著西瓜走進家門時，敏敏卻吼道：「媽，你怎麼這麼慢啊？我快渴死了！」媽媽走進廚房，洗淨後切開西瓜，下意識地去嚐嚐西瓜甜不甜。這時候，她突然聽見孩子那刀子一樣的喝斥：「誰說你可以先吃啊！趕快給我吐出來！」

還有一次，媽媽感冒發高燒，請敏敏幫倒杯水，她竟然說：「等爸爸回來，叫他幫你倒吧！我很忙。」其實她只是在玩遊戲。

一個冷漠到連自己的媽媽都不關心的孩子，無疑是讓人寒心的，很難

想像，這樣的孩子走上社會以後會懂得去關心別人。

　　冷漠代表著孩子心靈的麻木和責任感的缺失。父母要意識到：冷漠的孩子，他的人生難有幸福；對於他人，冷漠可能是傷人的利劍；對於國家，由冷漠者組成的民族肯定是沒有希望的。因此，我們呼籲關注孩子健康成長的家長們，應該警惕孩子冷漠心態的滋生與發展。那麼，家長應怎樣來融化孩子冷漠的心呢？

✧ **營造互相關心的家庭氛圍**：充滿溫情的家庭氛圍對培養孩子的愛心有著潛移默化的作用。父母間經常爭吵、謾罵甚至大打出手，使孩子時常處在恐懼、憂鬱、仇視的環境裡，又怎能要求孩子去關心別人呢？所以，家庭成員之間要互相關心，特別是夫妻之間要恩愛、相互體貼，營造一個良好的家庭氛圍。

✧ **鼓勵孩子關心幫助他人**：在能夠說明別人的情況下，而別人又有事相求的時候，家長可以教孩子如何幫助別人解決困難。也可帶孩子參加一些募捐活動，當然要在經濟條件許可的範圍內進行。孩子會透過實際活動和父母的啟發去理解問題，逐漸學會助人為樂。

✧ **強化孩子的熱心行為**：當孩子扶起倒在地上的自行車，當孩子把自己的新書送給貧困地區的孩童，當孩子為正在口渴的奶奶送上一杯茶……當孩子出現這些熱心行為的時候，爸爸媽媽要及時地給予表揚、鼓勵。這樣，在強化孩子熱心行為的同時，就抑制了冷漠心態的生長。

✧ **讓孩子多與外界接觸**：讓孩子多接觸大自然，如平時邀幾個親朋好友，到郊外去轉一轉，呼吸呼吸新鮮空氣，這些都有利於將情感融入山水之中、田野之中，讓自然之美來消除胸中的苦悶和抑鬱。爸爸媽媽還可以透過引導孩子投入地欣賞藝術，忘卻自身的煩惱，從而在心理上得到某種程度的放鬆。這些都是改變孩子冷漠心態的有效方法。

✧ **帶領孩子到生活中去感受「熱心」的暖流**：書畫家為拯救災民的義賣書畫活動，社會各界為「希望工程」的捐助活動，為美化校園、每人獻上一盆花的活動。老師和爸爸媽媽應創造條件、提供機會，讓孩子去感受這些愛心活動。

孔子說：「不知生，焉知死。」因此，要改變孩子冷漠的心態，家長應該帶孩子到生活中感受「熱心」的暖流。唯有溫暖才能驅走寒冷，給孩子的心靈帶來明媚的春天。

宣洩不良情緒，緩解壓力

在每個人的一生當中，都會遇到這樣或者那樣的矛盾和問題，因這些矛盾與問題，一些不良的情緒如焦慮、抑鬱、緊張、恐懼、憤怒、妒忌、脾氣暴躁等便相應產生。不良的情緒給我們帶來一系列的危害。具體表現在以下幾方面：

✧ **1·不良的情緒影響身體健康**：生理學家認為——人的心與人的身組成了生命的整體，二者之間是相互調節與被調節、作用與被作用的關係。心情也就是情緒，情緒的好壞會影響身體的健康。

　　煩躁、壓抑、憤怒、恐懼、焦慮等不良情緒會使人產生某種身體疾病，如高血壓、糖尿病、冠心病、消化性潰瘍、過敏性結腸炎、癌症等。對已患了某種疾病的人則會進一步加劇生理功能紊亂，降低對疾病的抵抗力，加速原有疾病的進一步惡化。同時，還會導致注意力、記憶力、思考力等功能的減退。

✧ **不良的情緒影響心理健康**：一個人的情緒如果長期保持消極狀態，並且不能及時進行自我調節，就會妨礙個體正常的心理健康，導致悲觀

失望，對一切都毫無興趣和熱情，對生活失去信心；同時導致社會功能的下降，如上學、上班、家事、社交能力削弱；如果進一步發展，嚴重的憂鬱情緒得不到有效的排解，還容易釀成自殺或傷害他人的悲劇。

隨著不良情緒的持續發展，還會誘導某些精神障礙，如精神分裂症、雙向情感障礙、痴呆、強迫症、恐嚇症、疑病症等，後果不堪設想。

✧ **不良情緒影響孩子的學習生活**：影響孩子學習的因素有智慧、體能、注意力、動機、情緒、學習的方法、環境、教導的方式、教案設計及教導者的態度等，其中情緒因素的影響頗大，但卻常常被忽略。

有不良情緒的孩子，可能會出現各種令師長疑惑或困擾的學習行為，但因往往不被了解而遭受責罰，從而使得問題變得更糟。

不良的情緒如果壓抑久了而得不到宣洩，就可能導致孩子的性格憂鬱，心理不正常。因此，家長應該疏導孩子的情緒，讓孩子用正確的方式宣洩自己的情緒，緩解內心的壓力。有效的方法如下。

✧ **讓孩子盡情地哭**：哭是孩子情緒宣洩的一條重要管道。有人說過，家長對孩子最殘忍的事莫過於不讓孩子眼眶裡的淚水往下流。幾乎所有的家長都不捨得讓自己的孩子哭泣，更不曾引導孩子用哭來宣洩自己的情緒。

當孩子遭遇恐懼、委屈、憤怒時常常會用哭來表達內心的感受，此時，家長不要哄勸孩子停止哭泣，或者強行壓制孩子不能哭。因為，哭泣可以讓處於緊張狀態的孩子變得輕鬆。

雖然哭是孩子情緒宣洩的一條重要管道，是孩子情緒的自然流露，但絕不是唯一的管道，而且也不是最好的管道。因為這種方式往往會讓

周圍的人認為是孩子不堅強的表現，反而得不到周圍人的同情和理解，甚至還會使人感到煩躁不安。因此，引導孩子哭泣也要適可而止。

✧ **讓孩子把自己的情緒畫出來或者寫出來**：專家認為，讓孩子以畫畫或文字來表達當時的心情，能幫助孩子很好地宣洩自己的不良情緒。因為在這個過程中，孩子可以有機會重組事件經過，並有機會作出檢討和反思。

✧ **鼓勵孩子把不良的情緒說出來**：傾訴是緩解壓力的重要途徑，如果不能讓孩子學會傾訴，那麼，久而久之，孩子遇到什麼事情都不願向家長及他人傾訴，而是把心事悶在心裡，長此以往，就會造成孩子的心理危機。

傾訴可以緩解人的壓力，讓人把緊張的情緒釋放出來。要讓孩子學會透過這種途徑來排解情緒，在遇到衝突或挫折時，要鼓勵、引導孩子將心中的感受告訴他人，以尋得同情、理解、安慰和支持。孩子對成人有很大的依賴性，成人對孩子表現出的同情或寬慰會減輕甚至清除孩子的心理緊張和情緒不安，即使在孩子傾訴並不合乎情理的情況下，也要耐心地傾聽，至少應保持沉默，等待孩子情緒的風雨過後，再與他細作討論。

✧ **幫孩子轉移不良的情緒**：轉移也是孩子宣洩情緒的良好途徑。當孩子遇到衝突和挫折時，不要讓孩子過多關注所遭遇的事情，而要引導他從這種情境中擺脫出來，儘早投入到自己感興趣的活動中去。例如，孩子因為與其他孩子出現爭執而受到老師批評，家長不要指責孩子不聽話，而要跟孩子談談心，講講老師為什麼要批評他，然後，可以讓他到室外去玩玩球，在劇烈運動中將累積的情緒發洩到其他地方。

✧ **幫助孩子掌握負面情緒的管理技巧**：美國有些中小學的課程中加入了冥想的練習，讓孩子坐下，閉上眼睛，意念集中靜坐 20 分鐘。而最近的實驗發現，靜坐冥想有助於降低一個人的焦慮感，而且能夠強化注意力的集中，進一步地提升學習效率。像這些設計得當、適合孩子的放鬆技巧，儘早學會，對他們未來的抗壓能力會有所幫助。

另外，家長也可以鼓勵孩子培養健康的興趣和愛好來幫助排解壓力，例如帶孩子一起體育鍛鍊，畫畫、唱歌等。心理學上的研究顯示，做運動是極佳的減壓方法之一，持續做有氧運動 20 分鐘以上，就會促進大腦中腦內啡的分泌，因而在生理上起到舒緩壓力的作用。

此外，家長還可以在不同的情況下，給予孩子情緒上的梳理與指導，這樣，孩子才能學會控制和表達自己的情緒，成為真正快樂的人。

理解到孩子在生活中同樣存在壓力，耐心地和孩子一起分析解決這些問題對每位父母來說都是必要的。作為家長，應了解孩子情緒變化的特點，尤其應了解孩子情緒變化的特殊性，要有具體的分析、具體的對策，注重從正面培養孩子良好的情緒，使孩子掌握調節情緒的必要手段和方法，孩子就一定能夠具有健康的心理、健全的人格、良好的特質，從而終生受益。

別讓嫉妒侵蝕孩子的心靈

當今社會的競爭日益激烈，適者生存的觀念日漸深入人心，為了將來在競爭中立於不敗之地，許多家長在孩子很小的時候就刻意培養他們的好勝心和競爭意識。

好勝心與競爭意識過強也催生了一系列的教育問題與社會問題。因為

要競爭，要取勝，有的孩子便同時學會了嫉妒，更學會了不擇手段。

其實，適當的競爭能激發一個人的上進心，讓人變得鬥志昂揚。但若過度了，就可能影響到健康人格的形成，非常可悲。

✧ **愛嫉妒影響個人的情緒**：嫉妒心理會使人產生諸如憤怒、悲傷、抑鬱等消極情緒，從而導致煩惱叢生，並忍受精神的折磨，這都不利於身心健康。嚴重者甚至在妒火中燒時喪失理智，誹謗、攻擊、造謠中傷他人，而不能留出足夠的時間來提高自己，並因此會陷入一種惡性循愛嫉妒的孩子容易存在偏見：嫉妒心理在某種程度上是與偏見相伴而生、相伴而長的。嫉妒有多深，偏見也就有多大。有嫉妒心理者容易片面地看問題，因此會把現象看作本質，並根據自己的主觀判斷猜測他人。而當客觀地擺出事實真相時，嫉妒者也能感到自己的片面、偏激或是誤會。

✧ **愛嫉妒影響人際交往**：嫉妒心理是人際交往中的心理障礙，首先，它會限制人的交往範圍。嫉妒心理強的學生一般不會選擇能力等各方面比自己優秀的同伴交往。更有甚者，還會誹謗、詆毀自己身邊優秀的同學。其次，嫉妒會壓抑人的交往熱情，交往時總有所保留，不真誠相待。另外，妒忌心理重者，甚至能反友為敵，他們一般不能忍受朋友超過自己，並懷恨在心，展開暗中攻擊。

嫉妒是一種不健康的心理，是心胸狹隘的表現，也是不自信的表現。要幫助孩子消除這種不良心理，家長必須說明孩子正確認識自我、減少虛榮心、不要以自我為中心、學會接納他人、學會理解他人、學會公平競爭等。具體地說，應做到以下幾個方面。

✧ 家長要讓孩子學會正確認識自己，激發孩子的競爭意識和自信意識。

首先，要讓孩子擺正自己與別人的位置，世界上沒有十全十美的人，每個人都有自己的長處和短處，自己在某一方面超過別人，別人又在另一方面勝過自己，這些都是正常現象。讓孩子正確地評價自己，從而找到與他人的差距，揚長避短，開拓自己的潛能。其次，有嫉妒心的孩子往往有某方面的才能，爭強好勝，卻又自私狹隘。家長可以充分利用其爭強好勝的特點，激發孩子的競爭意識和自強觀念，與孩子一起進行自我分析，幫他找出自己的優缺點和趕超對方的方法。

✧ 家長要培養孩子的熱情、合群的性格和團體主義觀念。讓孩子充分理解到團體和朋友間友情的美好和重要，從而使孩子樂於去幫助別人。

✧ 父母不要溺愛孩子，因為溺愛是滋生嫉妒的溫床。在日常生活中，父母應經常表現出對別人的寬容大度，這樣，孩子在潛移默化中，就會學到如何正確對待比自己更成功的人，使個性朝著健康的方向發展。

✧ 培養孩子寬容的特質。有嫉妒心理的孩子，往往有自身的性格弱點。如：與人交往時，喜歡做核心人物；當不能成為社交中心時，就會發脾氣；同時，他們不會感謝別人，易受外界影響等。對有性格弱點的孩子，父母要悉心引導。在孩子面前，要對獲得成功的人多加讚美，並鼓勵孩子虛心學習他人長處，積極支持孩子透過自己的努力去超越別人、戰勝自己，使孩子的嫉妒心理得到正當的發洩。孩子學會了事事處處接納他人、理解他人、信任他人，不僅會發現他人的許多優點，而且也會容忍他人的某些不當之處，求大同存小異。這樣，孩子的人際關係就會變得融洽和諧。讓孩子懂得「金無足赤，人無完人」，每個人都有自己的長處，也有自己的不足。說明孩子形成正確的自我認識，能讓孩子認識到自己的優點和不足，變得不再嫉妒。

✧ 教育孩子承認差異，奮進努力。現實中的人必然是有差異的，不是表

現在這方面，就是表現在那方面。一個人承認差異就是承認事實，要使自己在某方面好起來，只有靠自己奮進努力，嫉妒不僅於事無補，而且會影響自己的奮鬥精神。

除此之外，父母還可以讓孩子充實自己的生活。因為嫉妒往往會浪費孩子的時間，如果孩子學習、生活的節奏很緊張、生活過得很充實、很有意義，孩子就不會把注意力局限在嫉妒他人身上。父母應該幫助孩子充實生活，讓孩子多參加一些有意義的活動，轉移孩子的注意力，使孩子把精力放在學習和其他有意義的事情上。

既要積極，也要豁達

楊一帆是個好學上進的女孩子，她學習成績非常優秀，學習也自動自發、努力，從來不用別人督促。為此，爸爸媽媽以她為榮，經常在朋友面前誇讚自己的女兒。

但最近一帆卻一蹶不振，先是在學校的作文比賽沒有取得名次，後來又在期末考試中跌出前三名。儘管爸爸媽媽安慰她「勝敗乃兵家常事」，但一帆依然難以接受如此殘酷的事實。她不明白為什麼自己這麼努力卻沒有得到應有的回報，為什麼老天對自己這麼不公平。甚至開始鬆懈了下來，覺得努力也是白費。為此，她的爸爸媽媽非常苦惱！

一帆之所以變得如此，與過強的好勝心與過於追求結果的心理有關。因為長期精神繃得太緊，這個時候，孩子索性放鬆了自己。對於孩子暫時的鬆懈，家長不妨縱容一下，但若長此以往，家長就不能不加以重視了。

與一帆不同的是，劉彤不但沒有因為一次的失敗而氣餒，反而越戰越勇，從來不放棄，這些均歸功於爸爸媽媽的教育。

第五章　成長需要強大的心靈

劉彤也是一個用功學習的孩子，成績一直在班裡名列前茅，但平時，爸爸媽媽總是對她進行平常心的教育，告訴她，做事要積極，但心態應該豁達，失敗成功都是正常的事情，所以要坦然地面對一切榮譽與失敗。

媽媽總是對劉彤說：「凡事自己盡力就可以了，不要跟別人比！這樣，就是心理上永遠的勝利者！」劉彤把媽媽的話牢記在心裡！

有一次，劉彤參加數理競賽，沒有獲得好的名次！來學校接劉彤的媽媽知道這種情況以後，不但沒有責備劉彤，還安慰她說：「輸贏不重要，重要的是參與。」

類似的話，讓劉彤擁有了一顆看待榮辱的平常心。所以，她做什麼事情，都沒有過重的得失心理！老師們都認為「這孩子很難得，很從容，也很淡定！」

其實平常心不僅可以幫助孩子面對挫折和失敗，還可以讓孩子學會如何面對榮譽。

紐約 8 歲的女童貝麗曾榮獲國際兒童及青少年鋼琴大賽冠軍，一時聲名大噪。鮮花、掌聲、榮譽連綿不絕。貝麗開始驕傲自滿，沉醉於一片讚揚聲中，練琴自然受到了影響。而她驕傲自大的表現讓許多小朋友對她敬而遠之。幸好小貝麗的母親對女兒及時提醒，告誡她說，其實她的榮譽與成功離不開老師的教育、朋友的幫助、媽媽的鼓勵。而且，媽媽告訴她，其實在比賽中，有很多小朋友和她程度不相上下，只是貝麗臨場發揮比較好，才會奪得冠軍，要以一顆平常心來看待這次成功。

媽媽的話猶如醍醐灌頂，讓小貝麗及時回頭。從此小貝麗專心練琴，再一次在國際大獎賽上奪取了桂冠。

結果是重要的，但過程更重要。一個人要想獲得幸福，必須懂得做事情的態度要積極，而對得失的心態要豁達。只有做到既積極又豁達才能贏

得真正的幸福與更大的成功。

美國兒童教育專家艾森指出，對大多數孩子來說，引導他們擁有一顆既積極又豁達的平常心至關重要。因為平常心可以讓他們以正常的心態對待比自己優秀的同伴，冷靜地看到自己的成績和不足，從而確認方向，努力奮進。一般來講，讓孩子保持一顆好的平常心可以有以下幾種好處。

首先，積極進取的心態能激發孩子成功的鬥志，推動孩子頑強地向著未知領域不停地探索，促進孩子的智力發展，強化孩子的堅強意志，使他們永遠不滿足現狀，不怕困難，不畏險阻，滿懷信心地奮勇前進。

而豁達、不計較得失的心理則能讓孩子的生活充滿快樂。生活中並不是一帆風順，有成功，也有失敗，有開心，也有失落。如果孩子把生活中的這些起起落落看得太重，那麼生活對於孩子來說永遠都不會坦然，永遠都沒有歡笑。

其次，豁達的心態能讓孩子正視自己的缺點和不足，並時時進行反省。擁有平常心的孩子並不會掩飾自己的缺點，相反他們會把一個真實的自己展現在周圍人眼前，希望周圍人能給他們挑出不足和欠缺的地方，他們懂得要時時進行自我反省，換句話說，就是能把自己看得很清楚，並不斷地進行自我審查，正確地了解自己。

最後，心態豁達能讓孩子正確地對待失去的東西。曾經有句話說得好「不要為碰翻的牛奶哭泣」，說的就是我們應該如何去面對已經失去的東西，失去的終究是失去了，不管如何為它們哭泣都不會再回來了。我們知道，世界上不管什麼東西都不是永恆的，即便我們對它們多麼留戀，也不能制止這種逝去。因此，平常心在這個時候往往起到一種協調劑的作用，它能讓我們很快地從失去的陰影中走出來，去追求下一個目標。

那麼，如何才能讓孩子做到既積極又豁達呢？

第五章 成長需要強大的心靈

✧ **信任孩子，給孩子積極進取的動力**：作為父母，可以多與孩子溝通，把對孩子的信任和期望表達出來，並對微小的進步及時給予鼓勵，幫助孩子分析、面對困難與挫折，這樣不但可以愉悅心情還可以促進孩子進取。

✧ **讓孩子做到「勝不驕，敗不餒」**：在平常生活中，家長可以把勝利和失敗放在同一個頒獎臺上，孩子成功的時候給予孩子獎勵，孩子失敗的時候同樣也要給予獎勵，教導孩子不要驕傲與氣餒，從而能夠維持平常心繼續前進！

✧ **讓孩子學會平常心對人對己**：要以一顆平常心對人對己，需要讓孩子經常調整自己的心態，不要管得太多，也不要想得太多，走自己的路，不要計較別人說什麼。遇事要冷靜，忌衝動，看淡得與失，看淡功名利祿。這樣，孩子在很多情況下反而會發揮得更好！

✧ **教會孩子客觀地評價自己**：不懂得客觀地評價自己，過於好勝、虛榮心過強的孩子要麼過於自尊，要麼過於自卑，總是不能客觀地正視自己。所以，家長要教會孩子別欺騙自己，要正確對待自己的缺陷，同時又要看到自己的優點。只有懂得客觀地評價自己，孩子才不會患得患失！

✧ **教會孩子正確地對待名譽**：缺乏平常心的孩子一般都喜歡沽名釣譽，喜歡追求表面上的東西。家長要說明孩子正確認識自己，不能以華而不實的東西作為追求的目標。

當然，要想孩子做到既積極又豁達、確實不是一件容易的事情，更不是一天兩天就能做到的事情。它跟孩子的心智、心理的成熟有關。如果引導不良，還可能導致孩子走極端，因此，家長不應急於求成。最好的教育，就是以身作則，告訴孩子你相信他，你也正在這麼做著。

培養孩子的寬容之心

著名教育學家說：「有了比天空更廣闊的胸懷，人才能拿得起，放得下，不斤斤計較，不滿腹牢騷，不悲觀失望，才能把自己的腦力用在更有價值的大事上。」對於孩子來說，擁有一顆寬容的心特別重要，因為寬容別人其實就是寬容自己。懂得寬容的人在接納別人的同時，也給自己一片廣闊的空間。有寬容的人生路上，才會有關愛和扶持，才不會有寂寞和孤獨；有寬容的生活，才會少一點風雨，多一點溫暖和陽光。

這是一個發生在「二戰」期間的故事：

一支部隊在森林中與敵軍相遇，激戰後兩名戰士與部隊失去了聯繫。這兩名戰士來自同一個小鎮。

兩人在森林中艱難跋涉，他們互相鼓勵、互相安慰。十多天過去了，仍未與部隊聯繫上。這一天，他們打死了一隻鹿，依靠鹿肉又艱難度過了幾天。

也許是戰爭使動物四散奔逃，之後他們再也沒遇到任何動物。他們僅剩一點鹿肉，背在一位年輕戰士的身上。這一天，他們在森林中又一次與敵人相遇，經過再一次激戰，他們巧妙地避開了敵人。就在自以為已經安全時，只聽見一聲槍響，走在前面的年輕戰士中了一槍，幸虧傷在肩膀上！後面的士兵惶恐地跑了過來，他害怕得語無倫次，抱著戰友的身體淚流不止，並趕快撕下自己的襯衫包紮戰友的傷口。

晚上，未受傷的士兵一直唸著著母親的名字。他們都以為自己熬不過這一關了。儘管飢餓難忍，可他們誰也沒動身邊的鹿肉。天知道他們是怎麼熬過那一夜的。第二天，部隊救了他們。

事隔30年，那位受傷的戰士安德森說：「我知道是誰開的那一槍，

他就是我的戰友。當時在他抱住我時，我碰到他發熱的槍管。我怎麼也不明白，他為什麼對我開槍？但當晚我就原諒了他。我知道他想獨吞我身上的鹿肉，我也知道他想為了救他的母親而活下來。此後 30 年，我假裝根本不知道此事，也從不提及。戰爭太殘酷了，他母親還是沒有等到他回來。我和他一起祭奠了老人家。那一天，他跪下來，請求我原諒他，我沒讓他說下去。我們又做了幾十年的朋友。」

寬容別人，除了給自己帶來美好的友情以外，還豐富了自己的內心，讓生命因此變得更充實。一個人如果擁有了寬容之心，他將一生無敵！因此，作為家長，應從小在孩子的心裡播撒下寬容的種子。

讓孩子除去自我中心意識，與人友好相處

讓孩子知道「我」與「他人」的含義，懂得蠻橫不講理、任性和霸道是行不通的，必須學會與人相處的方法。

✧ 讓孩子懂得家庭中「人人為我，我為人人」，心中有他人，對孩子不嬌慣、溺愛。

✧ 讓孩子理解和尊重父母，體諒父母的辛苦和工作成果。

✧ 讓孩子體驗到只有寬容謙讓，才能與別人享受共同的快樂，必要時讓孩子體驗一下吃虧的感受，以鍛鍊孩子的自制能力。

讓孩子敢於承認錯誤，拋棄積怨

告訴孩子，有寬大的度量容人，不念舊惡，才能讓自己變得更加快樂。父母要了解孩子的能力、愛好、性格和心態，對孩子循循善誘，有意識地教孩子學會發現錯誤，喚醒孩子的責任心，讓孩子學會自我反省，承認錯誤，化「敵」為友，拋棄積怨。尤其要疏導、轉移孩子對矛盾結果的

注意力，只有這樣，才能反思起因，檢討自己的過失，寬容別人的缺點與失誤行為，説明別人改正錯誤，有利於增進友誼。

冷靜處理孩子遭受的不公平待遇，教孩子學會寬容他人

一本雜誌曾刊登過這樣一個故事：

一天，在一個兒童俱樂部的活動現場，一位滿臉歉意的工作人員，在安慰一個大約 4 歲的小孩。原來那天小孩較多，這個工作人員一時疏忽，就將這個小孩留在了網球場。等工作人員找到孩子後，小孩因為一人在偏遠的網球場受到驚嚇，哭得十分傷心。

不久，孩子的媽媽來了，看到哭得慘兮兮的孩子，她沒有因為心疼孩子而責備那個工作人員，而是蹲下來，一邊安慰受驚的孩子，一邊很理性地對她說：「已經沒事了，那個姐姐因為找不到你而非常緊張，並且十分難過，她不是故意的。現在你必須親親那個姐姐的臉頰。安慰她一下。」

4 歲的小孩聽了媽媽的話，停止了哭泣，踮起腳尖，親了親蹲在她身旁的工作人員的臉頰，並且輕輕地告訴她說：「不要害怕，已經沒事了。」

這位媽媽是充滿智慧的，她知道怎樣愛孩子，怎樣培養孩子的寬容之心。

孩子的寬容心是一種非常珍貴的感情，它主要表現為對別人過錯的原諒。富有寬容心的孩子往往心地善良，性情溫和，惹人喜愛；而缺乏寬容心的孩子往往性情怪誕，易走極端，不易與人相處。

用故事感化孩子，消除孩子的仇恨心理

「人非聖賢，孰能無過。」每個人都會犯這樣那樣的錯誤，作為當事人要以博大胸懷寬容對方，避免怨恨消極情緒的產生，消除人為的緊張，

第五章　成長需要強大的心靈

癒合身心的創傷。是否具有這樣的性格，對孩子的未來發展有著至關重要的作用。

一天，12 歲的樂樂放學回到家，沒和正在做晚飯的媽媽打招呼就躲進了臥室，一直到吃晚飯才出來。媽媽覺得有點奇怪，就問他：「樂樂，怎麼了？誰惹你不高興了？」

樂樂恨恨地說：「今天在放學的路上，班長當著好多同學的面嘲笑我，弄得我很沒面子，我明天一定要報復他！」

媽媽聽了樂樂的話，放下手中的筷子，拉著兒子的手說：「吃飯前，媽媽先跟你講個故事。」

從小就愛聽故事的樂樂高興了起來。媽媽給樂樂講了下面的故事。

古希臘神話中有一位力大無窮的英雄叫海格力斯。有一天，海格力斯在山路上行走時，發現路中間有個袋子很礙眼，便踢了它一腳，誰知道那東西不但沒有被踢開，反而膨脹起來。海格力斯有點生氣，便又狠狠地踩了它一腳，想把它踩破，可是那東西不但沒踩破，反而又膨脹了許多。海格力斯惱羞成怒，撿起一條很粗的木棒狠砸起來，那東西竟然加倍地膨脹，最後大到把路都堵死了。

一位聖人路過，連忙對海格力斯說：「朋友，別動它，忽略它，離開它遠去吧！它叫仇恨袋，你不犯它，它便小如當初，你的心裡老記著它，侵犯它，它就會膨脹起來，擋住你前進的路，與你敵對到底！」

講完這個故事，媽媽意味深長地說：「孩子，仇恨正如海格力斯所遇到的那個袋子，剛開始很小，如果你忽略它，它就會自行消亡；如果你老是想著它，它就會在你心裡不斷膨脹。人的心中一旦充滿了仇恨，就再也裝不下別的東西。這種狀態下，人最容易失去理智。你想想，你願意如此嗎？」

樂樂眨了眨眼睛說：「不願意！」

「那你想想你該怎麼做呢？」

「我想好了，做人不要太小氣，寬容別人就是寬容自己，我可不想為雞毛蒜皮的事情破壞自己的好心情！」

第五章　成長需要強大的心靈

第六章 沒有體驗就不會成長

　　孩子的成長，單靠說教和學來的間接經驗是遠遠不夠的，要想使間接經驗被孩子認同、消化、吸收，還需要孩子的親身體驗。

　　只有經過親身體驗和實踐，孩子才能長知識、長才能，才能把那些從父輩那裡傳承過來的間接經驗吸收、轉化為自身成長的營養劑。可以說，沒有體驗就不會成長。因此，家長應該為孩子提供一些鍛鍊的機會和空間，讓孩子去自己體驗。

第六章　沒有體驗就不會成長

成長的過程是體驗的過程

我們都知道，孩子所獲得的知識有傳承和體驗兩個來源，傳承就是前輩對後輩的教育。透過文化知識和家庭美德的傳承，孩子能夠更快速且有組織地理解和掌握前人累積下來的經驗和智慧，知道什麼是對的，什麼是錯的，在成長中可以少走許多彎路。但是，僅僅依靠傳承還是很不夠的，孩子必須有親身的體驗和實踐。只有經過體驗和實踐，才能長知識、長才能，也就是古人所說的：「讀萬卷書，不如行萬里路。」

然而，在現實生活中，我們的孩子因為爸爸媽媽各種「愛」的理由，而失去了很多體驗的經歷和機會。比如，家長們因為怕孩子弄髒衣服而不讓孩子參加戶外活動和遊戲；因為怕弄髒地板而從不讓孩子做洗碗、挑菜的家事；因為怕孩子跌倒，遊戲的時候受傷或感染細菌而阻止孩子栽花種草、挖蟲子、踩水窪。更有的年輕爸爸媽媽為了從小培養孩子的淑女、紳士氣質，而拒絕一切會帶來汙漬的活動……家長們的這些做法剝奪了孩子可以自己體驗的一切權利，以致許多孩子的成長中缺少了自己體驗、感悟的過程。

事實上，對於任何一個孩子來說，成長的過程就是一個體驗的過程。

每個孩子從嬰幼兒時期就開始用眼睛去看，用耳朵去聽，用鼻子去聞，用舌頭去嘗，用手去摸去抓。這都是他們有意無意地在收集、累積對其具有重要作用的直接經驗。沒有「看」，孩子如何知道世界上的五顏六色；沒有「聽」，孩子如何分辨刺耳的噪音和悅耳的音樂；沒有「聞」，孩子如何辨識香臭；沒有「嘗」，如何知道食物的酸甜苦辣；沒有「摸」，孩子如何感受物體的光滑與粗糙、柔軟與堅硬。孩子的看、聽、聞、嘗、摸等體驗，不僅發展健全了孩子的各種感覺器官，更豐富加

深了他們對自然、家庭、社會的認識，還對他們動手能力的培養具有非同尋常的意義。

孩子再長大一點後就開始學騎車、學游泳、學滑冰、學電腦、學音樂、學繪畫、學社交等。這些生活、學習技能，孩子只聽家長、老師的傳教是學不會的，必須實地操作、反覆練習、反覆感悟，只有在體驗的過程中，才能學到相關的知識和技能。體驗、實踐豐富的孩子，往往具有好奇心強、主動性強、自信心強、社交能力強、生存能力強等優勢；相反，體驗、實踐貧乏的孩子，往往會有主動積極性缺失、冒險探究精神缺失、動手動腦能力不足、人際交往能力不足等劣勢。可以說，體驗越豐富，知道的事情就越多，見識就越廣，孩子也就越聰明。反之，則結果相反。

因此，別因為擔心孩子可能摔倒，就不讓他奔跑；別因為害怕孩子可能會感染細菌而不讓他栽花種草，挖蟲子，踩水窪；更不能因為孩子把家裡的小玩具、小電器拆了沒有裝上，就制止孩子做類似的體驗……其實，即便結果是失敗的，在體驗的過程中，孩子還是能體驗到實踐過程帶來的成就感。

況且，對於任何人而言，成長不可能不付出一些代價，相對於孩子的動腦動手能力，相對於孩子對客觀事物的興趣愛好，摔跤這樣的小事情又算得了什麼呢？摔跤、跌倒、失敗了一次，吸取一次教訓，只要孩子能吸取經驗教訓，一次比一次做得好，家長就該鼓勵。再則，孩子在體驗摔跤乃至失敗的同時，還磨練了意志，培養了探索精神，養成了做事善始善終的習慣，這有什麼不好呢？

很多時候，孩子的體驗過程比孩子的體驗結果更重要。家長隨時隨地都應在心中持這樣的價值觀：「在黑暗中的摸索比等待火炬引路更重要」，「親身體驗比道聽塗說更可貴，銳意開拓比坐享其成更可貴，說自己親眼

所見比鸚鵡學舌更可貴，打破沙鍋問到底比淺嘗輒止更可貴」。孩子的童年、少年時代只有一次，得給其體驗的機會，給機會就是給其成長的養分。

當然，體驗是方方面面的，體驗是隨時隨地的，雖然我們需要對孩子的某些不健康的體驗進行指導、幫助、教育、限制，甚至需要對那些有害的、不可挽回的體驗嚴加禁止，但是，我們更需要對孩子健康有益、蓬勃向上的體驗多加鼓勵。

不過，任何體驗都不可能是一次完成、一次成功、一次見分曉的，家長和孩子都得有打持久戰的思想準備，不僅有廣度，也得有深度；不能只停留於表面，還得深入進去；不只滿足於淺嘗輒止，還得長期、深入、持續不斷地進行下去。

總之，家庭教育的路程很長，而孩子未來人生的體驗路程更長。作為家長，我們應多給孩子一點自我成長、自我體驗的空間。不怕孩子去碰壁，鼓勵孩子去創造，同時呵護好孩子幼小的心靈，便可讓孩子健康蓬勃地成長。

成長需要成功的體驗

心理學家曾做過這樣一個實驗：

把一條梭魚放養在有很多小魚的魚缸中，讓牠隨時可以吞吃小魚。一段時間後，心理學家用一片玻璃把牠與小魚隔開。這樣，梭魚再想去吞吃小魚時自然就遭到了一次又一次的失敗，隨著失敗次數的增加，牠吞食小魚的希望和信心也隨之逐漸下降，最後完全喪失信心。在實驗的最後，心理學家把玻璃拿開了，但那隻梭魚依然無動於衷，最終餓死在魚缸裡。

接著，心理學家又做了同樣一個實驗：

把一條梭魚放養在有很多小魚的魚缸中，在中間隔了一片玻璃板，當梭魚第一次、第二次要吃小魚時，心理學家並沒有採取任何行動，而是認真觀察，等到梭魚第三次游向小魚的時候，心理學家悄悄地拿走了那塊玻璃。於是，梭魚吃到了小魚。這樣的實驗在繼續進行著，之後，失敗的次數越來越多，但因為知道總有「吃到小魚」的可能，那條梭魚始終敗而不餒，充滿了旺盛的鬥志。

心理學的研究和生活經驗都告訴我們這樣一個道理：一個人只要體驗一次成功的喜悅，便會激起無休止的追求意念和力量，強化自己的自信心，弱化自己的自卑感，而一連串的成功則會使人的自信心趨於鞏固。反之，如果一個人體驗到的盡是失敗，嘗不到一點成功的喜悅，時間長了，勢必會像那隻備受挫折的梭魚一樣，變得灰心喪氣，毫無鬥志。因此，我們應充分利用個人希望成功的願望，在教育孩子的過程中，讓他們能得到成功的體驗，使每個孩子在不斷獲得成功的過程中，產生獲得更大成功的願望，從而促使孩子在原有基礎上得到理想的發展。

讓孩子體驗成功，是孩子走向新的成功的開始，一句話：成功才是成功之母。

以下是球王比利（Pelé）的故事：

據說，球王比利曾經是一個自卑的膽小鬼。

當得知自己被巴西最著名的俱樂部桑托斯（Santos）看中時，比利緊張得徹夜難眠，他翻來覆去地想著：「那些知名的球星們會嘲笑我嗎？」他甚至還無端猜測：「即使那些大球星們會願意和我踢球，也不過是想用他們絕妙的球技，來反襯我的笨拙和愚昧。如果他們在球場上把我當成戲弄的對象，然後把我像白痴似的打發回家，那樣的話，我該如何面對家人，如何生活下去？」

第六章　沒有體驗就不會成長

後來，在家人和朋友的鼓勵下，比利才懷著忐忑不安的心情來到桑托斯隊。比利自己後來形容說，自己當時緊張和恐懼的心情簡直無法形容。等正式練球開始時，他已嚇得幾乎快要崩潰了。

不過，球隊並沒有給他「畏懼」的機會，他第一次上場，教練就讓他踢主力中鋒。緊張的比利半天都沒回過神來，他的雙腿好像長在別人身上，每次球滾到他的身邊，他都好像看見別人的拳頭向他打來。他幾乎是被逼著上場的。但是，當他邁開了雙腿後，便不顧一切地在球場上奔跑起來，也漸漸忘了是和誰在一起踢球，甚至忘記了自己的存在，只是習慣地接球、傳球和盤球。在快要結束時，他已經徹底忘記了害怕。

慢慢地，他發現自己完全能夠勝任這一角色，因此變得越來越有信心。

球王比利的故事同樣告訴我們，成功能催生成功，並激發一個人的自信。而成功的教育就像無影燈一樣，不會給孩子帶來心靈上的任何陰影，反而會滿足他們自我實現的需要，產生良好的情緒體驗，成為不斷進取的加油站。當孩子取得成功後，因成功而釀造的自信心對其新成績的取得會產生進一步的推動作用。隨著新成績的取得，心理素養再次得到優化，從而形成了一個不斷發展的良性循環，進而讓孩子不斷獲得成功。

要想透過成功感來激發孩子的自信心，家長不妨從以下幾個方面入手。

▍為孩子創造學習成功的預感

心理學研究和生活經驗都告訴我們這樣一個道理：如果一件事情有很大的價值，透過我們的努力又可以實現，那麼我們肯定會對它產生興趣，並願意做出努力。培養孩子的學習興趣時，也應注意運用這個規律，那就是為孩子創造學習成功的預感。

小璐今年上小學五年級，她在五年級上學期末的考試中英文成績不及格，以前她的英文成績在班上也都處於最後幾名。小璐為此十分煩惱，她討厭英文課。

媽媽為了改變這種狀況，給小璐安排了一項作業：每天把《格林童話》抄寫一頁，並完成有關的字詞任務。媽媽告訴她，只要耐心細緻地完成這項作業，就可能取得有益的成果。小璐對這項作業很感興趣，因為它不同於平時完成的那些練習。她感到父母對這項新作業寄予了很大的希望，相信她的讀寫程度一定能夠提高。這給小璐增加了動力，只過了一個半月的時間，就看出了初步的成績。她在童話原文裡發現了自己以前一直寫錯的詞並學會了許多新的語言表達方法，她現在也開始仔細地閱讀其他文藝作品，在裡面尋找好的詞、片語及句式。這樣，小璐終於在英文默寫方面取得了滿意的分數。這一點更加鼓舞了她，增強了她把英文學好的信心。

積極鼓勵孩子從事有興趣的活動

正常的嗜好與充分的運動，不但有助於調劑生活，更可培養積極健康的人生觀。

所以，當孩子在假日要求父母陪同玩遊戲時，父母大可不必嚴肅地說：「不准玩，快去做功課！」因為，遊戲不但能訓練個人的思考力與臨場反應，亦可提高其理解力，對前途也有莫大益處。反之，若孩子因缺乏理解力的訓練而無法領會課業的內容，必將隨年級的升高與課程的加深，更難產生學習興趣了！因此，當父母發現孩子興趣廣泛並喜愛運動時，應該積極地加以鼓勵。

第六章　沒有體驗就不會成長

▌讓孩子發揮自己擅長的學科

有一位教育專家認為：「大腦猶如一條包巾：只要提起一端，便可帶動全體。為何擁有一技之長的人，通常其他方面也會有優異的表現呢？正因頭腦有如包巾般的特性，只要有一端被開啟，其他部位也會相應地活躍起來。因此，若對某一課題產生好奇心，集中精力去做，必能促進全腦的活性。」

例如，有個學生在數學方面的表現雖然不理想，但是他語文成績卻獨占鰲頭，這是老師和同學們一致公認的。因此，他因擁有一門擅長的科目而充滿自信與快樂。

▌鼓勵孩子獲得成功

對孩子的要求如果太高，孩子就很難實現目標，也就很難建立起信心。如果家長針對孩子的實際水準適當地降低標準，孩子就很容易取得成功。成功對於孩子來說，往往會產生意想不到的效果，孩子就會從不難獲得的成功體驗中獲得充分的自信，從而也就會取得更大的進步。

比如，低年級的孩子在學會拼音和常用國字後，可讓他們給外地的親戚寫封短信，並請遠方的親人抽空給孩子回信，讓他們嘗到學習的實際效用，這樣也能培養孩子的學習興趣。

▌讓孩子做老師

家長可以讓孩子做老師教自己，試著交換一下教和被教的地位，讓孩子站在教師的立場，也會提高其學習的欲望，同時，也可以使孩子明白，他自己必須深入地學習並抓住學習內容的要點，這對於其孩子身的學習有很大的幫助。

多鼓勵，少批評，保護孩子的積極性

在孩子做錯一件事的時候，不要隨意批評並過多地指責他們做得不對，而是要以鼓勵為主，保護孩子的積極性。

對孩子的要求和期望值不要太高

當發現孩子在某些方面不如他人或達不到預期要求時，就要考慮根據孩子的情況和特點進行修改，提出一些適合自己孩子、經過努力能夠實現的目標。要一步一步來，不要急。要知道，培養孩子是一個艱苦細緻的漫長過程，只有透過正確的、切實可行的教育，尊重孩子，幫助孩子，鼓勵孩子，並及時給予指導，讓孩子自己去探索、去完成，去體驗成功的喜悅，才能引導他們健康愉快地度過人生的啟蒙階段。

成功是人生的營養，沒有成功的生活必然是畸形的。幾乎所有問題兒童，都是正常秩序中的失敗者，得不到正常的成功，他們只能從別的途徑去尋找肯定，比如沉迷遊戲的少年，比如一些走歪門邪道甚至犯罪的孩子，那都是他們尋找自我價值的一種方式。

你想讓孩子成為怎樣的人，就讓他在那些方面獲得成功吧！給他機會，給他寬容和鼓勵，幫他得到成功，哪怕只是小小的成功，也會把他帶向更廣闊的天地。

讓孩子體驗失敗

遇到失敗就一蹶不振，就從此放棄，這種輸不起的表現是當今很多孩子的通病。現在的孩子都是獨生子女，從小就生活在長輩們的悉心呵護下，怕孩子磕著碰著，家長們可謂費盡心機。家長的過度呵護的確在很大

程度上避免了孩子免受失敗的沮喪，但同時也剝奪了孩子體驗失敗的機會和權利，以致孩子們一遇到失敗就成了水煮的胡蘿蔔，軟弱有餘，堅韌不足，養成了輸不起的性格。

現代社會是個競爭激烈的社會，孩子要想在風浪上站穩，就必須具備抗拒風浪的能力，也就是能抵擋得住意外或者失敗的能力。因此，家長應放手讓孩子自己去體驗失敗的滋味。在心理上鼓勵和支持孩子，讓他們以積極的心態正視失敗，培養他們接受挑戰的勇氣、信心和能力。那麼，家長應怎麼做呢？

家長應該端正自己的態度

家長要放開自己過度保護的手，讓孩子自己去嘗試做一些力所能及的事情。當孩子為失敗而難過時，家長不應以憐憫的態度對待孩子，或者在孩子面前唉聲嘆氣，甚至劈頭蓋臉地責罵孩子。正確的方法是讓孩子明白，失敗沒什麼大不了的，學習、活動總有勝負、輸贏，人人都會碰到，因此，失敗了不要緊，重要的是自己對於失敗的態度，是後退還是前進，是怨天尤人、自暴自棄還是吸取經驗，繼續努力。只有懦弱的人才會唉聲嘆氣、怨天尤人，而勇敢、聰明的人一定會正視自己的失敗，從失敗中吸取教訓，繼續努力。

家長應該幫助孩子學會處理失敗後的情緒

許多孩子在經歷失敗以後，通常很容易陷入膽怯和過多的自我批評的情緒之中。這時候，他們可能一直在懊悔：「如果……可能就不會失敗」。孩子會因此不斷地找理由來責備自己，結果卻給自己造成很大的心理壓力。因此，經驗豐富的家長應該及時幫助孩子處理失敗後的情緒！讓孩子從失敗的消極情緒中走出來！

有個孩子非常喜愛足球。有一次在跟別的學校比賽時，裁判誤判了他，說他故意撞人，罰他一張黃牌。結果孩子很不服氣，和裁判吵了起來。儘管後來比賽得以繼續，但這個孩子在後面卻發揮得很不好，踢得一塌糊塗，結果這場比賽輸了。比賽結束後，其他人都走了，這個孩子卻在球場裡不肯離開，他的爸爸媽媽一句話也不說，站在場外默默地等待，孩子在足球場上一次又一次狠狠地射門，直到射了 101 次，然後孩子什麼也沒說，和他的爸爸媽媽一起回家了。

上面故事中的父母很理性，除了等待，他們沒有採取任何行動安慰孩子，因為最終孩子要學會自己處理自己的情緒。當孩子面臨失敗時，給孩子一段心理的緩衝期和獨立時間是非常必要的，家長不必急於介入，有些情緒過去了就過去了，不一定要很正式地處理。孩子會學會接受不願接受的東西，在這個過程中，孩子會變得堅強、寬容。如果遇到孩子無法自拔時，家長則可以稍加指導。

▍家長應該幫孩子尋找失敗的原因

幫孩子找到失敗的原因也很重要，如果不知道原因就會始終是一種壓力。而且，只有找到失敗的原因，孩子也才有超越失敗的可能。

失敗的原因可能有很多，或者是孩子的能力不足，或者是經驗不夠，也可能是努力程度不夠，環境或條件不成熟等。家長可以幫助孩子分清哪些失敗是自己的原因，哪些是外在的原因；哪些失敗是可以避免的，哪些是不可避免的。這時候，家長不妨多聽聽孩子的想法，協助孩子一起分析存在的問題和可能性。

第六章　沒有體驗就不會成長

鼓勵孩子進行改進

找到失敗的原因後，如果是可以改進的，家長應該鼓勵孩子找到至少兩種相應的改進方式，然後試著去做，並檢驗效果。例如，孩子由於粗心大意把本來會做的題做錯了，感到很難過，同時還感到不服氣，並因此難以原諒自己：我考得不好，不是因為我學得不好，而是我不夠細心。家長千萬不能與孩子同樣有這種想法，因為粗心大意是一個很不好的缺點，它反映出孩子比較浮躁，缺乏耐心，學習不夠扎實。改掉粗心大意的方法很多，如臨摹、做拼圖遊戲、做數獨遊戲等。家長可以根據孩子的特點說明他找到適合他的改進方式。

讓孩子學會欣賞勝利者

有些家長為了安慰孩子，有時會不經意中貶低其他孩子或者流露出對結果的不屑、不滿。這些細小的行為都會被孩子觀察到，從而影響他們遭遇挫折後的心態。因此，家長應該在引導孩子承認對方的勝利之後，和孩子一起分析為什麼對方取得了勝利，最重要的是要讓孩子自己說出勝利者獲勝的原因。當孩子長大後，他們會遇到各種競爭，學會在各種競爭中從容面對，並且欣賞對手，這是他們人格完善、個人魅力的具體體現。

提高自己

家長在教會孩子如何欣賞對方的同時，也應根據孩子的狀況分析他們的優點和缺點，讓孩子在競爭中知道如何提高自己。這樣，在孩子的眼裡，家長不純粹只是高高在上的家長，而是可以並肩作戰的、值得信賴的朋友。這樣的做法能增進親子間的感情。

▎跟孩子一起尋找面對失敗的力量

當孩子失敗以後，他非常渴望得到安慰與鼓勵！因此，家就成了孩子的避風港灣。這個時候，家長為孩子營造一個溫馨、輕鬆，富有人情味的家庭氛圍是很有必要的。當然，除了讓孩子在情感上有一種歸依感、安全感外，家長還應該用自己積極的人生態度去感染孩子，培養孩子積極樂觀的心態。這樣，孩子才能在失敗中成長起來。

此外，家長也可與孩子分享自己的失敗經歷，對他們講述英雄人物失敗的故事，慢慢地，孩子便有了面對失敗的力量。

不要擔心挫傷孩子

有這樣一個故事：

有兩個農夫在各自的田地裡許著願。一個農夫說要他的地裡不要有大風雨、不要下雪、不要地震、不要乾旱、不要冰雹、不要蟲害。另一個農夫說，這些都沒什麼，只要我能看著我的麥子還存在、還活著就行。

結果，那一年，天氣都遂了他們的願，那個什麼都不要的農夫，麥穗果然結得很大很多，但是麥穗裡面卻沒有一粒麥子，全部都是空的。而另一個農夫，看上去只是短短的麥穗，但是裡面卻是豐滿的果實。

第一個農夫始終想不明白，為什麼自己這般「呵護」麥子，反倒沒有讓麥子生出「感激」之情，結出豐碩的果實，而另一個農夫那些飽受風雨侵襲過的麥子，卻能夠無怨無悔地獻上豐碩的果實呢？這是多麼不公平呀！

其實，道理很簡單，溫室裡的鮮花生命力永遠比不上山間的野草，沒有經歷過風雨的麥苗決然不會為了生存努力地尋求發展。只有在惡劣環境

第六章 沒有體驗就不會成長

中生存下來的麥苗，才能在挫折與磨難中不斷充實自己、完善自己，從而收穫秋日的豐盈。植物如此，動物亦然。

在非洲大草原的橘河（Orange River）兩岸，生活著許多羚羊。動物學家們發現了一個奇怪的現象：東岸的羚羊不僅奔跑速度比西岸的羚羊快，而且繁殖能力也比西岸的羚羊強。

為了研究兩岸羚羊的不同之處，動物學家們在兩岸各捕捉了 10 隻羚羊，然後把牠們分別送到對岸。

一年後，由東岸送到西岸的羚羊繁殖到了 14 隻，而由西岸送到東岸的羚羊則只剩下 3 隻。這是什麼原因呢？動物學家們百思不得其解。

經過反覆研究，動物學家們終於找到了原因。

原來，東岸不僅生活著羚羊，在附近還生活著一群狼，為了不被狼吃掉，東岸的羚羊不得不奔跑，使自己強健起來；而西岸的羚羊因為沒有狼群的威脅，過著安逸的生活，結果，牠們的奔跑能力不斷降低，體質也隨之下降了。

調查結束，動物學家們恍然大悟，原來「物競天擇」說的就是這樣一個道理呀！只有在挫折與磨難中艱難生存下來的物種，才能擁有更加頑強的生命力！

此時此刻，聰明的家長是否已經從上面這兩個樸素的故事中理解了挫折的真正意義？那麼，請反省我們對孩子的教育吧！很多情況下，我們是否就像那個好心的農夫一樣，不忍心讓孩子吃苦受累，不忍心讓孩子遭遇人生的風雨，我們總是像母雞保護小雞一樣，怕孩子受到一點點委屈，把孩子藏在自己的身後，以為這樣做，就能讓孩子少遭一點罪！殊不知，家長的這種做法，不但讓孩子失去了在挫折中成長的機會，而且還對孩子個性、心理有著十分不利的影響。挫折也是一種寶貴的財富，孩子要健康成

長，應學會樂觀面對挫折，接受挫折。只有不斷承受困難和挫折的孩子，才能具有堅強的意志和強大的生存能力。同樣，一個經得起挫折的孩子，才能生存得更好！

對於孩子來說，「挫折」具有以下價值：

✧ **挫折有助於自信心的養成**：一個自信的人通常會表現出勇敢、堅韌、樂觀等行為特點，它是一個人走向成功的必備素養之一。當孩子遭遇挫折的時候，就會產生不愉快的情感體驗，此時，家長就該用一些鼓勵的話語激勵孩子戰勝挫折，並幫助孩子分析受挫的原因，使孩子能夠充滿信心地迎接挫折、戰勝挫折，慢慢養成自信的個性特點。

✧ **挫折有助於孩子堅強意志力的養成**：為培養孩子堅強的意志，家長可以利用自然挫折或人為設置的挫折來磨練孩子的意志，培養他勇於競爭、勇於奮鬥的頑強精神。

✧ **挫折有利於增強孩子的心理承受力**：遭遇挫折，有的人會沮喪、焦慮、逃避；有的人會積極、勇敢地面對。家長應教育孩子以積極、樂觀的心態去面對挫折，戰勝挫折。對於那些無法短時間或透過個人努力克服的挫折，應讓孩子學會運用自我安慰等方法來緩解自己心中的壓力與不快，以此培養孩子自我緩解心理壓力的能力，培養孩子自信與樂觀的特質。

作為家長，我們不但要充分理解到挫折的價值，還應該在日常生活中注意培養孩子的抗挫折能力。這樣，孩子才會在遇到挫折時表現出堅強、勇敢、自信的精神，用自己的力量和智慧去克服人生中一個又一個困難和挫折，一步步走向成熟，走向成功。

美國總統約翰·甘迺迪（John F. Kennedy）的爸爸從小就很注重對兒子獨立性格和精神特質的培養。

第六章　沒有體驗就不會成長

有一次他趕著馬車帶兒子出去遊玩。經過一個轉彎處，因為馬車速度非常快，馬車猛地把小甘迺迪甩了出去。當馬車停住時，小甘迺迪以為爸爸會下來把他扶起來，但他爸爸卻坐在車上悠閒地掏出菸吸起來。

小甘迺迪叫道：「爸爸，快來扶我。」

「你受傷了嗎？」

「是的，我自己感覺已經站不起來了。」小甘迺迪帶著哭腔說。

「那也要堅持站起來，重新爬上馬車。」

小甘迺迪掙扎著自己站了起來，搖搖晃晃地走近馬車，艱難地爬了上去。

爸爸搖動著鞭子問：「你知道為什麼讓你這麼做嗎？」

小甘迺迪搖了搖頭。

爸爸接著說：「人生就是這樣，跌倒，爬起來，奔跑；再跌倒，再爬起來，再奔跑。在任何時候都要靠自己，沒人會去扶你的。」

小甘迺迪聽了，似懂非懂地點點頭！

不過，從那以後，小甘迺迪對大人的依賴明顯少了很多！遇到事情，也不是只會哭鼻子了。因為甘迺迪知道沒有人可以幫助自己，他必須想辦法解決自己遇到的問題！

甘迺迪總統的爸爸並非不愛自己的孩子，事實上，正因為他深愛著自己的孩子，知道挫折是人生必經的坎兒，所以才不斷地磨礪孩子的意志，讓孩子摔倒了自己重新爬起來！因為「人生就是這樣，跌倒，爬起來，奔跑；再跌倒，再爬起來，再奔跑。在任何時候都要靠自己，沒人會去扶你的」！有過摔倒了自己爬起來的經歷以後，孩子才會變得更有韌性，更有承受力。這樣，當困難與苦難來臨時，孩子才不會手足無措。

當孩子面對挫折時，家長的正確做法如下。

✧ **不要擔心孩子**：不必擔憂孩子會因為一次挫敗，就永世不得翻身。每個孩子內心深處都有一個回饋機制，這個機制會在處理挫折的過程中，接納各式各樣處理不同危機的方法，這正是挫折賦予孩子的未來本錢，它可以讓孩子從容地應對生活中的挫折與失敗。

✧ **告訴孩子「挫折」並不可怕**：挫折未必總是壞事，關鍵在於對待挫折的態度，同樣的挫折既可以產生消極的情緒，甚至心理障礙，也可以磨練人的意志使其奮發向上，孩子對周圍的人和事物的態度常常是不穩定的，在碰到困難和失敗時，往往會產生消極情緒，不能以正確的態度對待失敗和挫折，這時，家長要及時告訴孩子「失敗並不可怕」「你要勇敢」「你一定會做得更好的」。家長要有意識地將孩子的失敗作為教育的契機，引導孩子重新鼓起勇氣，大膽自信地再次嘗試；同時，還應讓孩子明白人人都可能遇到困難和挫折，而困難和挫折是可以克服的，教育孩子敢於面對困難和挫折，建立戰勝困難和挫折的勇氣與自信心，提高克服困難和抗挫折的能力。

✧ **讓孩子客觀地分析挫折與逆境**：讓孩子客觀地分析挫折和逆境，尋找有效的應對方法，養成勇於克服困難和開拓進取的優良特質，以及如何正確理解生活中的困難和逆境，提高心理承受力，保持積極進取的精神狀態，甚至如何激發主動鍛鍊個性心理特質，磨礪意志，形成良好的生活態度等都是至關重要的。

✧ **適當設置一些困難，讓孩子體驗挫折**：俗話說「窮人的孩子早當家」，生活在窮困家庭的孩子，惡劣的生存環境自然就為他提供了艱苦鍛鍊的條件。現在生活水準普遍提高了，家長應多想辦法給孩子設置一些困難，讓孩子去解決。孩子在生活中碰到困難，也應要求他自己去解決，從而培養孩子應對未來的能力和意志。

✧ **教會孩子對待挫折的方法**：家長還可以教給孩子一些對待挫折的方法，如自我鼓勵：「這次雖然沒得到第一名，但比以前有進步了。」心理補償：「我跳舞不行，可畫畫不錯，要努力畫，爭取參加書畫比賽。」對嬌生慣養的孩子，不妨讓他受點冷落。

✧ **注意利用榜樣進行耐挫折教育**：社會學習對孩子的成長是非常重要的，對於以模仿為天性的孩子來說，榜樣的力量是無窮的。如因遭受失學挫折而奮發成才的愛迪生、華羅庚；戰勝病殘而卓有成就的海倫‧凱勒、張海迪等。這些優秀人物的事蹟都會給孩子帶來鼓舞和力量。

當然，在對孩子實施挫折教育的時候，家長還應該明白：對孩子進行挫折教育，其目的是為了讓孩子在體驗中學會面對困難並戰勝挫折，培養孩子的耐挫折能力；它不僅包括吃苦教育、生存教育、社會教育、心理教育，也包括獨立、勇氣、意志及心理承受力等方面的培養；只有在挫折中千錘百煉成長起來的孩子，才能在未來的人生中擁有更強的生存能力和競爭力。

讓孩子適應外來的變化

查爾斯‧達爾文（Charles Darwin）曾經說過：「存活時間最長的物種不是最強大的物種，也不是最聰明的物種，而是能最快適應變化的物種。」事實也是如此，每個人一生中所處的環境和所經歷的生活都不可能一成不變，一個能適應外界變化，並能隨時做出調整的人才能在這個社會中更好地生存。

對於很多孩子來說，適應變化是最難過的一關。

6 歲的陽陽剛入學 2 天就突然發起燒來，同時還伴有咳嗽、流鼻涕等症狀，家人急忙送陽陽到醫院檢查，原來陽陽是感冒了。

　　雖然經過治療，陽陽的病情已開始好轉，但陽陽的父母卻有些想不通，平時身體挺好的陽陽怎麼剛一上學就生病呢？

　　專家分析，陽陽之所以生病，除了客觀上天氣變化強烈、氣溫較低等因素外，還有一個重要原因，就是對新環境不太適應。

　　孩子的心理非常敏感，他們的承受力弱，情感也比較脆弱。周圍的環境事物稍有變化，就會引起孩子的注意，如果這一變化是令孩子欣喜的事物，他們會馬上被吸引過去；同樣，一旦這些變化令孩子覺得難以接受，他們就會以各種不良的情緒，如焦慮、厭惡、恐懼等來來表達自己的看法。更有一些孩子因為這些情緒的影響，使自身的免疫力和抵抗力下降，從而引發一些身體疾病。故事中的陽陽就是因為不能適應幼稚園的環境，因此生起病來。

　　專家認為，適應能力是孩子後期智力發展的基礎，在孩子的成長發展中有著重要作用。因此，提高孩子的適應能力，才能讓孩子的人生之路走得更為順利。

✧ 適應能力強的孩子能更快地融入新的環境中去，從一個環境到另一個環境的轉變，他所用的時間要比適應力差的孩子短很多。

✧ 適應能力強的孩子，學習新事物的能力也強，因為能很快熟悉新環境，所以能更多接觸到新事物，學習的機會也會大大增加，從而也就能更快學習到有用的生活經驗和知識。

✧ 適應能力強，能為孩子將來的學習打下良好的基礎。他能在學習中很快接受新的知識，也能接受不同的教學方法，自然能更輕鬆地汲取到有用的知識。

✧ 適應能力強的孩子，因為在心理發展上更健全，所以在遇到不熟悉的事情時，能更快從驚慌中冷靜下來，也能更快解決問題。

第六章　沒有體驗就不會成長

✧ 適應能力強的孩子能很快適應新事物，自然也能保持愉快的心情，這有利於其心理的健康發展。

✧ 適應能力還會影響到人際關係的發展，孩子若能很快與其他小朋友玩到一起，就能更快學到更多的社會經驗，知道如何才能與他人和睦相處。

適應能力如此重要，那麼，家長應如何提高孩子的適應能力呢？具體地說，家長應做到以下幾個方面。

▌從小培養孩子的獨立性，避免過度保護

在日常生活中，家長不要過分地保持不安全感，擔心孩子可能會發生什麼危險，因而對孩子的活動過多限制。家長的過多限制只會把孩子試試看的好奇心和勇敢精神在萌芽狀態就壓制下去，結果只會導致孩子產生依賴心理，缺乏自立。反之，如果家長從小就注重培養孩子的獨立性，讓孩子養成獨立的性格與良好的自信心，那麼，孩子到了一個新的環境，他也能很快適應，融人新環境中。

因此，家長在保證孩子安全的前提下，應該適當地將孩子放開，若有機會，還可以讓孩子到親戚家住上一兩天，改變一下環境，鍛鍊孩子的適應能力。

▌培養孩子的自理能力

教育和指導孩子學會自理，是提高孩子生活能力，培養他們生存和發展能力的基礎。

所謂自理，指的是能夠自己料理自己的日常生活，懂得一般的生活常識，能較好地學到生活中經常使用的工作技能，也包括自我服務和為他人、為團體服務的能力。

自理的關鍵是讓孩子自己動手、自己動腦，孩子的自理能力，內容是比較廣泛的，怎樣培養孩子的自理能力呢？要著重從培養孩子最基本的生活能力著手。如做飯、洗衣服、整理文具等，孩子自己能解決的問題要讓孩子自己解決，家長要給予必要的輔助、指導和鼓勵。

在日常生活中，已經入學的孩子，要讓他們從穿衣服、綁鞋帶、洗手帕等小事做起，逐步學會整理文具、收拾書包，以後再慢慢幫助大人擦桌子、洗碗筷；到中高年級後，還可讓孩子學會買菜、煮飯等。孩子的自理能力越強，那麼他適應社會，適應外來變化的能力也就越強。

▌平時要多讓孩子參加團體活動，多與人交往

家長應鼓勵孩子在日常生活中積極參加團體活動，如參加學校、年級、班級組織的各項活動，在活動中以恰當的方式展示自己的特長，在活動中提高自己，在活動中增進與他人的了解。只有積極拓展孩子的人際交往空間，當孩子換了新環境時，才能夠很快地適應。

▌在實踐中訓練孩子的適應能力

家長應放手讓孩子去鍛鍊。讓孩子在實踐中摸、爬、滾、打中長見識，學本領，增才能，提高適應能力。

在國外，人們更重視實際鍛鍊。日本開闢了幾十個無人荒島，專門讓中小學生去進行生存磨練；德國有的州把讓孩子從 6 歲起參加各種工作、學習生活技能寫進法律，不執行者為違法。西方人認為：孩子年齡雖小，但是個獨立的人，所以他們對孩子的鍛鍊從一出生就開始，讓嬰兒單獨睡在自己的小床裡，很小時，就讓孩子單獨睡在自己的房間裡；教育孩子自己走、自己跑，摔倒了，自己爬起來；上小學後，家長不但指導孩子自己去賺一些錢，如去送報、推銷商品等，還鼓勵孩子多做些家事。這樣培養

出來的孩子適應能力就很強。

當然，培養孩子的適應能力，家長還應該克服急躁情緒，做到循序漸進，不急於求成。不要指責孩子的依賴行為與不適應變化的心理，多與孩子溝通，多鼓勵，多交流，讓孩子有足夠的自信去應對外界的變化。

讓孩子體驗規則的力量

規則，就是規定出來供大家共同遵守的制度或章程。規則意識即是遵守這些制度或章程的良好態度和習慣。規則意識較強的孩子，自律精神也較強，較容易適應團體生活。沒有規則意識的孩子，將來無法在社會中立足，當然更談不上成才了。

作為家長，我們在教育孩子的時候，不僅要提倡尊重孩子的個性，同時也要對孩子提出明確的行為規範，讓孩子懂得是非對錯，知道什麼可以做，什麼不可以做。只有嚴格要求、約束孩子，才能讓孩子養成良好的「守則」習慣。

那麼，家長應該讓孩子遵守哪些規則呢？

✧ 遵守交通規則。教育孩子不得騎車帶人，橫穿馬路要走人行橫道；乘車要購買車月票，按秩序排隊上車。

✧ 遵守學校的各項規章制度。上課認真聽講，遵守課堂紀律；尊敬老師；關心團體、團結同學；愛護公物，損壞公物要賠償；課間不得在樓內打鬧，不得大聲喧嘩；保持教室衛生，不得亂扔紙屑雜物。

✧ 在購物時，要自覺遵守超市、商場等公共場所的秩序，購物要排隊。

✧ 參觀文藝場所或到公園、名勝古跡等地遊覽時，應該自覺維持公共秩序，參觀遊玩要排隊；保護公共場館設施；保持文藝場所、名勝古跡的

衛生，不可以亂寫亂畫、亂扔雜物；不得踐踏草坪、毀壞花草樹木等。

✧ 在觀看電影、話劇時，要注意劇場秩序，不得大聲喧嘩，不得起鬨吹口哨、鼓倒掌等。

✧ 讓孩子知道不管在任何地方，都應該不隨地吐痰，保持公共衛生；上廁所應該沖洗抽馬桶；飯前洗手、飯後漱口等。

✧ 如果有事情需要出門，要跟家長打招呼，這不僅僅是禮貌，更是一種社會常規。

個人的成長離不開社會，只有人人遵守規則，我們的生活才會有序，我們的權利才能得到充分的享受，我們的人身安全才能得到充分的保障，我們的個人成長才能順利，我們的生存環境才能做到空氣清新、清淨漂亮……

孩子規則意識的形成有一個循序漸進的過程，要經歷一個從被動到主動的過程，要由成人管理、約束與引導，然後達到孩子的自我管理，並最終形成習慣。一般來說，家長可以從以下幾個方面來培養孩子遵守規則的習慣。

▋ 以身作則，建立良好形象

家長的一言一行、一舉一動，都是孩子模仿的內容，因此，家長要時刻注意自己的言行，做孩子的榜樣。家庭生活中的一些規則，如作息制度、衛生要求、禮貌習慣等；社會生活中的規則，如交通規則、公共秩序等，家長要求孩子做到的，自己首先要做到、做好。

▋ 曉之以理，加強引導，跟孩子講清規則的用處

家長應該經常給孩子灌輸這樣一個觀念：規則無處不在，一定的規則能保證人們更好地生活。例如，人們要遵守交通規則、遊戲規則、競賽規

則。家長可以時常反問孩子，如果不遵守規則會怎樣？讓孩子設想違規的後果，來引起孩子對執行規則的重視。

讓孩子遵守家裡的規則

國有國法，家有家規。在家裡，物品用後要歸回原處；離家出門要和家人打招呼；家裡來了客人要有禮貌地打招呼；按一定的時間作息（定時進餐、睡眠、起床）等，這些約束對培養孩子的規則意識都有很大的促進作用。

培養孩子的自律能力

規則是強加的，屬於外力約束，而自己制定的規則有內省成分，易於自律。家長不妨和孩子一起商量制定家庭規則，以便共同遵守。例如，進別人房間前要先敲門；下棋、玩遊戲要按規則決定勝負；說錯話或做錯事時要禮貌道歉；看電視時不要干擾別人。即使家長違規也要自覺受罰，讓孩子懂得規則的嚴肅性。

培養孩子遵守規則的習慣，家長的態度應堅定

在一家韓國商場裡，一位母親提著袋子靜靜地站在一旁，而她四五歲的兒子正坐在地上大哭，那哭聲聽起來讓人於心不忍，覺得這位媽媽真是鐵石心腸。一位遊客忍不住走上去和這位媽媽聊起來。

「孩子想要遙控車。」媽媽說，「在出門時，我們已經約好，不再買遙控車了，他不遵守約定！」

這位遊客說：「但他畢竟只是一個孩子啊！那麼小，而且哭得那麼可憐……」

「無論怎樣，」這位媽媽斬釘截鐵地說，「他必須遵守諾言，這是不

可商量的。」

果然，直到孩子哭累了，才老老實實走到媽媽身邊，和媽媽一起離去了。

這位媽媽用堅定的方式告訴孩子規則是必須遵守的。堅定的態度是必須的，如果家長說：「必須這樣！」而孩子違反了又不追究，他下次就知道，即使違反規格，家長也只能讓步，姑息的結果就是孩子規則意識的必然喪失。

▎讓孩子懂得「要想得到最好，必先付出最多」

美國一位心理學家為了研究母親對人一生的影響，在全美選出 50 位成功人士和 50 名有犯罪記錄的人，分別給他們去信，請他們談談母親對他們的影響。其中有兩封信談的都是一件事：分蘋果。

一封信是一個來自監獄的犯人寫的：小時候，有一天媽媽拿來幾個蘋果，大小不同，我非常想要那個又紅又大的蘋果。不料，弟弟搶先說出了我想說的話。媽媽聽了，瞪了他一眼，責備他說：「好孩子要學會把好東西讓給別人，不能總想著自己」。於是，我靈機一動，立即說：「媽媽我想要那個最小的，把最大的留給弟弟吧！」媽媽聽了非常高興，把那個又紅又大的蘋果獎勵給了我。從此，我學會了說謊。

另一封信來自白宮的艾森豪（Dwight D. Eisenhower）：小時候，有一天媽媽拿出幾個蘋果，大小不同。我和弟弟們都爭著要大的。媽媽把那個最紅最大的蘋果舉在手中，對我們說：「這個蘋果最紅最大最好吃，誰都想得到它。很好！那麼，讓我們來做個比賽，我把門前的草坪分成三塊，你們一人一塊，負責修剪好，誰做得最快最好，誰就有權利得到它。」我們三人比賽除草，結果，我贏得了那個最大的蘋果。我非常感謝媽媽，她讓

我明白了一個最簡單也最重要的道理：要想得到最好的，必先付出最多。

　　培養孩子遵守規則的習慣，不是一朝一夕的事情，需要循序漸進，持之以恆。要做到這一點，要求家長有恆心，不論何時何地，都要排除萬難，堅持不懈地支持和鼓勵孩子向既定目標努力，直到規則習慣養成。

鼓勵孩子要勇於冒險

　　勇敢的特質對孩子一生的成功尤為重要。縱觀歷史，為什麼有些人的人生道路越走越寬。而有的人卻越走越窄？為什麼有的人會在失敗中東山再起，而有的人卻在勝利即將來臨時退卻？因為上天偏愛勇敢的孩子，偏愛敢於冒險的孩子。一個勇於冒險、勇於接受挑戰的孩子，往往說到做到，意志堅強，銳意進取，充滿熱忱，勇於創新。在他們漫長的人生歷程中，會以壓倒一切的魄力和勇氣去解決一切困難和阻力，爭取事業的成功，創造人生的輝煌。

　　因此，當孩子大一點去做一些有風險的事情時，父母應該寬容和鼓勵。對於那些明顯有些膽小的孩子，父母則更應該給他們創造鍛鍊的機會，放手讓孩子大膽地去做一些力所能及的事，培養他們遇難而進的勇氣。

　　家長應該如何培養孩子勇敢的精神特質呢？

▍對孩子的事切忌包辦代替

　　許多情況下，父母的過度照顧、擔心和保護，成了孩子的沉重負擔。因為怕跌倒，孩子十幾歲了，還不讓他學騎自行車。特別是現在許多母親，孩子一離開自己的視線，就會想像出各種危險可怕的情景：可能在馬路上被汽車撞了，或是游泳被水嗆到。總之，一百個不放心。

　　古人說，世上不會有怕孩子摔跤而不讓孩子學走路的媽媽。然而，現

今真有不少因噎廢食的父母。因為怕孩子碰著、撞著，怕發生車禍，怕走失，於是給孩子設置了許多禁區，不准摸電器，不能碰瓦斯，年紀漸漸長大了，還不允許孩子單獨外出，已經上中學了，還不能單獨坐公車，不可以獨自去公園等。

在過度保護中長大的孩子，往往表現出優柔寡斷，膽小怕事，沒有勇敢面對困難的精神，也缺乏獨立處理實際事務的能力。

要了解孩子在各個年齡階段普遍具備的各種能力。知道在什麼年齡，孩子應該會做什麼事情，那麼就可以放手讓孩子自己的事情自己去做了。

只有獨立自主的孩子，才能具有冒險的精神與勇氣。

家長自己應該表現得很勇敢

如果家長遇到困難或危險的活動就害怕，很容易想像這樣的家長會帶出什麼樣的孩子。有時家長僅僅是為孩子的安危擔憂，便因此剝奪孩子鍛鍊的機會，事實上這樣做是很自私的。

增加孩子的見識

孩子的膽識，不僅僅包括勇敢，還有智慧和謀略。因此，做個有膽有識的人必須以見識作基礎。增加孩子的見識是培養孩子膽識的一個重要途徑。

培養孩子的膽識

對孩子，一是要管，二是要放。什麼是管？不好好學習，品德不好，要管；什麼叫放？吃苦耐勞的事情，經風雨見世面的事情，都要放手讓孩子去做。這樣可能要摔跤，但只有這樣才能使孩子得到鍛鍊。孩子的膽識只有在現實生活中磨練才能增加，如果孩子要去運動怕他摔著，要去游泳又怕他溺水，要去探險又怕他受驚嚇，把他像籠中鳥一樣關著，孩子哪來

第六章　沒有體驗就不會成長

的膽識呢？

　　因此，當孩子自己組織野炊、登山活動時，除了告訴孩子應該注意一些危險情況外，家長應盡可能放手讓他們去做，只有讓孩子去闖，才能培養孩子戰勝困難的勇氣。

▌鼓勵孩子參加探險活動

　　英國人鍛鍊孩子勇氣的辦法是鼓勵孩子參加探險活動。

　　英國西南部的瓦伊河畔，有一所少年探險訓練中心，專為少年兒童提供探險活動的機會，以訓練孩子們的勇氣和堅強的意志。

　　孩子們每天一早就離開營地來到河邊，先由教練教授水中安全及救護方面的基本知識，然後小學員們練習登艇和划艇。登艇並非易事，每一次練習，都會有孩子落入水中。划艇就更加困難了，在激流中划艇要有很強的勇氣和堅強的意志，儘管孩子們都穿著防水服和救生衣，但還是很危險。孩子們在這裡不僅僅是學習划艇技術，更重要的是鍛鍊意志，培養勇敢精神，懂得互助互愛和團結合作。

　　英國人被稱為「約翰牛（John Bull）」，意指英國人做事有一股堅韌的脾氣，既倔強又執著，這與該民族宣導對孩子的勇氣和意志的訓練不無關係，是英國人性格形成的重要人文因素。

讓孩子在大自然中體驗

　　談起讓孩子去戶外活動，很多家長總是以孩子學業忙，容易玩瘋了耽誤學習為由，不允許孩子出去。以致很多孩子除了學習，就是在家看電視，上網玩遊戲、聊天。孩子很少有機會與大自然親近，更不用說走進大自然，體驗大自然了。

實際上，大自然是孩子學習知識、體驗「美」與「生命力」得天獨厚的課堂。在這一課堂中，孩子不僅可以感受到大自然的美好，更可以增加見識，鍛鍊自己的意志力。而整天把孩子關在屋子裡，孩子過度地與電視、電腦交流則會疏於跟人、跟大自然的交流。孩子整天待在家裡，不知季節的變換，不知萬物的生長，會幼稚得不知番茄是長在樹上還是長在藤上，不知蓮藕是長在田裡還是長在水裡。孩子不到自然中去看看，就體驗不到山河的壯美，體會不到人和自然的和諧相處。更重要的是，整天讓孩子呆在狹小的空間裡，容易讓孩子在枯燥、無味的生活中變得鬱鬱寡歡，還遏制了孩子各種能力的發展，影響其身心健康。因此，家長應把孩子從閉塞的空間裡解放出來，讓孩子投身到泥土的芳香中，讓大自然這本永遠讀不厭的教科書對孩子發揮積極的作用。

對於孩子來說，大自然是他們學習、體驗、探索的最好場所，他們將在這裡獲得豐富的養分。有智慧的家長應懂得利用這一豐富的資源，給予孩子最初的「生命」教育。達爾文（Charles Darwin）的母親就是這麼一位有見地的家長。

達爾文的父親是英國一位有名的醫學博士，母親蘇珊娜是位有智慧的女性，她承擔了教育子女的責任。達爾文一歲時，蘇珊娜對他進行啟蒙教育，尤其是常帶達爾文去花園散步。在這裡，小達爾文看母親嫁接果樹和培植花草樹木，同時幫助搬移花盆。蘇珊娜一點一滴地教達爾文認識和觀察花草，告訴他怎樣根據花蕊來識別花草，怎樣記住各種樹木的名稱。有時，小達爾文還跟著父親去郊外採集花草植物，在這樣的環境薰陶下，達爾文從小就喜歡大自然，知識領域也不斷地擴大。

蘇珊娜很懂得滿足達爾文的好奇心。一次，蘇珊娜幫樹苗培土，小達爾文問：「媽媽，你為什麼要幫樹苗培土？」在得到滿意的回答後，他又

第六章　沒有體驗就不會成長

提出諸如：「泥土為什麼長不出小貓和小狗呢？」等一連串的問題。蘇珊娜為孩子能提出問題而高興，她對達爾文說：「世界上有很多事情，對於我，對於你爸爸，對於所有的人來說，都還是一個謎，媽媽希望你長大後自己去找答案，做一個有學問的人。」

母親循循善誘的教誨，啟迪了達爾文幼小的心靈，激發了他探求未知世界的欲望，最終他成為了舉世聞名的科學家，創立了生物演化論，為人類做出了傑出的貢獻。

蘇珊娜育子的故事給了我們很大的啟發，與其將孩子封閉在狹小的空間裡變得狹隘、無知，不如釋放孩子的身心，讓孩子在大自然中體驗、探索與學習，從而從中受到教益。

具體地說，家長可以做到以下幾點。

▌把孩子帶到大自然中，感受自然之美，提高審美情趣

大自然的美是多方面、多層次的，家長要和孩子一起去欣賞、領略。高高的山峰好似巨人巍然屹立，堅不可摧；蒼松翠柏頑強地生長於懸崖峭壁，顯示了旺盛的生命力；湍急的河流飛瀉而下，似有千鈞不擋之勢；青青的小草平凡可愛……

自然界的美不僅表現為美麗如畫的景色，而且還有悅耳的音樂。這是一種特殊的樂曲，如同鳥的歌唱聲，樹葉的沙沙聲，流水的潺潺聲……這一切細細品味，悅耳動聽韻味無窮。

在大自然中，孩子的身心得到了放鬆，審美情趣更有可能得到提高。在美的薰陶中，孩子將會更加熱愛生活、熱愛生命。

培養孩子熱愛大自然的意識

透過欣賞大自然，培養孩子熱愛自然、珍惜環境的意識，培養他們熱愛動物、保護花草樹木的情感，使孩子懂得保護生態環境的重要性，這才是欣賞大自然的真正目的。根據不同的地理位置、不同的季節、不同的時間來感受大自然的不同風貌。春天綠芽長出來了，給人滿目生機；夏天樹木長滿樹葉，給人帶來片片蔭涼；秋天秋高氣爽，讓人感到陣陣快意；冬天到處是銀裝素裹，使人體驗白色世界的純潔。這是四季不同的景色，在這裡春的生機、夏的炎熱、秋的涼爽，冬的淡雅，只要稍加觀察就不難發現他們的不同之處。這是父母指導孩子欣賞大自然時必須掌握的。

家裡應購置一些關於旅遊方面的書籍

閒暇時翻翻旅遊方面的書籍，可增長見識，引起探索的欲望；也可與孩子一起看看《人與自然》、《自然探索》、《動物世界》、《國家地理》等關於自然科學的電視節目，來加強孩子的感性認知，多方了解國內外的自然知識。

經常帶孩子出去旅行

正所謂「讀萬卷書，不如行萬里路。」因此，有條件的家長可以多帶孩子出去旅行。讓孩子在旅行的過程中增長見識、增長能力，鍛鍊個人意志。

一位經常帶女兒出去旅行的母親，曾這樣介紹了自己的經驗：

女兒 5 歲那年，我在書店買了本介紹全國旅遊景點的書，每到一個地方旅行之前，我都會先在書上看一遍，然後用兒童容易理解的語言講給女兒聽，讓她先有個初步的認識和了解。我想，讓孩子帶著問題去玩，不但

第六章　沒有體驗就不會成長

鍛鍊了身體，同時也可以增長地理、歷史等各方面的知識，這對孩子的身心健康和語言及寫作能力都有好處。

隨著孩子年齡的增長，我除了讓她準備該帶的物品外，還特地給她準備了一個能背著的小旅行包。其實我知道孩子所能承受的重量，裡面並沒有裝很多的東西，目的只是讓她有合作的意識和小大人意識。

當我們在旅途中遇到不認識的路時，我就會坐在一邊請女兒來幫忙問路，這樣孩子在旅行中不僅增長了許多的知識，還學會了與人交往的技巧，更學會了如何處理問題。

當然，如果家庭條件不允許或工作太忙沒時間，家長也可以多帶孩子到郊外走走，在戶外散散步等，這也是讓孩子親近大自然的一種手段。

第七章　讓學習成為孩子的終身習慣

　　很多時候，孩子被動地學習僅僅是為了應付平時的考試，一旦最後期末考試結束，沒有了考試的鞭策，孩子自然而然也就放棄了學習，變得無所事事。而家長督促孩子學習，很大程度上也是受能否提高學習成績為指導的。如此功利的學習目的，只會弱化知識本身的價值，讓孩子視學習為苦差事。

　　實際上，真正的學習，和功利無關，而是和能力與素養有關。孩子學習的真正目的，是接受更多的知識，提高孩子自身的素養，因此，學習應該是貫穿孩子一生的習慣。而家長要做的，就是讓孩子學會學習，具備終身學習的能力。

激發孩子的學習興趣

　　心理學研究表明，興趣能使人接近自己所喜歡的對象，驅使人對事物進行鑽研和探索，從事創新的、有趣的或個人愛做的事，並因此樂此不疲。進而促使一個人取得成功。

　　興趣對孩子的學習有著神奇的內驅動作用，有興趣才有渴求，有渴求才會主動去積極地探索，獨立地進行研究和分析，得出自己的結論，而不是被動地接受書本知識。興趣能變無效為有效，化低效為高效。孩子只有對學習內容有足夠的興趣，才會產生強烈的探索欲望和飽滿的精神狀態，才會自發地調動全部能動性，積極、主動地投入到學習中去，學習就不再只是枯燥的事情，學習效率也就會提高，並能取得較好的學習效果。可以說，學習興趣是推進孩子進行自主學習的原動力，充分激發孩子的學習興趣是家長培養孩子學習主動性的有效途徑。

　　許多調查資料證明：對學習有濃厚興趣、自覺性強的孩子，大都能專心聽講，注意力集中，認真做筆記，肯動腦筋，愛提問題，按時完成作業，主動閱讀有關的課外書籍，並且有克服困難的頑強毅力；而那些漫無目標、缺乏學習興趣的孩子，在學習上往往很被動，學習不專心，對待學習任務敷衍了事，遇到困難易產生消極、畏難情緒，把學習看成是一種負擔。培養孩子的學習興趣，可從以下幾方面著手。

▌家長言傳身教

　　家長的學習興趣對孩子有著潛移默化的影響。比如很多的音樂世家、書香門第都很重視這一點。實際上，興趣教育比強迫孩子去做家長自己都不感興趣的事情更容易，效果也要好得多，所以培養孩子的學習興趣，家長的言傳身教是非常重要的。

所謂言傳，就是家長盡可能早地讀書給孩子聽，會彈琴的家長在孩子面前彈琴，會習字畫畫的，就多在孩子面前展示自己的學習成果，交流自己的學習心得等。孩子在耳濡目染的情況下，慢慢就體會到了學習的魅力所在，慢慢也就產生興趣了。

為孩子創造一個愉悅的學習環境

例如，孩子一般都愛聽故事，不管是老師或家長講故事，還是廣播電臺或電視臺播放故事，孩子們總是專心致志地聽，特別是繪聲繪影地講故事最能吸引他們。當家長講小人書中的故事時，家長會發現孩子常常是一邊聽一邊很想理解書上的字，這種主動要求學習的精神是非常可貴的。家長可以利用這一時機因勢利導，適當教孩子認認字，但不要求孩子寫，更不要求孩子記這些字，只要孩子能理解，能把一個小故事讀下來就行。孩子聽得多了，讀得多了，自然而然地就掌握了這些字。有一天，家長會發現，孩子已經能很連貫地把書上的故事朗朗上口地讀出來。當孩子在閱讀課外書刊時，家長可利用讀物內容，作為與孩子對話的內容。這樣，孩子在一個寬鬆愉悅的學習環境中，可以不時地受到啟迪，並逐步養成主動學習、主動探索知識的興趣與習慣。再者，給孩子一個安靜的學習環境。孩子學習時父母不要下子送水果，一下子與他說話，打斷孩子的思考。最後還需要讓孩子多與愛學習的小朋友接觸，受其影響，從而對學習產生興趣。

讓孩子從學習中尋找快樂

學習若能給孩子帶來快樂，那麼孩子一定會喜歡學習，年齡越小的孩子，學習興趣越是以直接興趣為主。例如：有的孩子喜歡畫畫，可能是他樂意用五彩的蠟筆在紙上塗抹，看著五彩的線條在紙上延伸、擴展，他的思考、想像也跟著任意遨遊；也可能是老師經常表揚他，雖然他畫得並不

第七章　讓學習成為孩子的終身習慣

怎麼樣。那麼，怎樣才能使學習變為快樂的事呢？

首先，多表揚，少批評。要善於發現每個孩子的優點。有些家長開口閉口就是「這麼簡單都不會，光知道玩」，本是恨鐵不成鋼，卻不知好鋼已在批評中鈍化了，日久天長孩子也會覺得自己很差，總有錯，在學習中就會有壓抑感，於是開始厭惡學習。這種做法其實是不對的。

其次，使孩子一開始就要有成功的體驗。每一門學科都有自己的特點，裡面都蘊藏著無窮的奧妙和無盡的樂趣。家長要盡可能引導孩子掌握好知識，孩子每弄清一個問題或者懂得一個道理的時候，家長要與孩子一起分享這種快樂的感覺，這樣既能增強孩子的自信心，使孩子有探索的積極性，又能讓孩子對學習產生濃厚的興趣。

最後，家長還應該指導孩子讀書。家長在家裡盡可能安排一些時間和孩子一起學習，當孩子解答出難題後，與孩子分享快樂；當孩子不懂時，與孩子共同探討。這也能讓孩子覺得學習是件愉快的事。另外，家長的情緒、學習的環境等也能影響孩子學習的情緒興趣。

▌發展孩子多方面的興趣

一些孩子由於受家庭和周圍環境的影響，在三歲左右就開始對畫畫或樂器產生了興趣。特別是孩子進入幼稚園以後，在老師的教導下，孩子的興趣愛好出現了第一次飛躍。最先使孩子產生興趣的一般是畫畫、唱歌和表演，當然這些都是模仿的。對鋼琴、電子琴、手風琴的興趣都可以在幼兒期喚起，這時不是要求孩子能達到什麼水準，而是以喚起他們對各種樂器的興趣為主。下棋更是如此，很小的孩子就喜歡跟大人下棋，當然更喜歡和小朋友們一起下棋。家長只要做有心人，為孩子們提供一些條件，準備一些簡單的器具，並多給孩子講講自己的見聞，多與孩子一起玩，孩子多種學習興趣就會逐漸培養起來。

█ 積極鼓勵，適當引導

在學習的過程中，孩子所取得的每一點成績，不管家長還是老師，都應該積極採用多種形式給予適當的鼓勵，讓孩子獲得一種被人承認、被人接受的感覺。水滴石穿，量的累積達到了一定程度，就會發生質的變化。同樣，鼓勵這個助推劑，累積到了一定的程度也會收到意想不到的效果。孩子對某一問題、某一學科的興趣也就在這一次次的鼓勵中得以形成、得以發展。但另一方面，家長也應該看到，孩子雖然接受新事物的能力比較強，世間的萬事萬物都能引起他們的興趣，但孩子由於生活閱歷的欠缺，對真善美、假惡醜的分辨能力有限，不良的學習興趣和學習習慣也會乘虛而入。這時候，作為家長或老師，就應該適當地加以引導，告訴孩子哪些是對的、哪些是錯的，哪些該做、哪些不該做。

█ 挑戰困難，循序漸進

學習是個循序漸進的過程，對學習既要知難而進，又要做到從易到難。在學習中遇到困難是很正常的現象，關鍵是要如何處理好它。有的孩子喜歡向困難挑戰，在戰勝困難時會感到其樂無窮，這樣就形成了學習興趣；有的孩子不喜歡困難重重的感覺，家長便可以引導他們在學習中選擇從易到難的方法，不要急於求成，讓孩子在每前進一步中都體會到一種成就感，這同樣也能培養孩子學習的興趣。

總之，每個孩子對知識的學習和掌握，都是被興趣牽引著一步一步地實現的。作為家長，應該珍惜孩子求知的興趣，並積極地給予保護和鼓勵，從小引導孩子在自主求知中快樂學習。既要順其自然正確地培養孩子的學習興趣，同時又要循序漸進，正確引導。這樣，就可以收到很好的效果。

第七章 讓學習成為孩子的終身習慣

點燃孩子學習的熱情

每個人體內都有非凡的潛力，像一座奔湧的火山，這座火山一旦噴發，人生將會因此變得更加絢爛多姿。這一非凡潛力的激發需要的正是熱情。

熱情是成功的引擎，潛能的觸發器。孩子學習成績的好壞，往往取決於孩子對學習的熱情程度，一個擁有學習熱情的孩子能做到廢寢忘食地學習，即使在嘈雜混亂的環境中，也可以全身心專注於自己的學業，從而最大限度地提高學習效率，取得更好的成績。在熱情的支配下，孩子會主動約束自己不利於目標實現的各種不良習慣，以積極的心態面對未來，以不屈的努力克服各種困難，以頑強的意志將奮鬥堅持到底，直到目標實現為止。在有學習熱情孩子的面前，永遠有一個看得見的靶子。

在生活中，有很多孩子對學習缺乏熱情，對他們而言，學習就像吃藥，苦不堪言，只要一提到學習，他們就情不自禁地皺起了眉頭。在學習時，這些缺乏學習熱情的孩子很難將注意力集中在所學的內容上，正因為如此，他們的學習成績比較差。孩子具有這種不思進取的個性，可能有先天的因素，但更多的是由後天環境的影響造成的。歸納起來，造成孩子缺乏學習熱情的原因有以下幾點。

✧ **願望太容易得到滿足**：如今的孩子生活條件優越，想要什麼很輕易就能得到，因此很多孩子看起來對什麼都不在乎，成績普通也沒關係，對班級幹部競爭沒興趣，比賽得不了名次也無所謂。

✧ **缺乏學習的動力**：動機缺乏的孩子沒有學習動力，缺乏學習熱情，把學習看成是一件苦差事，在學習中沒有目標，得過且過，其學習行為完全是一種被動的應付。表現在方法上，只會死記硬背、投機取巧，

沒有計畫。一個喪失了學習動機的孩子，在學習上也一定無精打采。

✧ **缺乏上進心**：家長本身缺乏上進心，工作不思進取，生活上平平庸庸，如果還忽視孩子情感與智力方面的需要，對孩子沒有明確的行為指導和要求，平時極少和孩子談話、遊戲、講故事，必定會壓抑孩子的上進心。另外有些孩子則因為年齡較小，生性好玩，不能對自己作出正確評價，不能自我調節、自我監督，因此，不能自我教育、自我激勵。

美國教育學家布盧姆（Benjamin Samuel Bloom）說過：「一個帶著熱忱學習的孩子，比那些缺乏熱情、樂趣和興趣的孩子，或者比那些對學習資料感到焦慮和恐懼的孩子，學習起來會更加輕鬆，更加迅速」。家長有責任讓孩子熱愛學習，並把學習的熱情保持終身。但如何去激發孩子卻沒有定式，針對每個孩子個性與特點的不同，家長應因材施教，最大限度地發揮孩子的能量。

教育學家經過長期的分析、觀察得到：一個優秀的家長，同時也是優秀的導師，他能在家長與師長之間巧妙地互換角色，從而在不知不覺中激勵著孩子不斷進步。具體來說，一個優秀的家長在激發孩子的學習熱情、催促孩子上進時，應該做到以下幾點。

▌和孩子討論將來，激發孩子學習的熱情

每個孩子，都會對自己的未來產生憧憬。做家長的，不妨讓孩子充分發表他們對將來的希望，不管是多麼不切實際的想法。家長和孩子一起討論為了實現自己的理想需要具備哪些知識，讓孩子了解，為了自己的將來，目前辛苦讀書是必要的，從而激發孩子學習的積極性。

沒有哪個孩子自甘落後和不求上進，幾乎所有的孩子都希望自己在學

第七章　讓學習成為孩子的終身習慣

習上出類拔萃，只是因為種種原因造成了他們暫時的落後。而孩子一旦找到了對症的方法，並且每個孩子的學習願望被強烈引發之後，他的進步往往會出人意料。

正面引導，提出目標，激發孩子的學習熱情，強化孩子的進取心

孩子的進取心大多是由外在的要求進而轉化為自己的願望。因此，目標教育是必須的。目標可以建立孩子的雄心，雄心可以引導孩子追求，拿破崙的名言「不想當元帥的士兵不是好士兵」，實際上是說的就是目標的激勵作用。

應該注意的是：短期目標應按照孩子的能力來定，長遠目標是明天的，短期目標則是今天的。目標定得太高實現不了時，不僅會挫傷孩子的積極性，而且也會影響上進心。

最恰當的短期目標是稍微高於孩子的能力，讓孩子經過努力能達到的目標。例如，學生過去一直考 15 ～ 20 名，那麼短期目標可以定在考到 10 ～ 15 名之間。

做孩子的榜樣，父母自己要積極進取

人們常說孩子把父母當做一面鏡子，對父母的一言一行、一舉一動都會有意無意地去模仿。因此，要培養孩子的求知欲，父母自己必須先做出榜樣，這是教育孩子的一條捷徑。

很多時候，智力因素固然是一個考量，可是父母的榜樣力量也是無窮的。父母日常生活、工作上的言行舉止以及態度，無形中就給了孩子做了榜樣。

對孩子進行危機、挫折教育

日本非常重視對孩子進行危機教育，讓孩子從小就知道，日本地少人多，資源缺乏，只能仰賴高素養的人才，否則就沒飯吃，就沒水喝。對孩子而言，沒有危機感，躺在安樂窩中是難以激發會出強烈的上進心的。

讓孩子理解到學習的終極意義

生活中，有很多孩子會問：「人到底是為了什麼而學習？」為了什麼呢？為了考上好的學校，為了過上好的日子？很顯然，這些答案對於孩子來說都缺乏說服力，更不可能激發他學習的鬥志和熱情。因為，家長看到，孩子也看到，一些沒有上過大學的人，賺了很多錢，而即便是一些知名大學的畢業生，很多還在為找工作而煩惱，知名大學的畢業生，為沒有上過大學的老闆打工。這樣的事情在現實生活中並不少見。

這難道是學習的終極目的？無怪乎很多孩子覺得學習沒有意思，覺得人生缺乏憧憬。特別是那些生活條件優越的孩子，就更加不知道為了什麼而學習了。

而一個成功的商人是這樣告誡他的孩子的：「讓我告訴你，你是為什麼要學習的吧！為了在班上沒有人嘲笑你，為了你的老師善待你。為了以後更多的人尊重你！因為，起碼，你不單有錢，你還有素養！」

是的，努力學習，從功利上來說，是為了得到尊重，獲得做人的自信與生存的力量。而從個人素養提升上來說，則意義更大，因為，我們今天所擁有的一切，都有可能在瞬間消逝 —— 財富、榮譽、地位，這些都是我們所不能絕對掌握的。唯有一樣東西，永遠與我們同在，那就是自己的素養，這才是我們唯一可以依靠的！所以，我們必須學習！

只有知道了為什麼學，學什麼，孩子才能對學習產生真正的熱情！

給孩子學習的自信

在生活中，有這麼一種現象：成績好的孩子學習會越來越得心應手，成績也會變得越來越好，而成績不好的孩子則會變得越來越不好，學得也越來越吃力。這到底是為什麼呢？很多家長質疑。事實上，這兩種孩子除了能力上的差異外，最主要的就是狀態不同。

學習成績不好的孩子，他們在學習上的自信已經喪失，對他們來說，表揚、獎勵與他們無關，理想與目標更是等於零，現實慘澹無光，未來更是遙不可及，你說他們能不茫然嗎？在這種狀態下，他們的生活態度是得過且過，他們的學習是被動的、消極的，甚至還有抵觸，因為他努力了也不可能成功，成功和他沒有關係，他只能破罐子破摔。

自信的喪失，也就意味著失去動力。為什麼很多孩子對玩遊戲上癮？因為除了遊戲本身的精彩刺激以外，孩子還能從遊戲中獲得成就感。特別是網路遊戲，打得好就可以賺到裝備，賺到錢，也就有了地位和權威，結果就會受到別人的尊重。與現實人生相比，那是一種更容易實現，更容易掌握的成功，只要不停地玩下去，都會有收穫。這就是很多孩子，特別是那些學習成績不好，在學校被漠視，在家裡經常受批評，缺乏成就感的孩子沉迷於網路遊戲的最重要原因之一。

因此，要想讓孩子努力學習，作為家長，必須幫他建立學習上的自信，讓他感到自己是可以成功的。

那麼，在大家都在努力，孩子在已經落後的情況下要想超越，家長應如何幫孩子建立起學習的自信呢？

信任孩子

自信來源於信任。不管孩子學得好不好，作為家長都不要失去信心。家長對孩子的懷疑（能力的懷疑、品行的懷疑，甚至是運氣的懷疑），都會使孩子感到沮喪，從而自我懷疑。家長只要發自內心地讚賞孩子，肯定孩子，讓他看到希望，他就會努力，慢慢地，家長就能看到孩子的變化。

要有正確的目標

要想孩子恢復學習的信心，得有學習的目標，而目標的制定要符合孩子自己的條件，目標不可太低，也不要太高，太低激不起孩子鬥志，太高了，如果一再失敗，一再失望，信心必將更受打擊。如果孩子是全班倒數第一，那麼，家長只要讓孩子爭取到倒數第二，那也是進步。告訴孩子，不要和別人比，要和自己比，只要在上進，就是好的。

積極鼓勵孩子從事有興趣的活動

正常的嗜好與充分的運動，不但有助於調劑生活，更能培養積極健康的人生觀。

所以，當孩子在節假日要求家長一起玩遊戲時，家長大可不必嚴肅地說：「不准玩，快去做功課！」因為，遊戲不但能訓練個人的思考力與臨場反應，亦可提高其理解力，對前途也有莫大幫助。反之，若孩子因缺乏理解力的訓練而無法領會課業的內容，必將隨年級的升高與課程的加深，更難產生學習興趣了！

因此，當家長發現孩子興趣廣泛並喜愛運動時，應該積極加以鼓勵。

第七章　讓學習成為孩子的終身習慣

▍策略上要有重點，各個擊破

　　家長不要幻想一個學期孩子就能改變面貌，要有打持久戰的準備。先突破一科，只要在某一科上進步明顯，就可以證明孩子是有能力、有潛力的，建立起孩子的自信。突破一科所付出的努力，所採取的方法，對其他科都有借鑑意義。突破了一科，其他科就有望跟上。

▍讓孩子發揮自己擅長的學科

　　正像擁有一技之長的人，通常其他方面也會有優異的表現一樣，孩子的某一學科較突出，往往會激發起自信心和意志力。

　　例如，有個學生數學方面的表現不理想，但是他語文成績獨占鰲頭，這是老師和同學們一致公認的。因此，他因擁有一門擅長的科目而充滿自信與快樂。

▍讓孩子擁有一項特長，以特長帶動

　　天天的學習成績很差，但他的乒乓球打得特別好。天天的媽媽沒有因為天天功課不好，就讓他放棄自己的愛好，節省時間去念書。相反，她還經常陪孩子打球，鼓勵孩子，學習其實就像打球一樣，要有恆心，要有自信，這樣就能學好，沒有什麼大不了的。

　　為了給孩子更多的自信，媽媽還替孩子報名體能訓練課，讓孩子專心打球，天天的專長得到了發揮，每打贏一場球賽，他的信心就增加更多。

　　慢慢地，他跟班上的同學也聊起了打球的話題，證明自己不僅打球好，還會讀書，並且認真投入在課業上。就這樣，他的自信很快培養起來了。

▎適當獎勵孩子

有一位家長為了培養孩子學習的自信，給孩子特製了一張日曆表，如果孩子當天在課堂上大聲朗讀或主動回答老師的提問，就可以得到 1 顆星。如果一個星期孩子能得到 3 顆星，就可以在週末時得到獎勵，到商店去買孩子喜歡的文具或玩具。如果一個星期得到了 5 顆星，孩子就可以得到最高獎勵，在週末選擇自己喜歡的活動，如看電影、到餐館吃飯、去遊樂園，此外，孩子還可以晚半個小時上床睡覺，多看一下圖畫書。事實證明，這樣的獎勵很有效，一段時間過後，這個孩子變得自信多了。

此外，家長還可以透過增長見識的方法提升孩子的自信心。增長見識的方法有很多，比如旅行、讀書、學習一些才藝等。只有孩子掌握的知識增長了、判斷能力增強了，他才能真正變得自信起來。

讓孩子確立明確的學習目標

潛能大師博恩‧崔西（Brian Tracy）就曾說過：「成功等於目標，其他都是這句話的注釋」。對於任何一個人來說，做事情有計畫、有目標，必然事半功倍。反之，就必定如無頭蒼蠅一樣毫無頭緒，也找不到做事情的動力。

西元 1980 年代，日本有個馬拉松選手，其貌不揚，他代表日本參加 1984 年的東京國際馬拉松比賽，很多觀眾都不看好他。但是就是這個其貌不揚、而且不為人所熟悉的人奪得了當年的馬拉松冠軍，他就是後來聞名世界的日本選手山田本一。

有一個記者問他：「你覺得你能夠奪冠的祕密是什麼？」生性靦腆的山田本一說出了他奪冠的祕密：「沒有什麼祕密。比賽前，我都會把比賽

第七章　讓學習成為孩子的終身習慣

的路線仔細研究好，然後親自在路線上走一遍，把路線經過的每一個標幟性的建築都記下來，這樣，我就可以給自己的比賽做幾個小的目標，比如，路線經過一家銀行，我就可以用跑一百公尺的速度，先跑到這家銀行，然後，再用普通的速度跑到第二個目標……這樣，我一個目標一個目標地跑下去，按照目標跑到終點，就不會感覺終點遙遠，並一步一步走向成功。」

其實，學習也像比賽一樣，需要有一定的目標。沒有目標，孩子在學習的過程中就會像航海時沒有燈塔一樣，很容易迷失方向。相反，如果孩子有了明確的學習目標，就很容易獲得較好的成績。一般來說，學習成績好的孩子學習的計畫性都很強，學習的目標也很明確，正因為有目標、有計畫，所以，他們比那些缺乏目標的孩子容易獲得成功。

作為家長，要想孩子取得較好的成績，保持較好的學習狀態，就應該引導孩子制定可行的學習計畫、確定某一個奮鬥目標，並讓孩子養成良好的習慣。讓孩子學會制定計畫，明確目標，孩子學習起來才會更有目的、更有動力，效率才會更高。而且，每當孩子實現一個目標後，也會增加他自身的成就感。培養孩子的目標習慣，家長可從以下幾個方面入手。

▎教孩子如何給自己定計畫和目標

有一位聰明的媽媽，發現孩子在學習彈琴的時候總是沒有計畫，一下子剛想彈琴，過一下子又去看卡通了。

有一天，媽媽對孩子說：「你每天必須彈半小時的鋼琴，剛回家的時候彈也行，吃完晚飯彈也行，但是，彈的時候你不能中途停止，一定要彈滿半小時。」孩子考慮了一下，因為晚飯前有一個他喜歡看的卡通要播放，於是他選擇了吃完晚飯再彈。結果，他確定自己的計畫後，居然一直執行得非常好。

過了一陣子，媽媽告訴他：「你計畫每天練習半個小時的鋼琴這件事情做得很好，但是我不知道你打算用幾天的時間把一首曲子彈得熟練呢？」

孩子想了想，很有把握地說：「照我目前練習的情況來看，我覺得一週練習一首曲子，而且把曲子彈好是沒有問題的。」

媽媽聽了，欣慰地笑了。

事實上，逮孩子有了這樣的目標與計畫以後，學習與彈琴這兩件事情都做得非常好。因為他懂得制定計畫、確定目標的好處了！

讓孩子養成把計畫和目標寫在紙上的習慣

美國著名的哈佛大學，在西元 1979 年對應屆畢業生做了一個調查報告。在調查中，他們詢問在應屆畢業生中有多少人有明確的人生目標，結果只有 3% 的人有明確的人生目標並且寫在了日記本上。他們把這些人列為第一組；另外有 13% 的人在腦子裡有人生目標但沒有寫在紙上，他們把這些人列為第二組；其餘 84% 的人都沒有明確的人生目標，他們的想法是畢業典禮後先去度假放鬆一下，這些人被列為第三組。

10 年後，哈佛大學又把當初的畢業生全部找回來做一次新的調查，結果發現第二組的人，即那些有人生目標但沒有寫在紙上的畢業生，他們每個人的年收入平均是那些 84% 沒有人生目標畢業生的兩倍。而第一組的人，即那些 3% 的把明確人生目標寫在日記本上的人，他們的年收入是第二組和第三組人的收入相加後的十倍。也就是說如果那 97% 的人加起來一年賺一千萬美元，那麼這 3% 的人加起來的年收入是一億。

這個調查很清楚地表明，明確人生目標並寫在紙上的重要性。白紙黑字具有巨大的開發潛能的力量。如果不把目標寫下來、並且每天溫習的

話，很容易就會被遺忘，它們就不是真的目標，只是願望而已。實踐證明，寫下自己目標的人比沒有寫下目標的人更容易成功。

教孩子依計畫行事，實現自己預定的目標

在日常生活中，父母要向孩子強調計畫的重要性，並教孩子學會制定一些計畫。當然，這些計畫的制定應該以孩子為主，父母可以參與，切不可代替孩子制定。

當計畫制定了以後，孩子必須按計畫辦事，不能半途而廢。對年幼的孩子來講，父母應該要求他們在玩的時候自己把玩具拿出來，玩完以後自己收好；看書做作業的時候要認真，寫完作業或看完書以後才能去玩；做事應該有責任心，自己掌握做事的進度。

一位小學生做事常常拖延，本來沒有多少作業，卻非要拖到很晚，媽媽又氣又急。

有一次，媽媽想了一個辦法。她跟兒子約定，做作業的時間只有半小時。然後，媽媽把鬧鐘設定好，同時，兒子開始做作業。半小時一到，鬧鐘就響起來，兒子還差兩道題目沒做完。兒子向媽媽投來求助的眼神，但是，媽媽毫不猶豫地說：「時間到了，你不要做了，睡覺吧！」

第二天，媽媽把兒子沒做完作業的原因告訴了老師，老師也支持媽媽的方法。這天晚上，媽媽又設好了鬧鐘，兒子一開始做作業就很注意時間，效率明顯提高，居然順利地在半小時內做完了作業。

從此，兒子做作業的速度和品質都提高了。而且，做其他事情的時候，他都會有意識地給自己設定一個時限，有計畫地去做了。

告訴孩子在奮鬥中要不斷瞄準新的目標

家長是不是有過這樣的經驗：帶孩子登山時，如果指著前面某一處對

孩子說：「在努力一點爬到那裡休息一下。」孩子一聽此話往往就躍躍欲試，話音未落他們就勇往直前，直衝向目標。這就是目標的動力，學習同樣需要有目標。

在孩子學習的過程中，在孩子每一次寫作業、考試、比賽之前，家長都可以按照孩子的實際水準，幫助孩子制定一個可行的目標。這樣，不但能提高孩子的學習效率，給孩子一定的學習動力，而且還能讓孩子在學習的過程中體驗到成功的快感！

除此之外，家長在說明孩子養成制定目標的習慣時還應該注意以下幾點。

✧ 尊重孩子的意見，目標是說明孩子提高他自己的，不要硬要求孩子做什麼，要給孩子提出想法和意見的空間，因為目標最終要靠孩子自己去實現。切忌把大人的想法強加給孩子。

✧ 在說明孩子制定大的目標後，也要讓孩子學會把大目標分解成許多個小目標，這樣更利於孩子實現目標，鼓勵孩子在分階段去實現小目標的過程中完成大目標。

✧ 制定了目標，就要堅持去實現。對孩子來說，堅持實現目標的恆心要比制定目標困難得多，所以，家長要多鼓勵孩子，把目標制定下來，就要堅持下去，放棄目標意味著不能執著。

✧ 制定目標也要富有一定的彈性，任何一成不變的學習目標和計畫都是不科學的，再好的計畫也會被淘汰。隨著孩子年齡的增長，孩子的學習和生活情況也在發生著很大的變化，所以，制定的目標也要適時調整，將目標始終保持在合理的狀態，這樣也便於孩子更有信心去實現目標。

✧ 制定了學習目標，也要給孩子留出休息娛樂的時間，目標專案太多，就會使孩子的發展單一化，所以，每天一定要給孩子留出玩耍的時間，讓孩子有一片舒展的天空。

✧ 家長還應該做到不要隨意給孩子增加負擔，比如孩子按照家長的要求在規定的時間內完成了作業，可家長不但沒有因此鼓勵孩子，還讓孩子多做幾道題才能去玩。這樣做的結果，只會讓孩子覺得自己努力了反而會有更多的作業等著他，與其這樣，不如邊學邊玩。

　　總之，孩子只有從小熟知目標的好處，養成確立目標，不達目標誓不甘休的好習慣，才能在人生的道路上突破一個又一個障礙，獲取成功。

讓孩子養成獨立思考的習慣

　　如果說行為依賴於別人是可怕的，那麼思考依賴於別人是更可怕的事情。想是做的前提，不會思考，不知道去思考的人，如同沒有靈魂一般。因此，家長要培養孩子的思考能力，讓孩子學著自己去思考，讓孩子的思考活躍起來。

　　然而，在現實生活中，許多家長在管教孩子的時候，常常會出現這樣一種情況：一方面要求孩子對待學習和生活中的問題要自己想辦法解決，另一方面卻對孩子沒有信心，當孩子遇到問題的時候，總是怕孩子沒有經驗自己不能解決問題，因而就想方設法替孩子解決。家長這種「捨不得」讓孩子獨立思考、自己解決問題的做法，不僅會讓孩子養成過分依賴的習慣，而且阻礙了孩子獨立性的養成。而獨立地分析和解決問題的能力對孩子的發展是很重要的，它是孩子在社會上生存以及進行創造性活動必備的，是孩子成才的基本前提。一個沒有獨立思考能力的孩子，談不上有獨

立性，更談不上在今後的事業中有所發展。因此，培養孩子獨立思考與解決問題的習慣很重要！

那麼，家長應如何培養孩子獨立思考與解決問題的能力呢？

┃ 參與到孩子的思考中

要培養孩子獨立思考問題的能力，首先要善於發現孩子的問題。在孩子遇到問題，並表達給家長的時候，家長要積極參與。

獨立思考能力強的孩子，往往具有較強的好奇心。家長應該尊重孩子的好奇心，千萬不要因為孩子提的問題過於幼稚而加以嘲笑，以免傷害孩子的自尊心。隨著家教觀念的更新，有一些具有現代家教觀、教子有方的家長，非常注意創造機會，從小培養孩子獨立生活和獨立思考的能力。家長還可以給孩子講一些科學家、發明家成長的故事，以激勵孩子從小立志，培養孩子對學習新知識、探索新問題的興趣。

5歲的晨晨是個愛問問題的孩子。有一次，晨晨從幼稚園回來，神祕地問媽媽：「媽媽，你知道唾液是什麼味道嗎？」

「不知道。」媽媽坦白地說。

「唾液是臭的！」晨晨肯定地告訴媽媽。

「你是怎麼知道的？」媽媽好奇地問道。

「我把唾液舔在手心，一聞，真臭！」說著，晨晨還做了個示範。

媽媽煞有介事地聞一聞，皺著眉頭說：「果然很臭，這是一個重大發現！唾液在我嘴裡待了這麼多年，我怎麼都不知道呢？可能是『久聞不知其臭』吧！」

晨晨一聽媽媽這麼說，非常得意。

「可是，唾液為什麼會這麼臭呢？」媽媽不解地問晨晨，「媽媽也不

知道，你說該怎麼辦？」

晨晨歪著腦袋想了想說：「那我們上網查一查吧！」於是，母子兩人忙開了⋯⋯

從此，每次從幼稚園回來，晨晨都要問媽媽一些莫名其妙的問題。

長大後，晨晨很有創意，做事也有自己的主張，從來不會人云亦云。

一個成功的家長，總是善於引導孩子去思考！晨晨的媽媽無疑就是這麼一位成功的家長！她在參與的過程中，充分調動了孩子思考與發現的積極性，讓孩子從思想上獨立了出來！

▌讓孩子自己獨立去思考、去判斷

要培養孩子的獨立思考能力，就要提供一些機會讓孩子自己去獨立思考、去判斷：什麼是對，什麼是錯，什麼應該做，什麼不應該做。一個人的與眾不同有許多表現，其中最有意義的方面在於能夠展示並表達其獨具特色的思想。一個成功人士，也許有多方面的建樹，但最引人注目的應該是他那極具個性的思想，以及獨立思考與判斷的能力。能不能全面而深入地思考問題，決定了一個人的思考深度和廣度，也決定了所下結論的正確性。

美國物理學家利奧・雷恩沃特（Leo Rainwater）小時候非常善於思考，他能夠從其他人視若無睹的事物中想到一些更深層的問題。

雷恩沃特上小學的時候，在一次語文課上，老師問道：「同學們，你們說 1 加 1 等於多少？」

「等於 2」同學們異口同聲地回答。

只有雷恩沃特若有所思地看著老師，沒有回答。

老師有點疑惑，就問他：「雷恩沃特，你怎麼不回答呢？難道你不知

道這個問題的答案嗎？」

雷恩沃特想了想，對老師說：「老師，我不是不知道 1 加 1 等於 2，可是您為什麼要問我們這樣一個簡單的數學題呢？您是不是有其他的答案？」

聽了雷恩沃特的話，老師感到非常高興。因為，老師提這個問題的目的被雷恩沃特言中了！老師微笑著對大家說：「同學們，雷恩沃特說得沒錯。從數學的角度來說，1 加 1 等於 2，但是，從其他角度來說，1 加 1 未必等於 2。就像我們今天要學的這篇文章裡所說的，兩個人互相幫助，兩人的力量就大於他們單個人力量之和。所以，我們要互相幫忙，互相關心，做個樂於助人的人。」

在鼓勵孩子獨立思考方面，家長有很多事情可以做，最簡單的就是傾聽孩子敘述自己的想法。儘管孩子的想法常常是天真、幼稚，甚至可笑的，但家長一定要按捺住想糾正他的願望，而是要抓住孩子談話中有趣的、有道理的論點，鼓勵他深入闡述，讓孩子嘗到思考的樂趣，增強自我探索的信心。

▎培養孩子自己做選擇和處理問題的能力

讓孩子在嘗試的過程中感受失敗、碰釘子。這樣，孩子就會從失敗中汲取教訓而逐漸成長起來。

傑克在上四年級，學校安排到山裡參加為期兩天的野營。傑克驕傲地告訴媽媽說能自己準備行李，然而出發前，媽媽發現他沒有帶厚外套，可是山裡的溫度要比平地低很多。傑克拒絕帶厚外套，媽媽也沒有堅持。

兩天後傑克回來了，大家問他玩得怎麼樣，他說：「我該聽媽媽的，山裡很冷。」

媽媽問：「下個月我們要去佛羅里達，也帶同樣的衣服嗎？」

傑克想了一下說：「不用，佛羅里達很熱。」

媽媽說：「對了，外出前你應該先了解一下當地的天氣情況，再作決定。」

傑克說：「我知道了。我下次野營時應該先列個單子，就像爸爸出差前一樣，這樣就不會忘帶東西了。」

與其說教，不如讓孩子親身體驗。只有在「親身體驗」之後，孩子才能更客觀地評價自己，更充分地思考問題。

因此，培養孩子獨立思考的能力，就要讓孩子自己的事情自己想辦法去解決。在訓練孩子思考的習慣時，家長可以給孩子一些提示，讓他自己去動手、動腦，這可以使孩子在不知不覺之中養成獨立思考的習慣。

▎鼓勵孩子在學習上自主

在孩子自己第一次學習時，家長就應該讓孩子養成自己學習的習慣，遇到問題讓孩子學著自己去思考；對已經養成依賴性的孩子，家長則應本著逐漸放手的原則，不要希望孩子一下子就能到位。孩子在學習的整個時間裡，給孩子獨立的時間和空間，不要看管學習過程，要看結果。

此外，要培養孩子獨立思考的能力，家長還可以給孩子講一些科學家、發明家成長的故事，以激勵孩子從小立志，培養孩子對學習新知識、探索新問題的興趣。

讓孩子掌握科學的學習方法

在現代生活中，時時處處都在講究方法。學習是手腦並用，身心共濟的複雜活動，當然就更要講究方法了。古人曾說：「得其法者事半功倍，不得其法者事倍功半。」法國數學家笛卡爾（Renatus Cartesius）也說：「沒

有正確的方法，即使有眼睛的博學者也會像瞎子一樣盲目摸索。」

我們會發現，同樣是背誦一篇文章，背會的結果相同，而過程卻不同，每個孩子完成的方法與品質也不同。如，有些孩子囫圇吞棗，不管懂不懂，背下來就算是完成了任務。有的孩子卻會先了解文章的大體內容，結構框架，在理解的基礎上熟讀、背誦。由不同的方法達到的結果，從表面上看是一樣的，但實質卻是不同的。這種不同隨著年級的升高，學習內容的增多與難度的加大，其差異就更顯著了。如，低年級全班差別都不大，只要認真學，很容易考 100 分，到了高年級，分化出現了，一些隻會死記硬背的孩子就趕不上來了。到了國中、高中，這種差異就更加明顯了。因此，學習方法很重要，方法得當，才能事半功倍，才能成績優異。

因此，作為家長，除了要給孩子提供一些必要的物質、精神和智識的支持外，最重要的是幫助他們建立一套科學、正確的學習方法。對於孩子來說，掌握適合自身實際的、有效的學習方法，對於他們學習的成功和未來的成才，都將有著極其深遠的意義。

✧ **科學的學習方法需要指導與訓練**：絕大多數孩子沒有接受過專業的、系統的學習方法的指導與訓練，對什麼是科學的學習方法缺乏明確的了解，在學習中也不能自覺地加以運用。即使有的孩子掌握了一些有效的學習方法，也大都是走了很多彎路之後才形成的，而且還是零散的。科學的、系統的學習方法很難在學習中自然而然地形成，應該接受專業的指導與訓練。因此，有條件的家長應該對孩子進行學習方法的指導。

✧ **科學的學習方法還要求孩子制定明確的學習計畫**：制定計畫也是培養孩子素養與能力的重要一環。在制定計畫過程中，孩子才會真正體會到自己的能力水準，才能全面考慮目標實現過程中會遇到的各種問題，也

245

才能使自己的全盤統籌和宏觀、微觀調控的能力得到很好的鍛鍊。

說明孩子確立目標和制定計畫都必須是合乎實際的，脫離孩子的具體情況要求他去追求完美或者追求一個根本不可能的目標都是不可取的。只有那些透過一定的努力就能實現的目標和孩子自己願意照著做的計畫才是科學的、合理的、可行的。

✧ **讓孩子養成課後複習和課前預習的習慣**：作為家長應注意孩子對新舊知識的掌握情況，有計畫有目的地指導孩子複習，並做好複習檢查工作，培養孩子良好的複習習慣，使知識系統化、連貫化。孩子有了一定的自學能力後，即可指導孩子對即將學習的課程進行預習，這樣教師講課時，孩子就能有的放矢地突破重點、困難，有利於新知識的接受。

✧ **讓孩子學會抓重點和困難點**：學習方法不當的孩子，在看書和聽課時，不善於找重點和困難點，找不到學習上的突破口，眉毛鬍子一把抓，全面出擊，結果分散和浪費了時間與精力。而如果孩子懂得抓重點、困難點，學習效果顯然就比較好。

✧ **教孩子學會分析學習內容，形成有序的知識結構**：知識結構是知識體系在學生頭腦中的內化反映，也就是指知識經過學生輸入、加工、儲存過程而在頭腦中形成的有序的組織狀態。孩子能形成相應的知識結構，學習起來就會比較輕鬆。

✧ **讓孩子學會科學利用時間**：時間對每個人都是公平的，有的孩子能在有限的時間內，把自己的學習、生活安排得從容、穩妥。而有的孩子雖然忙忙碌碌，經常加班加點，但忙不到點上，實際效果不佳。所以，學會科學巧妙地利用時間很重要。

✧ **讓孩子學會科學用腦，保障充足的睡眠**：根據科學機構的研究，人長期睡眠不足，就會造成腦供氧缺乏，損傷腦細胞，使腦功能下降。中學生

要保證每天 9 小時的睡眠時間，小學生要保證每天 10 小時的睡眠時間。孩子如果睡眠不足，抵抗力就會下降，學習成績也會受到很大影響。因此，家長要讓孩子保證充足的睡眠，此外，還應該讓孩子學會勞逸結合，轉移大腦興奮中心，這樣才能讓學習有效而且心情愉快！

正確的學習方法是孩子通往學習成功的「金橋」。每個家長如果都能在具體方法上有效地指導孩子，而不是一味簡單地督促孩子「勤奮學習」，相信孩子不僅能掌握到知識，取得好成績，還有能力去應付將來更為複雜的學習，並為其終身學習奠定堅定的基礎。

培養孩子認真的學習習慣

劉萌萌上小學四年級，她是一個標準的「差不多」小孩，有一次，媽媽叫她去買紅糖，她買了白糖回來。媽媽責備她糊塗，她搖搖頭，煞有介事地說：「紅糖白糖不是差不多嗎？」

老師出的作業，她總是亂寫，寫字時不是少一撇就是多一捺，在她看來反正都差不多。

因為粗心導致問題答錯時，她往往會輕輕拍一下自己的頭，笑一下：「又粗心了！不過，78 和 79 不是差不多嗎？」

為此，老師經常找她談話，而她總是改正不了。

生活中，像劉萌萌這樣的孩子還真不少，粗心大意是他們的通病，做事馬虎是他們的共性，因為總是粗心、毛躁、丟三落四，因此，他們的學習狀況通常不太好，因此家長非常煩惱。

實際上，粗心、不認真，在孩子的成長過程中造成的影響不僅僅是學習不好，它還會給孩子帶來不應有的障礙和困擾，輕則事倍功半，重則影

第七章　讓學習成為孩子的終身習慣

響到孩子的事業、社會交往甚至是人身安全等各個方面。因此，糾正孩子粗心、不認真的缺點很重要。

認真是洞察規律的能力。只有認真，學習、工作才能深入，才能認知自己所做事情的規律，這樣學習、工作效率才會提高，成績才會理想，事情才能辦好。認真是一種堅守能力。只有認真，才能專注，才能更好地堅持，這樣才能取得事半功倍的效果。對於孩子來說，要想取得良好的學習成績，就應該養成認真學習的習慣。

那麼，家長應如何糾正孩子馬虎的缺點，養成認真學習的習慣呢？

✧ **用興趣激發孩子**：要讓孩子養成認真的學習習慣，光跟孩子講道理是沒用的，重要的是要培養他的興趣和專注力，時間久了，孩子就會養成認真的態度，提高認真的能力。

✧ **讓孩子承擔不小心所造成的後果**：父母的單純說教，對於生活知識不完備，尚未建立完善邏輯思考的孩子來說，所起的作用不大。因此，父母可有意識地讓孩子承擔他不小心所造成的後果。例如，不小心弄髒了牆壁，就讓孩子自己去清洗，可能孩子洗不乾淨，卻在這件事中汲取了教訓。這種切身體驗，比說教更令孩子記憶深刻。

✧ **和孩子比一比、賽一賽**：要讓孩子完全信服父母的話，父母也要以身作則，平時做事小心認真。不妨以自身為例，向孩子講解由於不小心、不認真所造成的失誤。父母和孩子一起，建立一個失誤記錄，比一比、賽一賽，在一定時限內，看誰由於不小心所造成的失誤最少。

事實上，要讓孩子養成認真的習慣，家長需要做到有恆心、能堅持，從小事培養起，並告訴孩子，凡事認真對待，才有取勝的機會；只有在小事上認真，才能做好大的事情。這樣，孩子才能逐步養成認真學習、認真

做事、認真對待一切事情的良好習慣，並將這種習慣逐漸轉化為自己的一種能力。

當然，培養孩子認真的特質不是一朝一夕的事情，需要家長有巨大的恆心和毅力，不斷練習和修正，逐漸形成一種分析問題、解決問題的能力。

培養孩子質疑的勇氣

這是一件真實而又引人深思的小事。

不久前，一位法國教育心理學專家，給西方的小學生和東方的小學生先後出了下面這道完全一樣的測試題：一艘船上有 86 頭牛，34 隻羊，問這艘船的船長年紀有多大？

法國小學生的回答情況是：90％以上的同學提出了異議，認為這道測試題根本沒辦法回答，甚至嘲笑老師的「糊塗」。顯而易見，這些學生的回答是對的。東方的小學生回答情況恰恰相反：有 80％的同學認真地做出了答案，86-34=52 歲。只有 10％的同學認為此題非常荒謬，無法解答。做出正確回答的同學竟然只有 10％！

這位法國教育心理學專家很驚訝，不同族群的小學生為什麼會出現這麼大的差別呢？事實上造成這種現象的原因跟孩子長久以來接受的教育有很大的關係。

✧ 對他人（尤其是權威）已有知識的迷信，認為老師說的都是正確的，只有回答了問題，老師才會給分，老師怎麼會問錯誤的問題呢？所以，不敢提出自己的想法。

✧ 有的學生在學習上存在依賴心理，依賴老師，依賴同學；有的滿足於

一知半解不願懷疑；有的學生不知道怎樣質疑，閱讀中發現問題、提出問題有一定的困難。

✧ 對自己缺乏自信，對問題的思考不深入，所以害怕自己的質疑會遭到老師批評，同學的恥笑，索性「不懂裝懂」。

這位法國教育心理學專家在總結這兩次實驗的時候，引用了下面幾句話：

第一句話是笛卡兒說的：懷疑就是方法。

第二句話是法拉第（Michael Faraday）說的：在學術上不盲從大師，他應該重事不重人，真理應該是他的首要目標。

第三句話是愛因斯坦（Albert Einstein）說的：科學發現的過程是一個由好奇、疑慮開始的飛躍。

然後，他頗有感觸地講道：「應該教育孩子尊重老師，但更要教育孩子尊重真理。懷疑並不是缺點，總是沒完沒了的懷疑才是缺點。只有敢於懷疑，才能減少盲從。有懷疑的地方才有真理，真理是懷疑的影子。」

事實也確實如此，讀書如果不疑，就像刀不磨會生銹一樣，不可能有什麼成就。可以說，「懷疑」是學習的鑰匙，是讀書求知的起點，是增長智慧的階梯，是創新思維的啟蒙。如果孩子能夠做到不唯書、不唯師，敢於對書本知識和老師的觀點進行質疑。那麼，他就一定能夠成為適應社會發展變革的時代新人。

這是一個發生在我們生活中的故事：

這一天，11 歲的聶利來到養蜂場玩，她發現許多蜜蜂聚集在蜂箱上，翅膀沒有扇動，卻仍然嗡嗡地叫個不停。聶利就想起教科書上和《十萬個為什麼》上關於蜜蜂等昆蟲發聲的原理，她不由得產生了懷疑：為什麼書

上說蜜蜂的嗡嗡聲來自翅膀的震動，每秒達 200 次，如果翅膀停止振動，聲音也就停止了。但現在蜜蜂的翅膀已經停止振動卻仍然嗡嗡叫個不停，這聲音到底是哪裡來的呢？她問老師，老師說書上說的怎麼會錯呢？

於是聶利把蜜蜂的雙翅用膠水黏在木板上，蜜蜂仍然發出聲音。聶利乾脆用剪刀剪去它的雙翅，蜜蜂仍然嗡嗡直叫。兩種方法交替進行了 42 次，每次用去 48 隻蜜蜂，結果和教科書的結論大相徑庭。為了探求蜜蜂發聲的祕密，聶利把蜜蜂黏在木板上，用放大鏡仔細觀察，觀察了一個月，終於在蜜蜂雙翅的根部發現了兩粒比油菜子還小的小黑點，蜜蜂鳴叫時，小黑點上下鼓動。聶利用大頭針捅破小黑點，蜜蜂就發不出聲了。聶利又找來一些蜜蜂，不損傷雙翅，只刺破小黑點，結果蜜蜂飛來飛去，居然沒有一點聲音……

一年以後，這個 12 歲的小女孩撰寫了一篇科學論文《蜜蜂不是靠翅膀振動發聲》，並在青少年科技創新大賽上榮獲項獎。

可以想像，如果小聶利沒有自己的主見，沒有堅持自己的懷疑，不是從實踐中尋求答案，是絕對不可能獲得如此殊榮的。可見，一個敢於懷疑，而且能堅持自己信念的人，才能夠獲得真正的知識，贏得榮譽。因此，家長要培養孩子質疑的勇氣。以下的做法可供借鑑。

✧ **鼓勵孩子多思多問**：當孩子向家長提出問題時，家長應盡量給孩子以較圓滿、正確的答案，並不失時機地肯定、表揚孩子愛動腦筋。

答案和表揚一方面滿足了孩子的求知欲，另一方面更激發了孩子的好奇心。如果孩子提出的問題較深奧，家長自己也弄不明白，或者有些問題的答案可能不健康，或不便於直接告訴孩子，遇到這種情況，也要正確處理，而不能打擊孩子質疑的積極性。正確的作法應該是，謙

虛地告訴孩子：「你提的問題真好，但這個問題我也不懂，等我查完資料再回答你，或者你自己查書找答案，好嗎？」

✧ **激發孩子質疑的興趣和欲望**：在日常生活中，家長除了盡量滿足孩子的各種提問外，還應主動地、經常地向孩子提一些問題，引導孩子觀察事物，發現問題，激發孩子質疑的興趣和欲望。家長在向孩子提出問題時，要符合孩子的年齡和知識範圍，問題不能提得過難或過易，不然都會挫傷孩子思考的積極性。

✧ **區別對待孩子提出的問題**：對孩子提出的問題，家長應注意區別對待，不一定非要一一作答。有的問題只要孩子自己動腦或者查閱書籍就可以得到解答的，家長應鼓勵孩子自己解決，並教給孩子解疑的方法。如此養成習慣後，不僅教給了孩子解疑的方法，又提高了孩子質疑的能力。

✧ **不要嘲笑孩子提出的問題**：許多時候，孩子會提出一些似乎很荒誕、很幼稚的問題，這時候，家長不能嘲笑孩子，責罵孩子：「好好學習吧！別胡思亂想了，書上說的怎麼會是錯的呢？」「老師怎麼說你就怎麼做吧！你這孩子怎麼這麼煩呢？」「你要是比老師更厲害，還學習做什麼呢？」對於孩子來說，類似的言語不僅會刺傷孩子的自尊，更可能澆滅他們質疑的火花，變得缺乏求知的欲望和興趣了。

事實上，孩子的能力比成績更加重要，如果孩子只會考試不會思考，那只是學習的工具，他一定體驗不到學習帶來的樂趣。有懷疑才能有進步，如果孩子對某些問題產生了懷疑，別打擾他的興致，讓他自己用自己的方式去尋求答案吧！

閱讀是培養心智的活動

　　高爾基說過「書籍是人類進步的階梯」，而閱讀則是開啟智慧之門的一把金鑰匙。透過博覽群書，不僅能讓人增長見識、明白事理、鍛鍊心智，更能開闊視野、陶冶情操、敏銳思考。

　　縱觀古今中外，但凡有傑出成就者，無一不是博覽群書、學識淵博、才智過人。我們無法想像：諸葛亮如果沒有廣泛的閱讀，何以知天文、曉地理，戰勝周瑜；魯迅如果不是博聞廣識之人，又怎麼可能執筆為匕，化文字為力量，照亮意欲改變黑暗現實的年輕人的心？正是因為從小養成的閱讀習慣，成就了他們之後的事業與成功。

　　魯迅先生從小認真學習。

　　少年時，在江南水師學堂讀書，第一學期成績優異，學校獎給魯迅一枚金質獎章。魯迅立即拿到南京鼓樓街頭賣掉，然後買了幾本書，又買了一串紅辣椒。

　　每當晚上寒冷，夜讀難耐，魯迅便摘下一顆辣椒，放在嘴裡嚼著，直到辣得額頭冒汗為止。魯迅就用這種辦法驅寒，堅持讀書。由於苦讀，後來成為著名的文學家。

　　類似的故事還有很多，名人成才的故事無一不揭示著這樣一個道理：一個人孩提時的閱讀習慣與長大後的成就有著必然的連繫。因此，從小重視培養孩子的閱讀習慣，等於為孩子將來走向社會打下了一個堅實的基礎。一個知識淵博、思考敏捷的人不僅更容易從人群中脫穎而出，還能贏得他人的羨慕與賞識，為自己贏得更多的發展空間與成功的機遇。相反，如果孩子知識淺薄，注定只能成為一個庸碌無為的人。

　　對於孩子而言，良好的閱讀習慣有以下的好處。

第七章 讓學習成為孩子的終身習慣

✧ **閱讀能彌補個人經驗的不足，增添生活感受**：透過閱讀，可以把孩子引入一個神奇、美妙的世界，使他們的生活更加豐富多彩、樂趣無窮。同時，閱讀還能讓孩子學到課堂上學不到的知識，使孩子的知識面更廣博。一本好書，就是一個好老師，不僅會讓孩子學到更為廣闊的知識，更重要的是還可以讓孩子從書中獲得人生的經驗。對孩子來說，不可能事事都去親身體驗，書中的間接經驗，將有效地補充孩子經歷的不足，為孩子的學習和生活增添新的感受。

✧ **閱讀能豐富孩子的想像力**：孩子在上學的時候想像力是最豐富的，而想像的過程又是孩子對大腦中已經存在的表像進行加工改造形成新表像的過程。因此，想像的產生離不開表像的累積，而表像的累積又多來源於文學作品。一般來說，孩子可以從文學作品中累積各種各樣的人物形象和景物形象，孩子的表像累積更快、更多，想像也就有了原料，聯想起來就更加容易。因此，閱讀書籍可以大大提高孩子的表達能力，而文字沒有固定的形式，孩子在閱讀時，可以充分展開想像的翅膀，這也就是常說的「一千個讀者心中就有一千個哈姆雷特」。

✧ **提高孩子的語言表達能力**：孩子只有多讀書，才能讓自己的語言逐漸累積起來，才能擁有豐富的語言，才能提高口語表達能力和寫作能力，才能出口成章。有位知名教育家曾經說過：「小學生今天做某篇文章，其實就是綜合表達他今天以前的知識、思想、語言等方面的累積。」教育家的話很明確地指出寫作與累積的關係：閱讀多了，累積也就多了，作文的表達也就強了，語言自然也就豐富多了。所有這些都要歸功於閱讀，因為孩子書讀得多了，就會把讀過的知識內化為自己的語言，隨著閱讀量的增加，他的語言累積也就會越來越豐富，下筆自然也有「神」了。

　　總之，讀書是孩子成才的必要行為，每一位父母都希望孩子成為有用之才，將來會在競爭中占有一席之地，展示出孩子的天賦和才能，造福於社會乃至全人類。從主觀上看，成才的要素可歸納為知識、能力和素養。因此，不論在什麼情況下，對孩子來說，讀書的目的就是要累積知識、培養能力和增強素養。

　　兒少時期是孩子讀書的重要時期，更是人一生潛能發展的最佳時期，所以，父母要抓住關鍵時期，從小就培養孩子閱讀的習慣。以下是具體的辦法。

▎要培養孩子讀書的興趣

　　興趣教育比強迫孩子去做連家長自己都不感興趣的事更容易，效果也要好得多，所以，從小培養孩子讀書的興趣至關重要。

　　要培養孩子讀書的興趣，就得把書的魅力展示給孩子，就像要讓孩子吃梨，得先讓他看到好像嘗到梨一樣。隨著孩子年齡的增長，父母還要在讀完書後進行思想引導，如：「書可以給我們打開一扇視窗，發現另一個美麗的世界。」「世界上誰的力量最大？有智慧的人，有智慧的人是無法戰勝的。那智慧從哪裡來？從書裡。」在適當的思想引導後，孩子自然會更喜愛讀書。

▎利用孩子的好奇心與書交朋友

　　6歲的楓楓好奇心很強，對什麼都感興趣，無論走到哪裡，他都喜歡這裡摸摸那裡看看，然後問別人，「這是什麼？」「為什麼會這樣呢？」他一天總有一千個為什麼！

　　一天，媽媽帶他到動物園去玩，他這裡看看，那裡摸摸，一雙好奇的大眼睛忙碌個不停。

「獅子吃蛇嗎？」

「企鵝為什麼生長在寒冷的地方？」

楓楓的媽媽微笑著告訴他：「你問的這些問題書上都有，等我們回家以後去查查這些問題好不好？」

回到家後，楓楓迫不及待地要求媽媽拿書給他看。媽媽拿出有關動物的書給楓楓看，楓楓高興極了：「哇！裡面有這麼多動物呀！」書上的動物圖片使楓楓看得入了迷，他一邊看，一邊要媽媽讀書上的文字，楓楓就這樣開始了讀書識字。以後，楓楓只要在外面看到什麼，聽到什麼，就要媽媽找相關的書給他，不知不覺中，楓楓讀書的興趣越來越濃了。

孩子好奇的提問是一種借助成人的力量對周圍環境進行理解的探究行為，是孩子求知的萌芽。這個時候，家長可以抓住孩子好奇的契機，讓孩子去讀書，透過讀書尋找答案，慢慢地，孩子的讀書興趣就培養起來了，其探索的興趣也會更加濃厚。一個喜歡探索與求知的孩子，怎麼可能不愛讀書呢？

利用孩子愛聽故事的特點激發其閱讀興趣

每個孩子都喜歡聽故事，特別是童話故事，因此媽媽可以利用故事來引起孩子的閱讀興趣。對孩子而言，故事無論多長，永遠沒有結束，他希望媽媽永遠講下去。他們會經常問媽媽：「後來怎樣了？」「白雪公主現在在哪裡？」這時，媽媽可以針對孩子的心理，先將故事講一半，在孩子急欲知道故事結局時，再藉此時機把書給他看，未知的故事吸引著孩子的注意，促使他迫不及待地想著看書。

為了讓孩子始終保持閱讀的熱情，家長千萬不能急功近利。要盡量滿足孩子的閱讀要求，不要讓自己的世俗想法扼殺了孩子的讀書興趣。

　　另外，家長不能把讀書、學習看成是一種得到某種榮譽的途徑和工具，而應把它作為生活的一部分、生命的一部分。這樣，才能用正確的心態教孩子去閱讀。

▎教孩子把閱讀作為一項消遣活動

　　在輕鬆的氛圍下，家長可以跟孩子一起看一些有趣的漫畫書，談論書上的內容。也可在外出時，帶上一兩本書，在公園裡，在郊外，在河邊‧在清新的空氣下，在鳥語花香的環境裡，與孩子一起讀上幾段。

第七章　讓學習成為孩子的終身習慣

第八章　讓孩子在交往中長大

　　每個孩子成長的過程，都是一個由「自然人」變成「社會人」的過程。這個過程有兩個顯著的特點：第一個是團體性，孩子的成長離不開同儕，再好的父母都沒有辦法替代同儕的作用；第二個是實踐性，孩子需要在體驗中成長，與同儕交往是孩子最初社會人格的實踐。因此，從小培養孩子的社交能力很重要。一個在人際互動中長大的孩子，能夠善於與人溝通和交流，也更容易在今後的社會中立足。

同儕是成長的重要元素

　　每個孩子成長的過程，都是一個社會化的過程。在這個過程中，同儕扮演非常重要的作用。首先，同儕是孩子童年時期最重要的陪伴者，在團體中成長起來的孩子，比那些只生活在個人小圈子裡的孩子更健康、更活潑，也更開朗、自信。其次，孩子需要在與朋友的交往中成長、學習，在與朋友的交往中緩解壓力，獲得愉悅的心理感受。第三，孩子需要與同儕一起合作與分享，競爭與分擔。對於他們來說，同儕是他們成長的重要元素。有了同儕，他們的心情有地方傾訴，他們的需求也能得到更多的認可與理解。

　　成長中的孩子正處在學習知識、了解社會、探索人生和事業的發展時期，與同儕交往並建立友誼是正常的心理需要。過於封閉自己、不愛與人交往、在同學中的人緣不好，都會影響孩子的交往能力，使孩子無法適應複雜多變的社會，更有甚者，會讓孩子形成孤僻、抑鬱、偏執等心理障礙。

　　有一位叫王希的高材生，從小就絕頂聰明，曾得過全國中學生化學大賽理論和實踐技能測驗冠軍，數學和物理成績也非常好。後來，王希免試進入知名大學化學系。

　　這是一件何等榮耀的事情，王希的父母走出去自然也覺得臉上有光。可是，在王希讀大學三年級的時候，不幸的消息傳來了，他因故意殺人罪被判處有期徒刑並剝奪公權。消息傳到王希的家鄉，他的父母一聽就暈了過去。多優秀的孩子呀！怎麼會犯故意殺人罪呢？

　　原來，從小就生活在父母羽翼下的王希，在小學、中學階段，每天除了吃飯、睡覺，其他的時間幾乎都花在課業上了，和別人沒有什麼互動，也不懂得怎麼與別人交往。

到了大學以後，環境變了，王希覺得沒有朋友的日子過不下去了。他希望有朋友，但他不會交朋友。後來，王希和同宿舍的一個男同學形影不離，這個男同學走到哪，他就跟到哪，非要跟人家交朋友不可。那個男同學怕男生之間走得太近會被人議論，所以不願意跟他這麼接近，後來乾脆就不理睬他了。這讓王希非常失落。

於是王希偷偷弄來一種劇毒，丟到了這個同學的水杯裡。這個同學沒有防備，喝下了毒水，結果疼痛難忍。這時候王希良心發現，趕緊把同學送到醫院搶救。在醫生的追問下，王希承認自己往同學的水杯裡放了東西。經過搶救，這個同學的命保住了，但是休學一年，住院治療，也花了不少錢。

出院後，這個同學就對王希提告了。

王希的悲劇為為人父母的揭示了一個道理，對於孩子來說，學習人際互動遠比學習成績更重要。一個不懂得與人互動的孩子，即便學習成績很好，也不可能獲得成功。從某種意義上說，這個世界上與成功有關的「好東西」，大都是給人緣好的人所準備的。反之，一個人如果不善於與人交往，人緣差，他即便擁有再高的才華，也只會錯失成功的良機。

霍華德‧加德納（Howard Earl Gardner）是美國哈佛大學教育研究所的教授，他是一個在國際上享有盛譽的心理學家和教育學家。他曾經追蹤研究了很多孩子，發現那些從小學習成績優秀的學生，長大以後卻反而不是最有成就的人；那些在社會上取得了莫大成就的人，學生時的成績普遍是中上。一開始，加德納覺得很費解，為什麼那些學習成績最好的孩子反而不是最有成就的呢？

經過反覆的調查，他才明白了其中的原因。原來，那些成績名列前茅的孩子成績雖然很好，但因為他們把自己全部的精力都放在書本上，結果

第八章　讓孩子在交往中長大

變成了性格有些孤僻甚至怪異的書呆子，不善與人相處。當這些孩子踏入社會後，因為不善和別人合作，無法融入團隊，往往就容易成為團體中被孤立、被排擠的對象，結果得不到支持與援助。而那些排名中上的孩子，成績雖然不是最好，但他們大多性格開朗、活潑，喜歡與別人合作，很容易和別人打成一片，所以可以輕而易舉地融入團體當中，可以借助團體的力量使自己的努力事半功倍。

這裡還有一個故事：

老張夫婦都沒念過多少書，辛辛苦苦大半輩子也沒「混」出個名堂。老張做的是鉗工，伴侶原先是紡織廠的女工，後來離職再就業，當了客運的售票員，兩人深刻體會沒讀書的苦，決心不能讓兒子小張再走自己的老路。於是，他們拚命供小張讀書。而小張也不辜負父母的期望，從小學到高中一路走來，成績都相當優秀，最後，他以優異的成績考入了某知名大學。

兒子上了知名大學，父母的心願終於變成了現實。老張夫婦還沒為此高興幾天，就接到了小張的壞消息：和同學吵架了。原來，從小就生活在父母羽翼下的小張，無論什麼事情都由父母包辦。父母處處讓著他、護著他，他只需要一心一意讀書就行了。

以前，小張每天除了吃飯、睡覺，其他的時間幾乎都花在學習上了，和別人沒有什麼互動。在大學裡，環境變了，什麼事情都需要自己去面對，小張感到非常不適應，不懂得如何和他人相處。大學住的是團體宿舍，同學之間難免會有一些磨擦。小張因為習慣了自我為中心，在學校裡當然就有點吃不開了。

結果，不到一個學期，小張就得罪了宿舍裡所有的同學。同學們都有意疏遠他，以避免彼此產生矛盾。由於沒有朋友，小張形單影隻，有事只會打回家電話，向媽媽訴苦……

其實，對於那些能夠恰當地與別人交往的孩子來說，同學之間的事情都是一些很容易處理的小事。相互協商一下，彼此退讓一下，也就解決了。可是對小張來說，因為父母從來沒有教他這些人與人之間交往的常識，培養他這些最基本的社會行為能力，導致他不懂人情世故，讓自己陷入了孤獨的僵境。

正因為與人交往的能力如此重要，難怪石油大王洛克菲勒（John Davison Rockefeller）說：「與得到其他才能相比，我願意付出更大的代價來獲取與人相處的本領。」而美國前總統羅斯福（Franklin D. Roosevelt）則說得更直截了當：「在成功的公式中，最重要的一項因素是與人相處。」

此外，善於與別人交流、交往的孩子，可以得到更多的感情交流、更多的快樂。心理學家發現，善於交往的孩子容易形成快樂健康的性格。如果孩子總是被拋棄、被拒絕於團體之外，就會產生孤獨感，感情會受到壓抑。久而久之，他們會不願意開放自己的心靈，也會感到寂寞、空虛和無聊，並始終處於孤獨、封閉、退縮的狀態，如同置身於一個孤島之上。這種狀態對孩子的身心發展會產生十分不利的影響。

現代社會，人際交往能力已經成為個人事業成功、生活幸福的重要因素。實踐證明，凡有成就的人都具有良好的人際交往能力。這種能力，其實就是理解他人的能力，比如如何去感受別人的情緒、了解他人，然後在此基礎上進行溝通與合作等，達到自我提高、自我發展。

對於孩子來說，交往和其他任何能力一樣，也應該從小培養。如果錯過了童年這個關鍵期，沒有一個深厚的交往經驗的累積，養不成一個很好的交往習慣，長大後就是一件麻煩事。因此，作為孩子的第一個交流對象 —— 家長，應懂得積極、主動地與孩子進行交流，及時了解孩子的各種需要，協助、引導孩子學會如何與人交往。

第八章　讓孩子在交往中長大

讓孩子學會選擇朋友

在生活中，出於「近朱者赤，近墨者黑」的顧慮，再加上現今社會上，小團體、黑社會及青少年問題日益嚴重，很多家長在孩子結交朋友一事上都極為擔心，生怕他們交上壞人，影響一生。因此，家長千方百計地撮合孩子與那些家長認為的好孩子玩，而家長認為不好的孩子，總是百般限制、阻撓孩子與之交往。

當然，社會的情況令人憂慮是可以理解的，然而家長因自己惶恐而盲目限制孩子交朋友的做法也是不明智的，更不能從根本上解決問題。因為，孩子需要透過接觸朋友，學習、分享及適當地競爭。而青春期的孩子，更需要透過與朋友相處建立自我形象。因此，要求孩子放學後立刻回家或禁止孩子與朋友交往，都直接剝奪了他們學習獨立、建立自我及鍛鍊社交技巧的機會。再者，孩子渴望獨立，也需要從生活中累積經驗，從而為將來進入成年期奠定基礎。若家長過分壓抑孩子，結果只會導致更強烈的反叛或更多的依賴。

其實，讓孩子自己選擇朋友，有很多好處。

首先，給孩子自己選擇朋友的權利，不僅可以讓孩子感覺到家長對他的尊重進而更加信賴家長，而且還可以促進孩子之間的友誼和交往，促使他們互相學習，克服自己的缺點。

毛小丹有一個缺點，就是自己的東西總喜歡亂扔，結果要用的時候卻怎麼都找不到。後來，她認識了鄰居家一個叫芊芊的小女孩，兩個人經常在一起玩。小丹的媽媽發現芊芊非常愛乾淨，自己的東西從來都是整理得井井有條。於是，媽媽問小丹：「你和芊芊是好朋友嗎？」

「當然是啊！」小丹回答媽媽。

「好朋友就應該互相學習，你看芊芊多愛乾淨，總是把自己的東西收拾得整整齊齊，你能做到嗎？如果你做不到，芊芊可能就不會和你做好朋友嘍。」

後來，小丹果然改掉了亂扔東西的壞習慣，自己的東西也收拾得整齊多了。

其實，孩子之間的互相學習跟大人在交往中互相學習是一樣的，只不過孩子們的學習比較簡單和直接罷了，而這恰恰是孩子們所需要的。

其次，讓孩子自己選擇朋友，可以培養孩子的社會適應和交際能力。

在孩子們的遊戲中，常在一起玩「扮家家」的遊戲，扮演不同的角色，再現家庭生活中的各種情景，買菜、做飯、睡覺、掃地以及結婚等。這是成人社會現象在兒童社會中的折射，孩子們在「扮家家」中了解了很多社會知識，也鍛鍊了初步的社交能力。再如，孩子們常常為了一個問題爭得面紅耳赤，不可開交，不管問題解決得是否合理，他們的認知總會前進一步，這也是學習社會的一個過程。如果孩子沒有朋友，這一切都是不可能學到的。

再次，讓孩子選擇自己喜歡的朋友，可以克服孩子以自我為中心的個體意識。

朋友之間的團體生活可以克服孩子以自我為中心的缺點，讓他們服從團體活動規則，理解到每個人的權利和義務。如果只顧自己，就會受到朋友的排斥，小朋友會看不起他，不跟他玩，這將會促使孩子最終遠離團體。合群是人的重要特質和能力，這是家長無法口授給孩子的。

總之，在孩子成長的過程中，朋友有著非常重要的作用。在孩子交朋友的時候，家長不妨從以下幾個方面入手。

第八章　讓孩子在交往中長大

✧ **不要刻意地為孩子選擇朋友**：父母為自己的孩子選擇的朋友多半是老實、聽話、膽小的孩子，和這些孩子玩，父母似乎可以放心一些，不必擔心發生意外事故。但是如果自己的孩子在環境中遇到了那些胳膊粗、力氣大、甚至是喜歡欺負小孩子的大孩子時，他們往往會封閉自己，不敢結交朋友，寧願自己一個人玩或請大人陪自己玩，這時父母要善於積極引導。

✧ **要讓孩子自己結交朋友**：以成人來說，和朋友的關係以及友誼的形成，表示一個人是否適應社會，是否成熟。如此說來，孩子就更要從小學習結交朋友。父母應該引導他們融入一個愉快而又適宜的團體，而不要代替他們。當孩子在與朋友們發生糾紛時，父母尤其不要代替他們思考和分析，代替他們和朋友「算帳」，這樣無疑將把自己的孩子推到孤立的地位，使孩子產生依賴性，覺得有父母為堅強後盾，遇到什麼麻煩都可以回到父母身邊尋求庇護，這對孩子極為不利。

✧ **要歡迎孩子的朋友到家裡來玩**：父母應把孩子的朋友當作自己的朋友一樣，採取熱情歡迎的態度。當孩子帶小朋友來家裡玩時，家長應該說：「我們家有客人啦，歡迎歡迎！」，或者說：「真高興我的孩子有你們這樣的朋友，你們能來太好了」！而且要鼓勵孩子認真接待，讓孩子的朋友感覺到你對他們的支持和賞識。孩子缺乏朋友時，可以帶孩子一起外出旅行或者一起參加某項活動來擴大孩子的交友範圍。

✧ **給孩子多一點關心**：當孩子在結交朋友時受到了冷落，遭到嘲笑、排斥時，父母應該及時地給予關心，並解除孩子心理上的懷疑等，讓孩子勇敢地再次接觸朋友，並從結交朋友的過程中增長才智！

✧ **相信孩子**：其實，好孩子自然會交到好朋友，如果你的孩子與壞孩子來往密切，必然自己身上也有問題。所以，如果你沒有發現孩子有什

麼品行不端的表現，就要相信孩子自己的眼光，讓他們用自己的方式與人交往。在此基礎上，家長可以為孩子提一些寶貴的意見，引導孩子學習朋友身上的優點，但也要防範孩子學習別人身上的壞習慣。

孩子的社交生活是他們自己的一片天地，在父母的視線範圍之內，儘管大膽地放開雙手讓孩子去與人交往。孩子會在父母的幫助下，從一個個小朋友身上汲取友愛的營養，並從中學會如何選擇真正的朋友，信心十足地掌握好自己今後的社交生活。

禮貌是一種個人素養

禮貌是人們在相互交往過程中，透過語言、表情、行為、態度表示相互尊重和友好的言行規範。生活在社會這個大家庭中，每個人每天都要和各種各樣的人打交道，無論是在家庭、學校、還是在社會中，一個人展示給他人的首先是其文明禮貌方面的素養。

一個舉止得體，待人彬彬有禮的孩子，展現給他人的是一種高雅的儀表風度、完善的語言藝術、良好的個人形象和氣質修養，這樣的孩子，必定能受到他人的歡迎。反之，一個舉止粗俗、滿嘴髒話的孩子，即使比較聰明，也得不到他人的尊重與信任。因此，要想孩子建立起良好的人際關係，就應該讓他們先學會禮貌待人。

要培養孩子禮貌的行為習慣，家長應做到以下幾點。

家長以身作則，用自己的行動告訴孩子禮貌的重要性

在日常生活中，家長一定要注意自己的言行舉止。不在孩子面前罵人、說粗話，不爭搶，主動給老人讓座等，這些行為的影響遠比語言更有

力。孩子耳聞目睹家長禮貌的言行和舉止，不但受到了薰陶，還會更加服從和尊重家長。

在生活中多給孩子講一些禮貌規則

在日常生活中，讓孩子了解一些起碼的禮貌規則是很有必要的。家長應從小就讓孩子知道哪些行為是有禮貌的，哪些行為是沒禮貌的。比如：在公共場合，安靜是禮貌的，吵鬧、奔跑是無理的；買東西的時候排隊是有禮貌的，反之就是沒有教養、沒有禮貌……讓孩子學會禮貌用語和行為舉止，這樣才能慢慢成為一個有禮貌、知書達理的好孩子。

注重孩子個人禮儀的培養

在平時生活中，家長要有意識地向孩子強調個人禮儀的重要性，並從以下幾方面來培養孩子的個人禮儀。

◇ **儀容外表，讓人先入為主**：教育孩子保持儀容儀表的整潔，要把臉、脖子、手都洗得乾乾淨淨。勤剪指甲勤洗頭；早晚刷牙，飯後漱口，注意口腔衛生；經常洗澡，確保身體沒有異味；衣著要乾淨、整潔、合體。一個儀容外表整潔大方的孩子，會給他人留下一個好印象。

◇ **行為舉止，優雅無聲的語言**：主要從站、坐、行以及神態、動作提出要求，目標就是「站如松，行如風，坐如鐘，臥如弓」，優美的站立姿態給人以挺拔、精神的感覺；身體直立、挺胸收腹、腳尖稍向外呈V字形。要避免無精打采、聳肩、彎腰，千萬不能半躺半坐。走路要昂首挺胸，肩膀自然擺動，步速適中，防止外八站姿、搖搖晃晃，或者扭捏碎步。

行為舉止是一種表達資訊的身體語言。在與人交往的過程中，保持良

好的行為舉止,能夠幫助孩子拉近與他人的距離,使溝通更加輕鬆。

✧ (表情親和,讓孩子更有吸引力:教育孩子在神態表情上表現出對人的尊重、理解和善意。與人交往要面帶自然微笑,千萬不要出現隨便剔牙、掏耳、挖鼻、搔癢、摳腳等不良舉止。友好與善意的表情,能打動他人、感染他人,讓他人更加願意親近自己,信賴自己。

✧ 注意使用禮貌用語:家長在培養孩子口頭表達能力的同時,還要讓孩子學會使用禮貌用語,如「您好」、「謝謝」、「請」、「對不起」、「沒關係」等。為了讓孩子更好地使用禮貌用語,家長應在日常生活中給孩子以指導和示範。

從兒子 2 歲開始,小丘就特別注意教兒子說禮貌用語。

兒子不會做的事情,需要大人幫忙時,小丘會教他說:「爸爸(媽媽),幫我一下好嗎?」幫完後,教他說:「謝謝!」同時,小丘也回以禮貌用語:「不客氣!」

同樣,有時小丘有意讓兒子幫忙拿東西,然後大聲說:「謝謝!」兒子也會說:「不客氣!」

在兒子做錯事情的時候,小丘會讓他承認錯誤並說:「對不起。」等兒子把自己想說的話說出來後,小丘才會對他說:「沒關係。」而當小丘和丈夫犯錯誤時,他們也會主動對兒子說:「對不起,爸爸(媽媽)做錯了。」並表現出道歉的誠意,兒子也會禮貌地回答:「沒關係。」

久而久之,小丘的兒子不但口齒伶俐很會說話,而且習慣了有禮貌地說話。

可見,孩子的禮貌用語習慣應該從小培養。只要家長能有意識地對孩子進行引導,時間久了,孩子自然而然就能變得彬彬有禮,大方得體了。

第八章　讓孩子在交往中長大

▌多表揚和鼓勵孩子，少一些批評和指責

當孩子有一些有禮貌的行為時，家長盡量用鼓勵和表揚強化他的行為，讓孩子理解到禮貌的好處。如果孩子有一些不盡如人意的舉止，盡量與孩子開誠布公地交談，告訴他這樣的行為是會讓人不高興的。讓孩子換位思考，體會別人的感受與反應，可問孩子：「如果別人也這麼說你，你會不會很難過？如果會，就不要這麼說。」同時也要提醒孩子，常常說這種話會得罪人，沒有人喜歡跟他做朋友。和孩子討論他的情緒感覺，建議他使用文明禮貌的語句，會比純粹的斥責更有效。

▌讓孩子學會做小主人

例如，客人來了，要打招呼問候。還可以讓孩子請客人坐到椅子上，給客人倒茶、送水果等。孩子從他人讚賞的目光中意識到禮貌的好處，自然就更喜歡表現了。

▌帶孩子做客，家長應該教育孩子做客的基本知識

讓孩子明白好東西要分享。無論做客也好，做主人也好，教給孩子講禮貌都是十分必要的。童年學會講禮貌，是為孩子以後的人際交往打下的良好的基礎。

▌讓孩子在分析與比較中理解到什麼是禮貌

分析、比較他人的行為，從而得出結論：什麼樣的做法是正確的，什麼樣的行為是沒有禮貌、不正確的。

孩子禮貌的行為素養，是在家長有意識的監督下培養起來的，因此，家長應將之落實到生活的細節處，從小讓孩子養成待人有禮貌的習慣。

學會尊重才會贏得尊重

懂得尊重他人，不光是一種禮貌的行為，更是孩子健康發展的關鍵的組成部分，是孩子今後真正得以立足的根基之一。一個懂得尊重他人的孩子，必定能贏得他人的尊重，而一個對他人缺乏尊重的孩子，則會給自己和他人帶來諸多的麻煩。小於就有這方面的煩惱。

小於自詡是一個開明的家長。她總對自己 8 歲的兒子說：「媽媽是你的朋友，有什麼事情你儘管開口。」於是，孩子在她面前總是沒大沒小的。還經常直呼其名，有時候還在同學面前調侃自己的媽媽。小於面子上雖然掛不住，但為了表示自己的開明，也就忍住了。

在最近的一次朋友聚會上，小於才突然發現，她的兒子居然完全不知道尊重他人。小於正在跟客人聊天，兒子突然伸出手大叫：「我現在就要蘋果汁！於小芬！」小於叫他稍等一下，他馬上就大吼大叫：「於小芬，你給我閉嘴！」

小於對兒子的表現深感吃驚。但最令她傷心的是，她突然意識到這些不良舉止對兒子來說已全然日常化了。雖然他經常會出其不意地表現出對媽媽的不尊重，但如果不是這次聚會，小於還沒有意識到事情的嚴重性。

小於不禁想，在「尊重」方面的教育上，她究竟哪些方面做得不夠⋯⋯

事實上，孩子之所以不懂得給媽媽面子，不尊重媽媽，與小於平時對孩子的教育有著直接的關係，也就是說，孩子之所以不懂得尊重她，責任全在小於。

在生活中，小於希望能和孩子在地位上對等，渴望給孩子開明的印象，希望成為孩子的朋友，於是，在無形當中，她把自己放低了。實際

第八章　讓孩子在交往中長大

上，家長首先是長輩，負有教育孩子、引導孩子行為的責任；其次才是朋友，才有與孩子人格上的平等對話。這樣的主次，家長必須分清楚。如果僅僅強調自己的朋友身分，而忽視了對孩子的教育，其後果就是教育出這樣不懂得尊重他人的孩子。青少年研究中心的研究員指出，在問題孩子的背後，一定有一個問題家庭。孩子的道德心不是天上掉下來的，他不尊重別人，可能是他沒有學會尊重；或者，他根本不知道尊重為何物，因為他從沒有體驗過被尊重。

專家分析，孩子之所以不懂得尊重他人，原因是多方面的。

- ✧ **家長過分縱容，導致孩子不懂得尊重他人**：孩子出現問題首先要歸因於家長，太過溺愛孩子，家庭對孩子教育方式的不正確乃至缺失，致使孩子目無尊長，不懂得尊重他人。

  作為家長，應該加強溝通、鼓勵孩子真實地表達自己的情感和想法，用合理適當的方式進行鼓勵和懲罰，為孩子建立起勇於承擔責任和知錯就改的意識，並身體力行地教育孩子關懷和尊敬他人。

- ✧ **家長過分灌輸自己「高人一等」的觀念，讓孩子不屑尊重他人**：很多家長，因為家庭背景比較好，經濟條件相對優越，就對那些弱勢團體百般鄙薄，平時動不動就嘲笑、挖苦別人，孩子在這樣環境中成長，體會到的是家長的刻薄，又如何能懂得尊重他人呢？

  孩子的效仿能力強，他很容易就能把家長的這些行為運用到自己的日常生活中，欺負自己的同學、辱罵比自己差的人等現象就是這樣發生的。要想孩子能夠尊重他人，家長需要以身作則，給孩子建立良好的榜樣。

- ✧ **自我感覺良好，導致孩子不會尊重他人**：自我感覺良好，覺得自己腦子靈活、優秀，所以難免就傲氣、霸氣，看不起別人。總要求別人應

該這樣或者那樣，達不到自己理想的效果，就會用素養差或者笨來概括。卻不知這種想按照自己的意志去勉強他人的行為，就是對人的不尊重，是一種傷害。懂得尊重那些有弱點和缺點的人，能包容他人的弱點和缺點，都是尊重他人的表現。

◇ **家長本身給予孩子的尊重不夠**：就精神世界而言，孩子渴望得到尊重，得到承認，享有讚譽。沒有喝彩的人生是殘缺的人生。在研究中，我們發現孩子不僅渴望得到同儕的尊重，也渴望得到成年人的尊重。孩子也希望大人能夠尊重孩子、理解孩子，不過分嚴格、也不過度放鬆。尊重孩子不僅是兩代人的交流與合作的需要，也是孩子學會尊重他人的重要前提，因為孩子是從生活中學習的。家長會在生活中，自覺或不自覺地向孩子滲透自己的生活態度和價值取向。

因此，要讓孩子學會尊重，家長需要做到以下幾方面。

以身作則，作尊重他人的示範

要求孩子尊重他人，家長首先要先學會尊重。例如，尊重自己生活中的每一個人，同情弱者，不嘲笑、譏諷別人，不隨便指責別人，注意自己說出的每一句話。

現實生活中，有些家長會對孩子抱怨孩子的老師，很快孩子便也會對老師做出相同的議論。雖然並不是我們接觸到的所有人都是正直和藹和值得尊重的。但是，當家長在孩子面前抨擊一些人或事的時候，家長發出的信號就會是「不尊重別人是可以的」，這對孩子的教育是十分不利的。因此，家長應留意自己對老師、朋友、祖父母和其他對孩子影響較大的人的批評，要停止說他們的不是，因為即便孩子不完全理解你的話，你語氣裡的不尊重成分也會使他感受到。

第八章　讓孩子在交往中長大

尊重孩子說的話

魯迅先生認為要教育好孩子，首先要尊重和理解孩子，「如果不先行理解，一味強迫去做，更有礙孩子發展。」

有一次，魯迅先生在家中宴請賓客，他的兒子海嬰也跟大人同席。

在吃魚丸時，客人們都說：「這魚丸真是新鮮可口呀！」但是海嬰卻對媽媽說：「媽媽，這魚丸是酸的！」

媽媽以為海嬰胡鬧，就責備了他幾句，海嬰不高興了。魯迅先生聽後，就吃吃看海嬰咬過的那個魚丸，發現果然不怎麼新鮮。便頗有感慨地說：「孩子說不新鮮，我們不加以查看，就抹殺是不對的。其實，我們也得尊重孩子說的話啊！」

作為家長，沒有查實是沒有發言權的。只有做到充分地尊重孩子，查證孩子說的話後再作做出判斷，這樣才能找出問題的關鍵所在。

信任孩子

那一年，小虎剛剛滿 7 歲，讀小學二年級。

一天下午，老師帶領學生在校園的菜園裡採摘還未成熟的青豆莢，他個子最矮也最賣力。孩子天生比較貪吃，過程中，全班同學幾乎都私下偷偷往嘴裡塞了幾枚青豆，指有他，默默吞著口水，任憑飢腸轆轆，始終不曾讓自己吞下一枚豆子。

放學時，老師逐一詢問這些不諳世事的孩子，每個孩子都膽怯地默認了，只有他挺胸、抬頭、爽朗地答道：「沒有，一顆都沒有。」老師盯著他，再次嚴厲責問，他的聲音明顯低沉了下去。

「一點也不老實，小小年紀就撒謊。」

其他同學回家了，只有他被留下了，流著淚……

作為家長，一定要記住，誠實的語言需要有信任的耳朵來傾聽，更需要有善良的心來領會。對孩子的信任就是對他最大的尊重，如果你的孩子學會了從小就不信任他人，你想想，他又如何做到尊重他人呢？

要正視孩子自我表達中的無理行為

有的父母認為自我表達是一種健康行為，便會允許孩子透過大哭大鬧的手段，來隨便發洩情緒。這絕不是什麼好主意。多數孩子在頂撞了父母之後，會感到愧疚甚至害怕，因為他意識到自己傷害了愛自己的人。但如果父母對孩子的無理行為無動於衷，慢慢地，他便不再有不好的感覺，並且不再關心自己的行為是不是影響到了別人。

明確表達出你的希望

向孩子表達「應該尊重他人」這一想法的最好時機，是在他每次發作的間隔。從孩子兩歲半開始，你應該反覆表明你的期待，比如說「我不贊成拳打腳踢」，「我不喜歡你用言語傷害別人」，或者「我們應為你說過的傷人的話表示道歉」。在孩子小的時候，就要明確地給他建立一些基本的價值觀念，這會為他童年的健康發展奠定一個堅實的基礎。研究發現，父母對孩子的期望表達得越清楚，孩子出現危險舉動的可能性就會越小。

從尊重父母開始

尊重他人需要從尊重自己的父母開始。美國某位心理學家提出的德育實踐活動理論，注重在道德實踐活動中培養青少年尊重他人的情感，而不是注重提高學生的道德理解。只告訴孩子應該尊重他人是不夠的，而應該在生活實踐中，從所做的每一件小事中，讓孩子學會什麼是尊重，學會應該怎樣尊重他人。

第八章　讓孩子在交往中長大

▌讓孩子看到各種表達尊重的方式

　　從語言上表現出你的感激之情是顯示尊重他人的最有效的方法。比如當著女兒的面，稱讚她的舞蹈老師演出安排得很好，你還可以聯合其他父母一起為生病的老師製作問候卡，並叫孩子們都簽上名。這些小的表示和認可，傳達的意思是：孩子們心中的權威人物都是為了他們好而努力工作的，他們值得尊重。

▌遇到問題時，透過合作來解決

　　當孩子回家抱怨老師的時候，不要與孩子隨聲附和。家長應該客觀地了解具體事情的來龍去脈，然後找到禮貌的解決辦法。不要提出具有對抗性的辦法，如果確實是老師有問題，家長可以告訴孩子：「希望我們可以一起努力解決這個問題。」這種方式不僅會有好的結果，也會教會你的孩子一個最重要的道理：如果他尊重別人，他也必然會得到尊重。

▌讓孩子嘗到直接的後果

　　如果孩子出現無理行為時，可以提前停止孩子與朋友的玩耍，或者把已經放在購物車裡的糖果退回到貨架。如果當時的情況不允許讓孩子嘗到直接的後果，就讓他稍後再體會到。可以說：「你剛才的無禮行為，讓我們在超市浪費了很多時間，所以今天晚上我們只能少玩一下子了。」在行使懲戒職能的時候，一定要記住言出必行。

善於傾聽的孩子有人緣

很多家長說起孩子的優點滔滔不絕「我的孩子聰明、體貼」「我的孩子課業成績很好」「我的孩子掌握很多技能」，唯獨沒有人說：「我的孩子善於傾聽」。其實，善於傾聽是一個人不可缺少的修養。梭羅（Henry David Thoreau）曾經說過：「良好的談吐有一半要靠聆聽。」卡普蘭（Robert S. Kaplan）教授也指出：「人我之間相互對談之缺失、弊端，不一定來自談話本身的技巧，而是由於彼此急於表達自己，缺少耐心去傾聽對方的訴述。」可見，在人與人交往的過程中，「傾聽」有著重要的作用。

首先，有效的傾聽能幫助孩子博採眾長，彌補自己考慮問題的不足；也能使孩子觸類旁通，萌發靈感。善於傾聽的孩子一般學習能力較強，成績也都比較優異。而一個總在他人說話時插嘴的孩子，通常聽課不認真，注意力不集中，所以總在老師真正問到問題的時候，什麼都不會。這樣的孩子，通常學習成績都比較差，思路也跟不上課堂的進度。

其次，善於傾聽的孩子能獲取朋友的信任，也是一個人真正會交際、有教養的表現。善於傾聽的人能夠給別人充分的空間訴說自己，幫助他人減輕心理壓力。每當人們遇到不如意的事，總想找人一吐為快。耐心的傾聽，在別人不如意時往往會起到意想不到的緩解作用。同時，善於傾聽，還可以了解到他人的心理願望與需求，能夠提出合適的建議，從而獲得友誼與信任。

一個不善於傾聽別人說話的人，人際關係通常都很失敗。他們總喜歡滔滔不絕，別人的話還沒有說完，他們就插話；別人的話還沒有聽清，他們就迫不及待地發表自己的見解和意見；可是，當對方興致勃勃地與他們說話，他們卻心不在焉，手上還在不斷撥弄東西。這樣的人，沒有人願意

與他交談，更不會有人喜歡和他做朋友。這樣的人，給人的印象是浮誇、不值得信任，沒有教養，所以，容易惹人討厭。

英國作家蕭伯納（George Bernard Shaw）是個很聰明、很健談的人。少年時，他總是習慣表現自己，無論到哪裡都說個不停，而且說話尖酸刻薄。有一次，他的一個朋友對他提出忠告：「你說起話來真的很有趣，這固然不錯，但大家總覺得，如果你不在場，他們會更快樂，因為他們都比不上你。有你在場，大家就只能聽你一個人說話了。加上你的言詞銳利而尖刻，聽起來實在刺耳，這麼一來，朋友都將離你而去，這樣對你又有什麼益處呢？」

朋友的提醒給了蕭伯納很深的感觸，他從此立下誓言，決心改掉「自話自說」的習慣，這樣，他重新又贏得了朋友的歡迎和尊敬。

對於談話者來說，傾聽是褒獎對方談話的一種方式，是對人尊重的體現，是安慰別人的一劑良藥，它有些時候比「說話」更為重要。要做到會傾聽，應注意多聆聽，了解對方的真正意圖，不要在別人還沒說完的時候就插嘴或者就打斷別人的話。

在《聽的藝術》這本書中，曾講述了這樣一個故事：

美國知名主持人林克萊（Linklater）特訪問一名小朋友，問他說：「你長大後想從事什麼職業？」

小朋友天真的回答：「我要當一名飛機的駕駛員！」

林克萊特接著問：「如果有一天，你的飛機飛到太平洋上空時，所有的引擎都熄火了，你會怎麼辦？」

小朋友想了想：「我會先告訴機上所有的乘客都綁好安全帶，然後我掛上降落傘跳下去。」

當在場的觀眾都笑得東倒西歪時，林克萊特先生繼續注視這孩子，想

看看他是不是個自作聰明的傢伙。沒想到，孩子的兩行熱淚奪眶而出，林克萊特這才發覺這孩子的悲憫之情遠非筆墨所能形容。於是，林克萊特問他：「為什麼要這樣做？」

小孩的答案透露出真摯的想法：「我要去拿燃料，還要回來的！」

聽別人談話時，應等別人把話說完以後再發表意見。這就應該做到：聽話不要聽一半，更不要把自己的意思投射到別人所說的話上。只有這樣，才算是會傾聽了。

家長應怎樣讓孩子學會傾聽呢？

✧ **1·利用「按指令行事」法培養孩子的傾聽能力**：好動是孩子的天性，也是身心發展的一個階段。為此，家長可以用按指令行事的方法來培養孩子的傾聽能力。如：要求孩子聽指令做相應動作；在日常生活中交給孩子一些任務，讓其完成，以鍛鍊孩子對語言的理解能力；讓孩子根據某種音樂或節奏等，一邊看著家長的手勢，一邊完成某些動作或相應的行為等。

✧ **利用「聽辨錯誤法」培養孩子的傾聽能力**：生活中，有的孩子聽一件事時，只聽到其中的一小部分就聽不下去了，這就說明聆聽的品質不高，聽得不仔細，不專心和不認真。因此，家長應有目的地讓孩子在日常生活中，去判斷語言的對錯，吸引孩子注意傾聽，並加以改正。如「玉米棒結在地下，葡萄結在樹上」等錯誤語句，讓孩子傾聽後，挑出缺點並糾正。

✧ **培養孩子傾聽的習慣**：有些孩子在聽他人講話時要麼心不在焉，要麼目標轉移，要麼四處走動，這種行為使說話者很容易受到傷害，談話不僅無法收到較好的效果，可能還會影響雙方的關係。

家長一定要端正對孩子的態度，孩子首先是一個獨立的人，其次是一個與大人平等的人，如果孩子養成以自我為中心的不良習慣，想要讓孩子傾聽他人是不太可能的。因此家長既要重視孩子的自尊心，也不能把孩子當成全家的中心，什麼事情都圍繞孩子轉。應該讓孩子懂得在聽別人講話時，要尊重他人，可以自然地坐著或者站著，眼睛看著說話的人，不要隨便插嘴。安靜地聽別人把話說完，這是一種禮貌。

✧ **透過遊戲訓練孩子的傾聽能力**：一種良好的練習傾聽的遊戲就是「傳話」。比如，媽媽可以向孩子說一段話或者講一個故事，要求孩子認真仔細地聽完，然後把這段話或者這個故事講給爸爸聽，媽媽要聽聽孩子複述得是否準確。或者，幾個甚至十幾個孩子共同玩這個遊戲，大家圍坐一圈，由一個人開始，將一段話悄悄傳給第二個人，第二個又傳給第三個人……如此轉一圈，當最後一個人把話傳到發話人的時候，原話往往已經變得面目全非。透過這種遊戲可以訓練孩子的傾聽能力。

✧ **教給孩子傾聽的技巧**：告訴孩子，在聽別人說話的時候，認真、專注是對他人最好的嘉獎。如果能夠在聽的過程中提出自己的問題，那就更好了。當然，這裡的問題不是故意刁難，更不是挑毛病。在聽的過程中要邊聽邊想。一個懂得傾聽的孩子才能讓自己的語言彰顯出無窮的魅力！

✧ **以身作則，用榜樣的力量影響孩子的傾聽**：身教重於言教，這是每一位家長都非常明白的道理，但在實際生活中，家長要真正做到這一點卻非常不容易。家長要培養孩子養成認真傾聽的習慣，理所當然自己首先要有認真傾聽孩子。

✧ **在活動中鞏固**：多讓孩子參加各種有益的活動，既要孩子聽明白活動的內容、要求、規則及其他事宜，又要鼓勵他們尋找表現自己的機

會，在適當的時候突出表現自己的才能。幼稚園可開展形式多樣的表演會、演講會、故事會、新聞發表會等類似的活動，引導孩子認真聽同伴講，鼓勵他們積極踴躍參加表演。

教育孩子與人分享

我們發現，在實際生活中，最受歡迎的孩子往往不是最漂亮的，也不是最能說會道的，而是有好東西能夠想到朋友、和朋友一起分享的孩子，也就是表現比較大方的孩子。如果孩子從小能夠學會與他人一起分享，這將是他一生受用不盡的財富。

在獨生子女家庭中，很多孩子都表現出唯我獨尊、占有欲強，通俗一點就是「小氣」的特點。這些孩子不會分享，表現為：我的東西別人不能動，我的玩具別人不能玩，好吃的我自己吃獨食等。他們不願意為別人著想，一切以自我為中心，根本不顧及他人的感受，以致越來越自私。

現實生活中，沒有分享意識的孩子並不少見。一旦孩子出現小氣行為後，家長往往不分析原因就認為：「家裡只有一個孩子，要是有兩三個孩子便知道分享了。」「長大就好了」。實際上，獨享在孩子小時候可能不是什麼大問題，但對孩子的發展非常不利。

首先，不懂分享會影響到孩子的人際交往。小氣的孩子更容易孤獨，因為小氣，不願意分享，這些孩子往往被孤立。他們的身邊少有朋友，大家都不願意跟他一起玩，這將影響孩子健康人格的塑造。

小氣的孩子本能地體現出一些自私、專斷的生活習性。他們欣然接受與索取，但對於付出與分享，他們卻頗不以為然。即使表面上分享了，但實際上內心是極不情願的，於是，表現出來的則是不夠爽快、猶豫不決

等。這樣的孩子會讓人感覺缺乏魄力，沒有主見，從而讓人不信任，影響其今後的發展。

家長應該幫助孩子改掉小氣的缺點。及早啟發孩子懂得分享、謙讓、溝通、替他人著想，這樣才有可能共用歡樂，互利互惠。也只有這樣，孩子在學校裡、社會上，才能更好地與周遭的人相處和合作，並在當今這個資源共享的社會得到更大的發展空間。如果一個孩子從小就不懂得分享，獨斷專行，那麼，就很難形成一種良好的人際關係，更談不上立足於社會。

那麼，家長應該怎樣讓孩子學會分享，並樂於分享，養成喜歡分享的習慣呢？

家長應該幫助孩子建立安全感

在物質比較豐裕的今天，這點不難辦到。因為以自我為中心的前提是物資上的匱乏，所以家長給了孩子滿足，孩子在獲得安全感後，自私的想法就會淡化。比如，孩子只有一顆糖果，他當然不喜歡把它分給別人。但是如果孩子有很多糖果，他就會留下自己的部分，樂意讓別人分享剩餘的部分，當他體驗到分享的快樂時，逐步減少他自己的分量甚至完全共用也是可以做到的。張媽媽經常在放學接兒子的時候，給兒子帶很多小零食，要他分給小朋友們。一開始兒子不肯，媽媽告訴他家裡還有很多很多，他才放心，而且當看到朋友們拿到東西的喜悅，孩子慢慢開始變得熱心了，並主動分發給每個小朋友。

家長應該幫助孩子建立正確的利益觀

讓孩子學會與朋友分享，體驗「給予」所帶來的快樂。告訴孩子，好吃的東西，要和爸爸媽媽一起分享，不要一個人獨自享受。如果家裡還有爺爺奶奶和外公外婆，那麼要把好吃的東西和大家共同分享，每個人都有。

▍透過換位思考，引導孩子與他人分享

從孩子懂事開始，家長就要讓孩子學著與別人分享東西。比如，在飯桌上，家長可以讓孩子學著給長輩夾菜，鼓勵孩子幫爸爸媽媽拿東西，教孩子讓座給客人。讓孩子做這些力所能及的事，從中體會做有益於他人的事而帶來的喜悅。

有位母親是這樣教育孩子與人分享的：

週末，媽媽帶小小去公園遊玩。小小又累又渴，要求坐在路邊的椅子上喝點東西。

媽媽拿出了一袋餅乾和牛奶。這時，媽媽看見一個小女孩也坐在旁邊，正看著小小吃餅乾。媽媽知道，小女孩也餓了，也許和她一起來的大人去幫她買吃的了。

媽媽對小小說：「兒子，給小妹妹吃點餅乾。好嗎？」

「不，我要自己吃！」小小顯然有點不願意。

媽媽耐心地引導小小：「寶貝，如果媽媽有事不在這裡，這位小妹妹有餅乾吃，你想不想吃呢？」

「想吃。」小小幾乎是毫不猶豫地回答。

「這就對了，現在你拿一些餅乾給小妹妹吃，下次媽媽不在你身邊的時候，小妹妹也會把好吃的東西分給你吃的。」

小小看了看媽媽，又看了看小妹妹，把自己的餅乾送到了小妹妹的手裡。

大多數孩子不願意把自己的東西分給別人，但他卻希望能夠分享到他人的東西。家長應該充分了解孩子希望獲得他人東西的心理特徵，透過換位思考，讓孩子站在他人的角度去思考問題，引導孩子與他人分享自己的東西。

第八章　讓孩子在交往中長大

▌家長可以讓孩子多結識大方的同齡朋友

大人有大人的世界，孩子有孩子的世界。大人的榜樣非常重要，那麼同儕之間的互相學習會更快，孩子會下意識地向同儕學習和比較。如果孩子身邊的朋友多能與人分享，那麼自己的孩子也會很快學習到，環境是很重要的因素。

▌讓孩子之間互通有無

有一個媽媽為了讓孩子學會更好地分享，是這麼做的：

只要給孩子買了他喜歡的玩具、貼紙或者圖書，這位家長都鼓勵孩子帶到學校去，並且鼓勵他與其他孩子交換自己的玩具、貼紙或者圖書。媽媽教育她的孩子說：「只要你把自己喜歡的玩具借給別人玩，那麼，別人也會把好玩的玩具分給你玩，這樣你們就有很多好玩的玩具可以玩，也有很多的圖書和貼紙可以看。」

慢慢地，這個孩子體會到分享的快樂，往後，不用媽媽提醒，他都會把新買的玩具帶到學校，跟其他小朋友一起分享。

▌家長不要拒絕孩子的分享行為

日常生活中，許多家長寧可自己受苦也不願讓孩子吃苦，好吃的、好玩的、好用的統統都讓孩子獨自享受。

我們經常會看到這樣的一幕：孩子誠心誠意地請爸爸媽媽或者爺爺奶奶一起吃好東西，家長卻推辭，說：「你吃，你是孩子，我們是大人，大人不吃！」或者說，「讓你吃你就吃，裝什麼樣子！」就這樣，孩子與人分享的好意被家長給扼殺了。久而久之，孩子也就沒有了謙讓與分享的習慣了。

　　因此，想要培養孩子與他人分享的習慣，最重要的是家長首先要學會坦然地與孩子分享，成為與孩子分享的夥伴，讓孩子接受和別人分享的現實，讓孩子去發現分享過程中的樂趣和成就。比如在家裡，父母可以讓孩子為每個家庭成員分蘋果、分橘子等，教孩子學會敬老，先分給爺爺奶奶等長輩，再分給爸爸媽媽，然後才分給自己。在分東西的過程當中，孩子不僅學會了與人分享，而且明白應該尊敬長輩、關心父母。

▌別讓孩子做「假分享」的遊戲

　　在生活中你是否經常見到這樣的一幕：

　　小寶貝正吃著自己最喜歡的東西，奶奶假意試探說：「乖乖，給奶奶吃點。」小寶貝乖巧地跑到奶奶跟前，拿著餅乾往奶奶嘴裡送，奶奶假裝咬了一口，說：「乖乖真乖，奶奶不吃，你吃吧！」孩子一看，自己的東西不但沒有被奶奶吃掉，還得到表揚，心裡很開心。接下來，為了測試孩子是否真的「大方」，爺爺、姑姑、爸爸、媽媽都會如此訓練。而孩子每次都很大方地配合大人們的「表演。」孩子知道，大人不會真的吃自己的食物。

　　因為獨享是自己的專權，孩子從小就不懂得有東西應該跟家長一起分享，從小就有了自私的觀念，這對孩子的成長是不利的。因此，要想培養孩子的分享意識，請家長不要跟孩子玩「假吃」的遊戲。

　　在教育孩子學習與人分享時，家長要注意一定的原則和技巧，比如要讓自己的孩子和別的孩子分享他所喜愛的玩具，切忌對他進行強迫，也無須向他講一些空洞的大道理。不妨這樣跟他說：「你玩一下子，讓他玩下子，你們都能開心，不是很好嗎？」適當地引導孩子，積極有效地對孩子進行鼓勵、讚美。能讓孩子感到分享對他不是一種剝奪，而是一種增添

更新、更多樂趣的機會。當孩子較小時，家長不妨就對孩子進行這方面的訓練。比如，當孩子手中拿著畫冊時，家長可以拿著一個玩具，然後溫柔地、慢慢地遞給他玩具，並從他手中取走畫冊。這樣經過反覆訓練，孩子便學會了互惠與信任。此外，家長還可以從側面出發，想一些比較特別的點子，讓孩子體驗到與人一起分享玩具時可以玩出一些新的花樣，可以體驗到更多的快樂，這樣做能吸引孩子主動嘗試與朋友一起分享。

培養孩子的溝通能力

溝通是人與人之間情感交流、彼此了解的最好方式。不管是上級與下級、同事、家人、朋友或者親人之間都是需要溝通的。良好的溝通是創造和諧環境的前提條件。它不但能夠化解不同人之間的衝突，創造和諧的人際關係，還能讓人們在溝通的過程中，情感得到舒解，思想得到交流。良好的溝通能力對孩子的生活也有著重要的意義。

✧ **良好的溝通能力能夠提升孩子的自信**：在與人溝通、交往的過程中，孩子慢慢理解到自己的能力，體驗到自身的魅力。孩子的自我意識在他人的認可中慢慢建立起來，變得越來越有自信。因為善於溝通，孩子能排除孤獨感和脆弱心理，克服憤怒、恐懼、害羞等有害情緒，變得越來越擅長交際、理解他人、善解人意，也因此被他人所喜歡。相反，一個孩子如果不喜歡與人交往，不擅長溝通、交流，就會因為困惑變得越來越自閉，他們不能公正地評價自己，更不能與人良好地交際，結果導致自尊心受損，自信心不足。

✧ **良好的溝通能力，能融洽孩子與他人的關係**：在與人溝通的過程中，孩子在了解他人與被他人了解的同時，逐漸邁出了自己的「個人天

地」，開始不再孤獨、壓抑，他們能從與人交往中體會到生活的樂趣。不會溝通的孩子，因為心情無人疏導，只會變得越來越孤獨、壓抑，會覺得沒有人了解自己！

✧ **良好的溝通能力，是孩子學得新知識的基礎**：對於孩子今後的事業發展而言，良好的溝通能力同樣顯得極為重要。有效的溝通，能節省時間和精力，減少重複工作，提高生產效率。相反，缺乏溝通，只會讓孩子在工作的過程中四處碰壁。因此，我們說，溝通是必要的，為人父母，我們一定要教孩子學會與別人溝通，只有透過適當的溝通，孩子才能夠融入新的環境當中，只有透過溝通，孩子才能夠從別人身上學到更多的知識，更快地成長。

家長可以從以下幾個方面培養孩子的溝通能力。

▎創設良好的空間

溝通從心開始，人只有在意識到自己是安全的前提下才可能敞開自己的心扉。要讓孩子學會與人溝通，首先要讓孩子願意與人溝通。寬鬆、和諧、民主的氛圍是實現人與人之間良性溝通的前提，家長首先要改變觀念，學會「蹲下來看孩子」，尊重孩子的興趣、愛好、個性和人格，以一種平等、寬容、友善、引導的心態對待孩子，允許孩子錯誤和失敗，接納與鼓勵孩子發表不同的見解。

▎增強孩子的自信心

一個不善於溝通的孩子，與他的自信心缺失有關。如果孩子在團體中不被重視，沒有表現自己能力的機會，或者受到太多的批評、指責、甚至諷刺、挖苦，或者受到某種挫折後得不到應有的指導和具體的說明，都會

傷害自尊，從而影響自信。在這種情境下，孩子也難免表現不佳，又有可能招致新的壓抑，形成惡性循環，孩子會越來越退縮，躲避人群不善溝通。

任何人都有自尊和被人尊重的需要，孩子也不例外。而自尊和被人尊重，是產生自信的首要心理動力，能讓孩子自信地過一生，活得有價值、有尊嚴。可以說，自信是溝通的第一步。要學會成功地溝通，就要讓孩子建立與人交往的信心，讓孩子正確地評價自己。

鼓勵孩子表達自己的想法

鼓勵孩子說出他的想法、表達自己的感受。讓別人知道自己在想什麼，是進行溝通的第一步。對於那些羞澀、內向的孩子尤其要如此，鼓勵他們平時多說話，多發表自己的觀點，鼓勵他們與人交流。

鼓勵孩子以友善的姿態對待別人

在生活中，有些動作表示出攻擊性和不友好，比如叫喊、皺眉和緊握拳頭等；有些動作，比如微笑、握手、擁抱等，則表示出友善的意思。鼓勵孩子多做出一些友善的姿態，而不要總是一副盛氣凌人、高人一等的架勢，那樣的話難免會把朋友都嚇跑。

提供孩子溝通的機會

在日常生活中，要將時間和空間還給孩子，提供孩子溝通的機會。這裡應該提倡「五給」：給孩子一個條件，讓他自己去鍛鍊；給孩子一點時間，讓他自己去安排；給孩子一個問題，讓他自己去解決；給孩子一個空間，讓他自己去活動；給孩子一個權利，讓他自己去選擇。家長要讓孩子成為家庭事務的參與者和決策者，給孩子充分表達意見的機會，實行家庭

民主，耐心接納孩子的正確意見。如果學校和家庭都能做到這一點，孩子不但得到了溝通的機會，還提高了與人合作的能力，提升了實踐能力、增強了自信心。

豐富溝通的內涵

溝通不是無目的、無意義的聊天，溝通應該有豐富的內涵。除了參與交流之外，還要引導孩子博覽群書，不斷拓寬自己的知識面，使孩子言之有物。可以利用家庭的圖書室和網路資源，開設閱讀課，舉辦家庭讀書交流活動，鼓勵孩子利用多種管道進行資料的收集和整理。

鼓勵孩子多參加團體活動

特立獨行的孩子自然會缺少朋友、溝通能力差，所以，應該鼓勵孩子多參加學校的各種社團活動。興趣小組、公益活動、旅遊、團體性的體育鍛鍊，都是促進孩子與別人溝通的好途徑。家長應該鼓勵孩子與同儕交往，矛盾也讓其自己解決，這樣孩子的溝通能力才會在無形中增強。

教導孩子與人溝通的方法

溝通需要技巧，家長在引導孩子學習與人溝通的時候，要注意教導孩子溝通的方法。如：

✧ 努力尋找話題，認真觀察別人的對話，看別人是如何繼續話題的。

✧ 學會傾聽，聽聽別人的講述，少說話，學習順著別人的話題往下說。

✧ 了解當下比較流行的事或詞，這樣不至於說不出來，並且關注別人平時談什麼。

✧ 多和愛說話的人交流，即使自己沒話說，但對方話比較多，便能繼續話題，對自己也有影響。

第八章　讓孩子在交往中長大

讓孩子學會與人合作

　　林葛蘭曾說過：「在文明世界中的人們，真正需要學會的本領是有成效的合作本領，以及教會別人也這樣做的本領。」合作交往是人類活動的基本形式之一。2000 年代是競爭激烈的時代，對人的合作能力提出了更高的要求。因合作而成就事業，因合作而完善人生的經歷，相信每一位家長都曾親身體驗過。孩子雖然年紀小，但合作的重要性同樣存在，無論是享受現在的快樂童年，還是順利地適應未來的社會生活，都需要他們具備良好的合作精神及必要的行為經驗。奧地利心理學家阿德勒（Alfred Adler）說「假使一個兒童未曾學會合作之道，他必然將走向孤僻之道，並會產生自卑情緒。」

　　現在的孩子大多是獨生子女，家長的過分寵愛很容易讓一些孩子養成以自我為中心的習慣，這對他們今後的發展是十分不利的。因為，一個缺乏合作精神的孩子不僅在事業上不會有所建樹，就連適應社會都會很困難。作為家長，應從小培養孩子的合作意識和合作能力，使他們在合作中學習，在合作中快樂成長。

　　那麼，家長應如何培養孩子與人合作的意識呢？

▎激發孩子興趣，培養合作意識

　　每個孩子天生就有很強的好奇心，家長要充分利用孩子的這一好奇心，讓孩子感覺到與人合作是一件有趣的事，從小就培養他們的合作意識。

▎注意培養孩子良好的性格

　　心理學家研究發現，一般情況下，有良好性格的孩子合作意識與合作能力都比較強，這種良好性格包括開朗、自信、友愛、平等以及富有探索

精神，具有這種特質的孩子會主動與別人合作，而且往往會合作得很好。所以，培養孩子良好的性格是邁向合作的必備條件。

培養孩子友愛互助的品德

由於家長的溺愛、嬌慣，導致許多孩子事事以自我為中心、任性，不願與人合作。還有的孩子受家長不良教育思想的影響，對小朋友不友善，如家長告訴孩子別人打你你就打他，使孩子在與人合作中處處逞強、霸道，所以，家長如果發現孩子在這方面存在問題，就要及時採取恰當的方法，配合糾正孩子的不良習慣。

讓孩子學會接納別人

所謂接納別人，是指自己從內心深處真正地願意接受別人。從實質上來講，合作是發揮雙方的長處，也是雙方短處的相互制約。因此，只有相互了解對方的長處，欣賞對方的長處，合作才有了真正的動力和基礎。所以家長要常和孩子講「金無足赤，人無完人」這個道理，不能因為別人有林林總總的缺點，就嫌棄他、疏遠他。在日常生活中，家長要教育孩子多看並善於發現別人的長處，對於別人的長處要誠心誠意地給予讚美。此外，家長自己平時在工作和生活中，也應堅持以這種態度來對待他人，成為孩子的表率。

讓孩子多參加需要彼此合作的活動

家長可以讓孩子玩一些諸如共同堆積木、拼圖等需要合作的活動，同時也要鼓勵孩子參與足球、籃球、排球、跳繩等體育活動。這些活動既有團體之間的對抗與競爭，又有團體內部的協調與一致，更有利於培養孩子的合作精神。

第八章　讓孩子在交往中長大

▌使孩子具有良好的合作態度

通常，在體育活動和角色遊戲中，孩子們的合作都會比較融洽，但是在遊戲過程當中，往往會出現合作的不愉快。究其原因，便是合作態度的問題，因為矛盾往往發生在遊戲資源比較缺乏時，孩子們就會將一部分遊戲資源據為己有，因擔心一合作，就沒自己的份了。這時候，就需要家長與老師及時引導，幫助孩子消除顧慮，必要時家長或者老師也可以參加到遊戲中，示範合作，引導拒絕合作的孩子與大家一起遊戲，讓孩子逐步形成良好的合作態度。

▌教導孩子正確的合作方法

合作不是一個人的事情，所以不能隨心所欲。為了讓孩子更好地學會合作，家長應在具體的活動中教導孩子正確的合作方法。

有一位幼兒老師是這麼教導孩子合作的：

在一次教學活動延伸中，我讓孩子們分組合作畫圖，幫一棵大樹添畫樹葉，結果只有一組孩子在真正地合作，他們在商量分工，分別完成大樹的某一部分。而其餘幾組幼兒雖然都在同一棵樹上作畫，但卻在各行其事，並未真正合作。我便讓合作得較好的孩子向大家介紹他們的方法，然後再進行示範合作，結果孩子們馬上明白該怎樣和別人合作了。

由此可見，在活動中教給孩子正確的合作方法非常重要，這能讓孩子更好地學以致用，以及在今後的活動中懂得如何進行合作。

▌幫孩子解決合作中遇到的問題

如果在遊戲活動中，孩子遇到糾紛時得不到好的解決方法，往往不是告狀就是吵鬧，這時就需要家長協助孩子解決彼此的矛盾。解決這樣的問題時，需要採取孩子喜歡並樂於接受的方式，並且不要傷害孩子的自尊心。

▌向孩子充分展示合作的成果

家長應充分肯定孩子的每一次合作，哪怕是一點點成果，也要展示給孩子，讓他們體驗合作的快樂和成功，激發孩子想再次合作的願望，在家長與老師的積極引導和充分肯定中，孩子的合作意識和能力才能得到有效的培養。

總之，培養孩子的合作能力對孩子一生的發展至關重要。孩子只有學會合作，才能走出孤獨的陰影，才能避免因性格內向給個人發展帶來障礙，逐漸變得外向，願意與人親近。正因為如此，家長要激發孩子的合作興趣，為孩子創造合作的機會，指導孩子掌握合作的技巧，為孩子良好個性發展奠定扎實的基礎。

待人需要多點幽默感

幽默是一種涵養，更是一種魅力。生活中的每一個人都喜歡有幽默感的人，因為幽默的人常常可以妙語連珠，使原本枯燥無味的語言變得活潑有趣，讓聽者身心放鬆，心情愉悅。

一天，英國著名的文學家蕭伯納在街上行走，被一個騎自行車的冒失鬼撞倒在地，幸好沒有受傷，只是虛驚一場。

騎車的人連忙扶起他，向他道歉。可是蕭伯納卻惋惜地說：「你的運氣不好，先生，你如果把我撞死了，你就可以名揚四海了。」

蕭伯納的這一句幽默的話語，把他和肇事者雙方從不愉快、緊張的窘境中都解放了出來，使得這場事故得到了友好的處理。

德國詩人歌德（Johann Wolfgang von Goethe）以幽默著稱。有一天，歌德在公園裡散步。在經過一條只能通過一個人的小道時，他迎面遇到了

第八章　讓孩子在交往中長大

一個曾經對他的作品提出過尖銳批評的評論家。這位評論家高聲喊道：「我從來不給傻子讓路！」「而我則正好相反！」歌德一邊說，一邊滿面笑容地讓在一旁。笑聲中，歌德把「傻子」的頭銜還給了批評家，批評家也無言以對，只好笑納。

歌德運用的這種幽默戰術，就好比太極中的以柔克剛，不僅能達到反擊的目的，還顯示了自己的智慧，從而留下了千古佳話。

這就是幽默的魅力和珍貴之所在，它的妙處無與倫比。

適度地運用幽默，不但可以淡化消極情緒、消除人際矛盾、緩解緊張氣氛，還能表達人與人之間的真誠友愛，溝通心靈，拉近人與人之間的距離，填平人與人之間的鴻溝。所以，幽默在我們的生活中很重要。

同樣，幽默感在孩子的人際交往中也有著舉足輕重的作用。有幽默感的孩子，能讓自己產生無形的親和力，從而縮短孩子之間的距離，因此比那些不具備幽默感的孩子更易受到大家的喜歡。對於孩子而言，教會了他幽默，也就是教會了他快樂面對挫折和失敗的本領，培養了他與人相處的能力。

一個孩子犯了一個小錯誤，媽媽生氣地揚起了巴掌：「看我不打得你屁股開花。」孩子瞪著眼睛看著媽媽，突然哈哈大笑了起來：「真的嗎？我的屁股會開出什麼花？你快打打看啊！」媽媽聽了一愣，也忍不住笑出了聲，和孩子一起樂成一團。

孩子從一句很平常的俗語中感受到了幽默，並營造出了有趣、輕鬆的氛圍，同時也化解了媽媽的怒火，融洽了彼此之間的關係。

滑稽常常被看做是幽默。會說調皮話的孩子，會說笑話的孩子，常常被看做是有幽默感的人。其實這並不是真正的幽默。所謂幽默感，就是透過語言或肢體語言，讓與自己互動的對象感到愉快。它是情商的重要組成

部分，是智慧的體現，也是人際交往的潤滑劑，能融洽關係、化解矛盾。

　　幽默感是一種生活態度，所以必須從小訓練，嚴肅緊張的孩子長大成人之後也一樣嚴肅緊張。從小事訓練，從小處訓練，目的在於把幽默感變成孩子的生活習慣，並內化成孩子的性格。那麼，該如何培養孩子的幽默感呢？

儘早培養孩子的幽默感

　　孩子是最富有幽默天性的，他們的幽默是最自然、最坦率、最美好的語言。孩子在不會說話和走路時，父母就可以用扮鬼臉、做各種誇張的表情、用手帕蒙住臉等來吸引孩子的注意，激發孩子的樂趣。剛開始，孩子可能只是對幽默刺激做出反應，時間久了，孩子會發出「咯咯」的笑聲，甚至模仿這種做法，這可以說是幽默的啟蒙。

做有幽默感的家長

　　想讓孩子具備幽默感，家長首先要讓自己有幽默，家長的幽默，能起到說教無法比擬的作用，能潛移默化地影響孩子成為一個樂觀、歡迎的人。

　　有幾位媽媽帶著自己的孩子到郊外春遊，其中一個孩子被蜜蜂蜇了一下，頓時臉上腫了一個小包，小女孩哭個不停，任憑其他人怎麼安撫也無濟於事。

　　正在大家束手無策時，她媽媽趕過來，一邊摟著女兒一邊說：「寶寶，別哭了，誰叫我的寶寶長得跟花朵一樣漂亮！你看，連蜜蜂都分不清楚了！」小女孩聽了，噗哧笑了，又高高興興和其他小朋友玩在一起。

　　這位媽媽以幽默的表達方式讓孩子停止了哭鬧，這對孩子的語言與思考能力也有很多促進作用，

第八章　讓孩子在交往中長大

在日常生活中，如果家長懂得使用幽默的語言，不但能讓孩子感到輕鬆快樂，更能讓孩子在潛移默化中學會幽默的表達方式。

孩子的幽默感來自於家長，比如，三四歲的孩子，因為聽到大人說好玩的話，或看到某個不協調的動作，便會哈哈地笑個不停，這表示孩子的幽默感正在形成，此時，家長的協助很重要。有幽默感的家長可以比孩子笑得更誇張，從而強化孩子的幽默感。

培養孩子愉悅和寬容的心態

幽默的心理基礎是愉悅、寬容的心態，要教育孩子在與人交往時友好相處、寬容待人，用幽默解決矛盾糾紛、用幽默提出與對方分享的要求、用幽默提出批評和建議。

讓生活充滿笑聲

一個幽默的孩子肯定是愛笑的孩子，愛笑的孩子也往往善於發現幽默和製造幽默。在日常生活中，家長可多跟孩子玩一些有趣的情境遊戲，如躲貓貓、扮鬼臉、找寶貝，讓孩子在遊戲中獲得開心的笑聲。

富有幽默感的語言應該以不傷害他人為原則，幽默感的語言要以禮貌為基礎，幽默感的動作應以不涉及危險動作為原則。家長與孩子說笑話或表演滑稽的動作時，要考慮孩子的年齡。因為家長認為好笑的語言或動作，孩子不見得有同感。但孩子認為好笑的語言或動作，即使家長覺得不好笑，也要陪孩子一起笑。

讓孩子做自己喜歡做的事情

孩子最快樂的事情就是做自己喜歡的事情，因此，給孩子自由的空間，讓他們尋找生活的樂趣，不樂觀的孩子也會因此變得幽默樂觀。

▍營造幽默的氣氛

當孩子哭鬧時，父母要懂得在一旁營造氣氛，抱抱他、拍一拍他、安撫他。「怎麼了，媽媽的小寶貝，為什麼哭得跟小花貓一樣？有什麼事媽媽可以幫你的忙嗎？」溫柔、幽默的表達方式，有助於孩子停止哭泣，破涕為笑。因此，當孩子說出一些好笑的話或是做出一些有趣的動作時，別忘了給他一些掌聲和鼓勵，建立他的自信心，讓孩子變得輕鬆起來。

▍鼓勵和強化孩子的幽默

鼓勵孩子大膽地表現幽默，讓孩子大聲地說笑，為孩子搭建一個可以自由表現幽默的舞臺，對孩子的幽默培養很重要。

而且，家長要用藝術的眼光，將孩子的幽默故事加以擴大並提煉，讓它們在合適的場合加以重現，以強化幽默感，讓孩子意識到這就是幽默。

總之，一個富有幽默感的孩子是家長培養出來的。如果你希望自己的孩子贏得更多人的喜愛，那麼，請從小培養孩子的幽默感吧！

教給孩子必要的交往技巧

交往與其他技能性的活動一樣，也要講究技巧。一個善於交往的人，懂得如何表達自己的關心，如何聆聽他人的話，如何與人合作、分享，如何用和平的、互動的、協商的、非暴力的方法處理矛盾，解決衝突。因此，善於交往的人，往往能贏得好人緣。

洛維並不是一個年輕又英俊的人，也不是一個擁有巨額財富的人，但是，他卻能夠讓人在 15 分鐘內就對他產生好感。

這是為什麼呢？因為他善於人際互動。

第八章　讓孩子在交往中長大

　　克洛維對人從來不矯揉造作，並且總能讓別人感覺到他對人的喜歡、關心是發自內心的。每當他遇到一個陌生人，他總有辦法與對方攀談起來，並且就像是老朋友一樣。他的祕訣就是與人交談盡量少談自己的事情，多談對方的事情。透過談對方的事情，克洛維不僅可以更多地了解對方是做什麼的、有什麼愛好等，更重要的是，克洛維讓對方感覺到了尊重，他們會感覺到克洛維對自己的興趣和關心，這就是克洛維與人交往的祕訣。

　　美國加州大學著名心理學家勞倫斯在對一群孩子進行長達 10 年的追蹤調查中，仔細觀察了這些孩子們是怎樣生活的：哪些孩子喜歡與人交往，哪些孩子喜歡獨處，並對這些孩子的學習進行了追蹤調查。最後的研究結果證明，那些善於與人交往的孩子智商較高，往往比較聰明活潑，而且上學以後學習成績通常都比較好。勞倫斯透過分析認為，從小善於與人交際的孩子，不僅容易與人相處融洽，而且可以從其他人那裡學到更廣博的知識。反之，那些過於封閉自己、不愛與人交往、在同學中人緣不好的孩子，社會性較差，他們無法適應複雜多變的社會，還有一些孩子因長期缺乏人際互動，不懂得與人相處，形成孤僻、抑鬱、偏執等心理障礙。

　　因此，家長應教給孩子一些交往的技巧，幫助孩子和同學建立友誼。這些交往技巧有：

✧ 使用禮貌用語，如「謝謝」、「再見」、「對不起」、「沒關係」等，不對別人說粗話、不做不禮貌的動作。

✧ 主動和同學、鄰居打招呼問好。

✧ 在與同學的交往中，寬容同學的缺點和過錯，不為小事而斤斤計較。

✧ 與人交往要樂於給予，而不是注重回報。

✧ 不無故打斷他人的談話，要認真聽他人說話，而非心不在焉或只顧做自己的事情。

✧ 不在背後議論他人，也不打聽別人的祕密和隱私。

✧ 真心誠意待人，講信用，不欺騙說謊。

✧ 不用捉弄、嘲笑的方式吸引別人注意，否則會引起別人的反感。

✧ 在與同學的交往中，善於發現別人的優點和長處，多讚美別人，不因為自己的某些特長而四處炫耀。

✧ 與他人說話，盡量講一些兩人都感興趣的話題，不獨自一人說個不停而不考慮他人的感受。

✧ 同學之間交往盡量不要有過多的物質往來。

✧ 不對自己的成績得意忘形，要體諒他人的感受。

✧ 學會帶領其他同學參與到團體交往中，並引導大家圍繞特定的主題交流。

當然，要想孩子真正掌握人際交往的技能，就需要多實踐，多練習。在日常生活中，家長可以鼓勵孩子帶同學回家，並且幫助孩子熱心地招待他的同學和朋友，提高孩子在同學和朋友中的形象。家長的熱心會讓孩子的同學和朋友增加對孩子的好感，從而願意與孩子保持良好的友誼。

值得注意的是，家長不要硬性規定孩子交什麼類型的朋友，應該允許孩子結交一些年齡不同、性格不同或者特長不同的朋友。例如，孩子結交了在寫作、繪畫或者音樂上有特長的朋友後，就等於孩子找到了一位好老師，孩子在這方面的才能也會得到相應的提高，與不同類型的人打交道，孩子各方面的能力也會不斷提高。

讓孩子獨自到同學或鄰居家去拜訪，也是一個鍛鍊孩子交際能力的機會。登門做客，涉及寒暄、問候、交談和有關禮儀等內涵。孩子一個人去就成了主角，與對方的一切接觸都必須由自己來應付，這無疑把孩子推到了前線，促使他考慮如何和別人交往互動。家裡來了客人，有時不妨讓孩

第八章　讓孩子在交往中長大

子出面接待，特別是當客人或朋友與孩子年齡相仿時，家長千萬不要完全
包辦或代替孩子行動。

他快窒息了！別把孩子抱那麼緊：
傾聽、鼓勵、安慰，戒除控制欲，陪伴他走更長遠的路！

編　　著：洪春瑜，賀鐵山，彭瑋

發 行 人：黃振庭

出 版 者：崧燁文化事業有限公司

發 行 者：崧燁文化事業有限公司

E-mail：sonbookservice@gmail.com

粉 絲 頁：https://www.facebook.com/
　　　　　sonbookss/

網　　址：https://sonbook.net/

地　　址：台北市中正區重慶南路一段六十一號八
　　　　　樓 815 室

Rm. 815, 8F., No.61, Sec. 1, Chongqing S. Rd.,
Zhongzheng Dist., Taipei City 100, Taiwan

電　　話：(02)2370-3310

傳　　真：(02)2388-1990

印　　刷：京峯彩色印刷有限公司（京峰數位）

律師顧問：廣華律師事務所 張珮琦律師

定　　價：420 元

發行日期：2022 年 11 月第一版

◎本書以 POD 印製

國家圖書館出版品預行編目資料

他快窒息了！別把孩子抱那麼緊：
傾聽、鼓勵、安慰，戒除控制欲，
陪伴他走更長遠的路！ / 洪春瑜，
賀鐵山，彭瑋編著 . -- 第一版 . --
臺北市：崧燁文化事業有限公司，
2022.11
面；　公分
POD 版
ISBN 978-626-332-872-3(平裝)
1.CST: 親職教育 2.CST: 子女教育
3.CST: 親子關係 4.CST: 親子溝通
528.21　111017533

電子書購買

臉書